JN021483

●コンパクト 法学ライブラリ-10●

コンパクト
刑法総論
第2版

只木 誠

新 世 社

第2版へのはしがき

　本書『コンパクト　刑法総論』の初版刊行からすでに4年が経過しましたが，この度，第2版を読者の皆さんにお送りすることができることとなりました。

　本書の基本的な考えかた，狙いは初版と変わるものではありませんが，第2版では，初版の記述をベースに必要に応じた加筆を行い，修正を加え，その後に現れた判例，裁判例，重要判例等も盛り込んで，また，2022(令和4)年の刑法の一部改正にも対応した新しい内容となっています。

　今回の改訂にあたって心がけたのは，何よりも，本書を手にした読者の皆さんが初めて触れるであろう法概念や学説について理解を深める助けとなるよう，説明や解説文を一層明確なもの，精緻なものとするということでした。その意味では，書名の通りコンパクトではありながらも，必要事項，重要な学説を網羅的に取り上げ，それをわかりやすく説明したものとなっています。これから新しく刑法学修の世界に足を踏み入れようとしている読者の皆さんにとって，本書が「幸いなる一冊」となることを心から願っています。

　最後に，本書改訂版の刊行にあたっては，校正作業の段階で海老澤侑氏（中央大学理工学部非常勤講師）の多大な協力を得ました。そして，初版の刊行時同様，新世社の御園生晴彦さんに大変お世話になりました。頂戴した種々の的確なアドバイスに心より御礼申し上げる次第です。また，編集部の菅野翔太さんのお力添えのもと早期の刊行に至ることができましたこと，あわせて御礼申し上げたいと存じます。

　2022年8月

只木　誠

初版へのはしがき

　本書は，刑法の世界を知る第一歩を容易にすることを目的として，かつて中央大学の学内機関誌に連載した刑法総論講義案をもとにこれを改編し，著したものです。これから大学などで刑法学を学ぼうとする学生の皆さんには入り口の書として，また，市民の皆さんには教養としての刑法を伝えるものとして，興味・関心・意欲を継続していけるよう「できるだけコンパクトに分かりやすく」を第一としています。刑法典第一編総則に規定される犯罪成立要件に共通する基礎理論（構成要件該当性，違法性，有責性，未遂，共犯，罪数，刑罰論）は刑法総論とよばれますが，これについて重要項目毎に 30 の設問を置き，引き続いてそれぞれ所要 10 頁程度で自習・独学用に学ぶべき要点を解説しているのが特徴です。刑法総論における「……とは何か」「……の意義」について学び，これを理解し，立ち返って冒頭の設問の解答において知識を確認する。そのような一連の作業を通して読者の皆さん各自が現実の事案に法をあてはめるというイメージを養うことが目標です。そのようなスタイルであるため，少々「早足」のところもある点については読者の理解を願いたいと思います。

　本書を読む，本書で学ぶにあたっては，最初の項からじっくり取り組むのもひとつの方法ですが，しかし，できれば，とりあえずは一度，全体を最後まで読み通してみて下さい。そのようにして，まずは刑法総論の全体像を体感していただくのがよいかと思います。刑法総論では各論点が相互に関連しており，本書後半部の議論が前半部の理解にとって重要であったりもするからです。そして，常に六法を傍らに，条文の参照を心がけて下さい。また，本文中の【　】で示した刑法判例百選に掲載の重要判例，実際の各種裁判所の判断に積極的に触れてみることをお勧めします。筆者として，本書が，そのようにして皆さ

んが刑法総論という「森」を鳥瞰し，その輪郭を体系的に捉えること
に大いに役立つものとなることを願っています。さらに，また，現在
の刑法学は日々理論的な発展を遂げており，透徹した，精緻な理論を
体得してこそ本来的な学習であるという意味でいうならば，本書を刑
法との出会いの足がかりとしてさらに本格的な専門書等をひもとき，
より深い刑法学の魅力を知っていただけるならば，それは研究者の一
人としてこの上ない幸せです。

　なお，本書の執筆にあたっては，多くの研究書，教科書そして論文
等を参照しましたが，上に紹介した本書のコンセプト上，「注」を割愛
させていただきました。この点についても，あわせてご了承いただけ
ればと思います。

　最後に，本書の刊行にあたっては，新世社の御園生晴彦さんに大変
お世話になりました。丁寧に原稿に目を通していただき，内容や形式
の面で種々のアドバイスを頂戴しました。また，編集作業では，編集
部の谷口雅彦さんに多大な尽力をいただきました。お二人に心からの
感謝の意を表したいと思います。

　　2018 年 4 月

　　　　　　　　　　　　　　　　　　只木　　誠

目　次

I　刑法の基礎

Ⅱ　構成要件論

III　違法論

VI　共犯論

VII　罪数論・刑罰論

凡　例

【**裁判例の表記**】　　判決・決定は下記のように表記している。

　最高裁判所大法廷判決昭和 31 年 6 月 27 日最高裁判所刑事判例集 10 巻
　　6 号 921 頁＝最大判昭和 31・6・27 刑集 10・6・921
　最高裁判所判決平成 8 年 11 月 18 日最高裁判所刑事判例集 50 巻 5 号 745 頁
　　＝最判平成 8・11・18・刑集 50・10・745
　最高裁判所決定昭和 40 年 4 月 16 日最高裁判所刑事判例集 19 巻 3 号 143 頁
　　＝最決昭和 40・4・16 刑集 19・3・143

I 刑法の基礎

第1章 I:刑法の基礎
──刑法の意義・機能

> 事後強盗罪（窃盗犯人が被害者に暴行を加える罪）から刑事法をみる。六法で刑法典を使ってみよう。

【設問1】　14歳のAは，出来心から，コンビニ店甲において1000円のプリペイドカードを万引きし，そのまま店を出ようとしたところで店員Xに発見され，Xが「お客さん困りますよ」とAの前に立ちはだかったので，捕まるまいとしてXの胸を両手で強く突いたところ，その日は雨でたまたま床がぬれていたこともあって，Xはすべって転倒し，陳列棚の角に頭部をぶつけて全治3週間の怪我(けが)を負った。Aが負うべき罪はどのようなものであろうか。

I-1-1　刑法典を使ってみよう

　現在，わが国では，裁判員制度の開始に伴って，国民の司法参加が可能となり，誰もが裁判員となる可能性を有している。そこで，たとえば，刑法典をひもといたことのない，あるいは，六法を手にしたことのない一般の人に，上の【設問1】においてAの行為の罪（通常，「罪責」または「刑事責任」という）の重さを質問した場合，どれくらいの刑

罰を妥当とする回答が得られるであろうか。

　この，Aに科すべき刑罰については，おおよそ2，3か月，重くとも1年から3年程度の拘禁刑となるであろうという回答が多いようである。(2022（令和4）年の刑法の一部改正により懲役刑と禁錮刑の二つの刑の区別が廃止され，拘禁刑として一本化された。詳しくはⅦ-2-1で解説する。)

　では，早速，刑法典を開いて検討してみよう。

┈┈┈┈┈┈┈┈┈┈┈┈┈┈┈
│【設問1】を考えてみよう │
┈┈┈┈┈┈┈┈┈┈┈┈┈┈┈

　まず，コンビニ店甲においてAはプリペイドカードを万引している（なお，Aに建造物侵入罪が成立するかも問題となりうるが，この点は争いもあり，刑法各論の問題であるので，ここではいったんおくことにする）。プリペイドカードは刑法235条の窃盗罪にいう「他人の財物」にあたるので，Aには窃盗罪が成立する。そして，235条の法定刑（法律が定めた刑）は10年以下（拘禁刑について定める12条により1月（＝1か月）以上）の拘禁刑または50万円以下（罰金について定める15条により1万円以上）の罰金であるところ，本設問のような窃盗の場合，ほとんどは微罪処分（「警察から検察に事件を送らないで手続きを終了させる」）やせいぜい起訴猶予（「検察官が起訴しない」），あるいは罰金刑か執行猶予（→319頁）ということになろう。

　しかし，その後Aは，Xに対して，捕まるまいとして暴行を加えている。刑法的には，窃盗を行って，窃盗（犯人）という「身分」（資格）を取得した行為者Aが，「逮捕を免れ」るためにXに暴行を加えているので，236条に定める強盗と等しく行為者を取り扱う（「強盗として論ずる」）と規定した238条の事後強盗罪が成立することになる。事後強盗罪の法定刑は，236条の強盗罪に規定されている「5年以上の有期拘禁刑」（12条により上限は20年）となるが，窃盗罪の法定刑と比べると，事後強盗罪については刑の下限が格段に重いことが分かる。

　さらに，店員Xは転倒して全治3週間の怪我を負っており，強盗（犯

人）という身分を取得したAがXに傷害を加えたことになるので，Aには240条前段の強盗致傷罪が成立し，その刑はさらに重く「無期又は6年以上の拘禁刑」となる。したがって，Aには，罰金や数か月または2，3年の拘禁刑といったものではなく，それをはるかに超える重い刑罰が科されうることが想定されるのである。

　では，このAに対する刑罰について，執行猶予を付すことは可能であろうか。

　執行猶予とは，有罪判決が下された者に一定の期間，刑の執行を猶予し，その期間内に遵守事項を守りさらなる犯罪を行わなければ，実刑，すなわち，実際の自由刑の執行としての刑務所（刑事施設）への収監が回避されるという制度である。執行猶予が付されたならば，行為者が会社員であればこれまでどおり仕事を続けることができるであろうし，また，その家族は犯罪者の家族として，人目を避けるようにして過ごすこともないであろう。短期の自由刑の執行は，その本人にも家族にも会社にも，ひいては社会にとっても利するところよりも害するところの方が大きいと考えられ，そのような短期自由刑の弊害を回避するために生み出されたのが執行猶予の制度である。

　刑法25条は，「3年以下の拘禁刑又は50万円以下の罰金」については，（刑の全部の）執行を猶予することができるとしている。この規定によれば，有期刑の刑の下限が1月である窃盗罪については執行猶予が可能であっても，設問におけるAのような強盗罪や強盗致傷罪については，執行猶予は不可能であるようにみえる。しかし，66条の酌量減軽（裁判官による犯情を酌量した減軽）が認められるときには，68条3号によって有期の拘禁刑はその長さを半分にすることができるとされていることから，強盗罪では2年6月まで，強盗致傷罪では3年までそれぞれ刑を減軽することができ，このような処理が行われれば，理論上はAにも執行猶予は認められうることになる。

　ところで，強盗致傷罪の法定刑は2004（平成16）年の改正までは「無

期又は 7 年以上」の拘禁刑とされていた。同改正では，177 条の強姦罪の法定刑の下限が 2 年から 3 年に，199 条の殺人罪の法定刑が 3 年から 5 年にと，おしなべて引き上げられたが（前者については，強姦罪とは女性の人格・尊厳を抹殺するものであり，生命の抹殺である殺人罪に匹敵するほどであるとも考えられることから殺人罪と同様の法定刑でよいという意見もあった。なお，強姦罪は，その後，2017（平成 29）年の改正で「強制性交等罪」と名称が変更され，法定刑も 5 年以上の有期拘禁刑に引き上げられている），唯一，強盗致傷罪の法定刑が引き下げられたのには，A の行為に類似するような，デパート，スーパーでの万引き事例など枚挙にいとまがない日々の事件について，たしかにその行為の犯罪性は高く，違法性は重いとしても，例外なく実刑に付することは法の運用としての柔軟性・融通性に欠けるという判断があったものと思われる。A は少年であり，したがって少年法の適用を受けるところ，少年事件を担当する家裁の裁判官からも同様の意見が表明されたという。したがって，現在では，強盗致傷罪の法定刑の下限は 6 年となったことから，A の罪については刑の執行が猶予されうることになる。

　なお，上述のように，A の行為は犯罪行為ではあるが，日常的に生じうる事案の一つである。かつて国民的犯罪とも称されたキセル乗車（不正な電車運賃での乗車）の例で，駅員に逮捕されることを免れようとした行為によって駅員が転倒し傷害を負ったという事案も（2 項）強盗致傷にあたりうる。また，大きな自動車事故を発生させた運転者に実刑判決が下ることも珍しくはない。犯罪とは縁がなさそうな大企業のサラリーマンが，会社の窮状を打開し，従業員やその家族を守るために違法な談合を敢えて行うということも起こらないことではなかろう（いわゆるホワイトカラー犯罪）。そのような現代社会のなかにあって，これから刑事法を勉強する際に重要なのは，近代刑法が前提としている「立場の交換可能性」という考え方を基礎に「犯罪」という事象をみる眼を養う，その姿勢を身につける，ということである。

　「立場の交換可能性」とは、「我々は、誰もが、塀の外ではなく、常に塀の上に立っている」ことを示していると理解できるが、しかし、それは、「自分もいつか、場合によっては犯罪者とならないとも限らない」というような消極的な認識にとどまってあるべきではなく、犯罪者を自分とは縁のない、別の世界の人間として捉えることをしないという一歩前に進んだ積極的な認識としてあるべきであろう。罪を犯した行為者もまた自分と同じ自律した人間であるとの承認において、はじめて刑事法の勉強が始まるということができる。

I-1-2　刑法の意義

(1)　刑法の概念

　法とは「**法律要件**」と「**法律効果**」を定めた規範であるところ、刑法とは「法律要件としての『**犯罪**』と、法律効果としての『**刑罰**』を規定した法律」をいう。したがって、広義では、軽犯罪法1条も、DV（ドメスティック・バイオレンス：配偶者暴力）防止法13条以下の規定も、会社法960条（取締役等の特別背任罪）以下の規定も、犯罪と刑罰を規定しているという意味において刑法である。そこで、われわれが通常「刑法」とよぶ、1907（明治40）年4月24日法律45号の法律を、他と区別して称するときには、「**狭義の刑法**」ないし「**刑法典**」という。そして、刑法典の規定、たとえば、国内犯（1条）、執行猶予（25条以下）、正当防衛（36条）、未遂罪（43条以下）、共犯（60条以下）などの規定は、刑法8条（他の法令の罪に対する適用）の規定を根拠として**広義の刑法**（犯罪と刑罰を規定した全法律）すべてに適用されることになる。

　刑法典以外の刑法を**特別刑法**という。そのなかで、盗犯等防止法、破壊活動防止法、銃砲刀剣類所持等取締法（銃刀法）、会社法960条、

軽犯罪法などを「準刑法」，道路交通法（道交法）における刑罰法規など
を「行政刑法」，「行政刑法」のなかで独禁法などの罰則をとくに「経済
刑法」とよぶ。

　刑法典には，第1編「総則」と第2編「罪」が存在する。「総則」は，
正当防衛，故意・過失，未遂，共犯など，犯罪および刑罰に共通する
一般的な事柄を定める通則規定であり，「罪」，すなわち「各則」とよ
ばれる第2編は，殺人，窃盗，放火といった，各個別の犯罪を規定し
ている。刑法総論は，「総則」を対象として，主として一般的な犯罪の
成立要件を考察するものであり，ここでは，犯罪行為の認定に関する
理論である犯罪論と，法律効果である刑罰に関する理論である刑罰論
を学ぶことになるが，主眼は前者におかれている。一方，刑法各論は，
個別の犯罪の個別の要件（特別構成要件）の意味内容を明らかにするも
のである。車の両輪のごとくにある刑法総論と各論とを並行的に学ぶ
ことにより，体系的にも具体的にも，刑法の把握と理解が可能となる
のである。

　なお，法体系の分類上，刑法は，刑罰権の主体としての国家とその
客体である個人（犯人）との関係を配分的正義（⇔平均的正義）に従って
規律する公法（⇔私法）に属し，国家の裁判規範として，法的安定性（⇔
合目的性）を指導原理とする司法法（⇔行政法）に入り，刑罰権の発動に
関する実質的法律関係を規定する実体法（⇔手続法）に属する。

(2)　刑法の目的と機能

　刑法の目的については，社会秩序の維持を第一義的に考える立場と，
法益（法によって保護される利益）の保護を中心におく立場に分かれる。
違法性の本質を行為無価値（→78頁）におく立場が前者であり，結果無
価値（→78頁）の立場が後者に対応することになる。刑法各則の規定
は，個人的・社会的・国家的法益を保護していることから，刑法の究
極の目的が法益保護にあることは疑いない。しかしながら，その包括

的な保護を目ざす国家政策というレベルでの適切な手段をも考慮して考えれば，法益侵害を防ぎ，しかし一方，すでに侵害されたときには速やかにかつ適切に行為者を処罰することを通して社会秩序の維持を目指し，これによってさらに法益の保護を図ることこそが刑法の目的であるといえよう。

　刑法の機能には，**規制機能**，**法益保護機能**，**自由保障機能**の三つがあるといわれている。規制機能とは，犯罪行為に対する規範的評価を明らかにして，これに対して刑罰が科されるべきことを示す機能をいう。これには，一定の行為が犯罪として法的に許されないと評価し示す機能（**評価機能**）と，これに従って犯罪を行わないように行為者に命じる機能（**命令機能**）がある。法益保護機能とは，刑法によって，法益を保護する機能であり，それを通して社会秩序を維持しようとするものである。これには，一般人をして犯罪行為に陥らないようにさせる**一般予防**と，犯罪行為を行った個々人（特定の者）をして再度犯罪行為を行わないようにさせる**特別予防**とがある。いずれの場合でも，過去の犯罪について，**責任主義**（原則）に照らし，行為者の責任の範囲内において行為者を非難する**応報刑**（→ 15頁）の枠内で予防的考慮がなされることになる（刑法の目的と刑罰の目的とは区別されるべきで，刑法の目的には予防を内容とする規制機能があるとしても，刑罰の目的において予防が中心的位置を占めることにはならない）。そして，自由保障機能とは，刑法が処罰の要件と刑罰の内容を明示することで，国家による恣意的な刑罰権の行使を阻止し，これによって，国民および犯罪者の自由を保障するものである。この点を称して，刑法は「犯罪者のマグナ・カルタである（フランツ・フォン・リスト）」といわれている。近代刑法の歴史は，この三つ目の自由保障機能の確認の歴史といってよい。

　なお，刑法による法益の保護とはいってもその適用が無制限に許されるわけではなく，刑法による紛争解決に代わる方策があれば，まず，これによるべきであり（**刑法の断片性**，刑法の二次的性格），刑法を適用し

刑罰を科すのは，他の手段による代替可能性がない場合にかぎられる（**刑法の補充性**）。この意味で，「ultima ratio（ウルティマ・ラティオ：最後の手段）」として，刑法は存在するのである。これらを総称して，**刑法の謙抑主義**という。古くからいわれている「刑は刑なきを期する（孔子）」，あるいは同じくリストの主張にかかる「良き社会政策は最良の刑事政策」であるという言葉の意味を（標語の重みを）再確認すべきである。近時耳にすることの多い児童虐待や，いわゆる老老介護の場での事件などにおいては，その詳細，背景を知るにつけ，この言葉の重みと意味深さが再認識されるであろう。

　最後に，刑法は，具体的事件について判断を下す裁判官において**裁判規範**であると同時に，何をしてはならないかを示す規範という意味では，国民に対する**行為規範**として作用する。

第2章 I：刑法の基礎
──刑法理論史と新旧学派の争い

> AはBに殺人を唆_{そそのか}したがBは断った。この事例で，学説の相違によりAの罪責が殺人未遂罪と不可罰（無罪）に結論が分かれる背景は何か。

【設問2】　Xと対立していた暴力団員のAは，配下のBに対してXを殺害せよと命じたところ，Bは殺人を行うことはできないとしてAの指示を断った。Aの罪責を論ぜよ。

I-2-1　近代刑法理論史──近代刑法の誕生

　刑法とはなにか，刑罰とはなにか。刑法と刑罰の意義を問う議論は，刑法の存するところ，いかなる社会においても存在してきたといえよう。現に，古代ギリシャ・古代ローマ時代にはすでに，「刑罰は，犯罪が行われたから科されるのではなく，犯罪が行われないために科されるのである（セネカ）」との思想（目的刑主義・相対主義）が存在したといわれている。

　中世の封建的な社会体制「アンシャン・レジーム（旧制度）」期の刑法は，法と道徳・宗教との不可分的な結合，（犯罪と刑罰に関する）身分による取り扱いの不平等，罪刑専断主義（→ 20 頁），四肢の切断などの過酷な刑罰，といった点にその特色があり，これは，その思想が，とりわけ，贖罪・応報と一般威嚇という考え方に支配されていたことを物語るものである。しかし，このような刑法思想も，次第に変容を遂げていった。というのも，たとえば，身体刑をより残酷にしていっても，

四肢の切断以上は不可能であることから限界があったのである。

　その後，中世の非合理主義に決別して啓蒙思想を導き出した合理主義は，刑罰制度をも検討の俎上におき，合理的な理性を基礎とする刑法思想を結実させた。ここに，**近代刑法**が誕生する。フランスのモンテスキュー，イギリスのベンサム，イタリアのベッカリーア，ドイツのフォイエルバッハの刑法理論は，一般に，**社会契約説**（法と宗教との分離）を基礎とした，**罪刑法定主義**（裁判官の権限の制限：「裁判官は法を語る口である（モンテスキュー）」），**罪刑均衡主義**（「社会に与える損害」を基準とする客観主義：ベッカリーア），そして，**目的刑主義**（一般予防・特別予防・功利主義）にその特色を有する。たとえば，「民衆の精神に最も持続的な印象を与え，しかも同時に犯罪者の身体に対してはできるだけ残酷でない苦痛を与える方法を選択しなければならない」というベッカリーアの著書『犯罪と刑罰』における表現は，そのような目的刑主義の刑法観を表しているといえよう。また，フォイエルバッハは，刑法の目的とはなにかといえば，人間は，快を求め苦を回避するべく行動する（「快苦原則」）理性的存在者であるところ，潜在的犯罪者に対して，あらかじめ犯罪と刑罰を予告しておく――たとえば「他人の財物を盗んだ者には10年の刑罰（拘禁刑）を科す」ことを知らしめておく――ことで，犯罪によって得られる利益とそれに対して科せられる刑罰という不利益を比較衡量する機会を与え，その結果をもって心理に強制を働かせて犯罪を予防することである（**心理強制説**）と述べているが，この心理強制説によって罪刑法定主義は基礎づけられるにいたり，そのことから彼は近代刑法学・客観主義的刑法学の創始者とよばれている。

I-2-2　新旧学派の争い

(1)　学派の争い

　以上のような啓蒙思想にもとづく近代刑法思想は，犯罪を「理性的な存在としての人間」が「自由意思」によって「合理的な判断」にもとづいて行うものであると捉え，それゆえ**道義的責任論**（→ 142頁）を唱え，**応報主義**を基礎とする点で共通するものであった。

　ところで，一方，19世紀中葉以来のヨーロッパの資本主義の発展とそれに伴う都市化は，階級の対立，失業者の増大と貧困層の拡大を招き，それによって累犯，とくに常習犯と少年犯罪の激増をもたらしたが，しかし，啓蒙思想にもとづく近代刑法理論も，それを基礎とした新たな立法もそのような犯罪現象の蔓延を阻止することはできず，無力さを露呈することとなった。

　そこに，従来の刑法理論の立場を**古典学派・旧派**と指弾して，鋭く批判して登場したのが，いわゆる**近代学派・新派**の刑法理論である。新派刑法学の誕生のもう一つの背景には，先のような社会状況に加えて，19世紀における自然科学，とりわけ統計学的手法の発展があげられよう。イタリア学派に属するロンブローゾは，ダーウィニズムの影響のもと，犯罪は人類学的・遺伝生物学的原因に起因する必然的所産であるとする**生来的犯罪者説**を唱えた。この説によると，犯罪者には，頭蓋骨の容積が小さい，額が扁平であるなど，一定の身体的特徴が存しており，これらの者は，変種として一定の人類学的類型にあてはまる，隔世遺伝を原因とした未開人の再生であって，当然に犯罪に陥るように宿命づけられていると主張したのであった。

　新派刑法学の思想は，その後，イタリアでは，フェリー，ガロファロに伝えられ，ドイツにおいては，刑法学と刑事政策学との連携（全刑法

学）を訴え，目的刑主義を唱えたリストに引き継がれていった。この，新派の決定論および特別予防にもとづく社会防衛という主張に対しては，ドイツのビンディング，ベーリング，そしてとりわけビルクマイヤーらの論者の間から，旧派刑法学を擁護して果敢な反論が行われた。

　新派と旧派の論者の間では，その後，ドイツで，また，わが国においても激しい理論的闘争が展開されることになり，これを新旧学派の争いと称するが，その対立をシェーマ（図式）化すると大要以下のようになる。

　すなわち，古典学派は，近世の啓蒙主義的合理主義思想を背景に，犯罪者は「自由意思」を有する理性人であると解して（**非決定論**），そのような犯罪者によって外部的，現実的に発現させられた個々の犯罪行為および結果について（**行為主義，現実主義，客観主義**），その犯罪意思に向けられる「道義的非難」を核心として責任を論じる（**行為責任論，意思責任論，道義的責任論**）。そして，刑罰は，犯罪行為に認められた責任に均衡して犯罪者に加えられる害悪であり（**応報刑論**），それによって，犯罪者にその罪を償わせ（**贖罪刑論**），たとえば，「人殺しをした者は火あぶりに処せられるぞ」と，一般人を威嚇し警戒させて将来的な犯罪の防止を期するものであるとする（**一般予防論**）。犯罪と均衡する刑罰という応報刑論の立場から，不定期刑の観念は認められるべきでないとし，また，責任にもとづく刑罰と危険性を前提とする保安処分（少年に対する保護処分など）とは性質を異にすることを強調する（**二元論**）。そして，刑罰の分量については，客観主義にもとづき，犯された罪の重さと均衡のとれたものであることとする。すなわち，1万円の窃盗よりも10万円の窃盗の方が，それよりも傷害の方が，それよりも殺人の方が，刑が重くなるのであり，未遂は既遂よりも刑が軽くされるべきとするのである。

　一方の近代学派は，実証主義的見地を基礎に，行為者における「自由意思」の存在を否定し（**決定論**），犯罪を人間の自由意思にもとづく

合理的判断の所産であるとは捉えず，あるいは，自由意思の問題は刑法上直接意味がないとする立場において，罰せられるべきものは，素質と環境とによって宿命的に決定される行為ではなく，行為に徴表される社会的危険性をもつところの犯罪人そのものであると説く（**行為者主義**：リストは「処罰されるのは行為ではなく行為者である」とした。**徴表説，主観主義**）。そして，かような犯罪者に対しては，社会は常に自己を防衛・保全する必要があり，また，犯罪者は社会から防衛の処分を受けるべき地位にあると理解する（**性格責任論，社会的責任論，社会防衛論**）。この立場にたてば，犯罪に赴くか否かはすでに諸要素によって決定されているから，先のように「火あぶりに処せられるぞ」と脅しても，何ら行為者の動機づけに影響しないのであり，そのため，刑罰は社会の防衛・保全のために，犯罪者をその個性に応じて個別的に教育し，その再社会化をはかることを目的とするものであるとして（**目的刑論，教育刑論**），犯罪者自身の改善による犯罪の予防を重視することになる（**特別予防論**）。病院が病気を治すところであるように，刑務所は犯罪的性格を矯正するところと捉えられ，そして，刑罰の分量は，あたかも病気が治癒するまで在院するように，犯罪者の危険性（犯罪性）を除去して一般市民の生活に復帰させるために必要な処遇の期間とされるのである。

(2)　対立点と犯罪論への反映

　学派の争いは，ドイツにおいては主に刑罰論において展開されたのに対して，わが国では，新派に属する牧野英一，宮本英脩（ひでなが），木村亀二と，旧派に属する大場茂馬，滝川幸辰（ゆきとき），小野清一郎との間で，刑罰論のみならず犯罪論においても，むしろドイツ以上に激しい論争が繰り広げられた（『日本刑法学会50年史』参照）。その後，20世紀後半以降，大陸法系に属する国々では，古典学派的な規範的思考方法を基礎としつつ近代学派的な実証主義的研究態度を併用しようとする傾向が一般

的となり（刑の執行猶予制度（25条以下），仮釈放制度の規定（28条以下），広義の保安処分規定，少年法など），この流れはわが国の刑法理論や各刑法典草案においても同様である。

たとえば，刑法43条本文の未遂犯の規定，すなわち「その刑を減軽することができる」という規定については，古典学派の主張にたてば，犯罪結果が発生していない以上（刑法44条参照），既遂犯よりも「その刑を減軽する」べきであり，また，他方，近代学派の主張にかかれば，そもそも未遂と既遂との別は刑罰の軽重に何ら関わらないことから，これを両者の立場の折衷的な規定としてみることができるのは，その一例であるといえよう。また，主観主義と客観主義を統合して，責任主義を前提とした特別予防を基礎に，主観主義的考慮，政策的考慮を取り入れ，しかしこれを容れるとしても，犯罪者の人権保障のため客観主義をもって限定を設ける考え方など，学派の争いを止揚しようとするのが近時においては一般的傾向となっている。

もっとも，現在，同じく古典学派的見地に基礎をおきつつも，社会倫理的観点から犯罪と刑罰との合理的把握を指向し，応報刑に軸足をおく立場と，法益に対する侵害・脅威の面を核心として犯罪を認識し抑止刑を中心に犯罪論を構築しようとする立場とがあり，これが違法論をめぐる行為無価値論と結果無価値論の対立を招いているところである。

I-2-3 刑罰の本質に関する諸学説

犯罪者に刑罰を科する根拠については，19世紀末の学派の争い以来，ドイツ，またわが国において，応報刑論と目的刑論とが，対立する考え方として理解されてきた。

(1)　応報刑論

　応報刑論は，刑罰の本質を「応報」，すなわち，犯罪という「因果」に対する「報い」（報復・やり返し）として理解する。応報刑論は，私法的刑法（私刑法）の時代においては個人によって，あるいは部族によってなされていた復讐に由来するもので，その刑罰賦課の原理は，等価の損害を与えることにあった。そこでは，自らに加えられた害悪に対する被害者の原始的・本源的，本能的な衝動・反作用が観念されており，これは，その後の公法的刑法（公刑法）の時代においては「醇化された復讐」として理解されている。

　この応報刑論は，**絶対的応報刑論**と**相対的応報刑論（統合説）**とに分類される。カントによれば，刑罰は，「ただその犯罪が行われたこと」において科されるべきなのであり，刑罰に犯罪予防など他の目的を付与することは，犯罪者をして他の目的の手段におとしめるもので（人の手段化），人間の尊厳に違反することになる。この絶対的応報刑論においては，「目には目を，歯には歯を」という標語が示す「talio（タリオ：同害報復）」の法に科刑の指針を求めるべきことになる。また，正義の実現という点からいえば，ヘーゲルの刑罰論にあっては，刑罰は，科刑の主体であるところの，合理的なものとして正当化された国家により「法の否定である犯罪をあらためて否定する」行為として科されるものであることになる。

　これに対して，従来，相対的応報刑論は，その本質に応報観念をおきつつも，応報による正義の実現は，本来的な国家の任務ではなく，それゆえ国家が刑罰という害悪を加えることには，それを正当化する論理として，刑罰が抑止刑として働くこと，すなわち，刑罰を科すことによって犯罪を防止するという効果が得られるということがなければならないとする。

(2) 目的刑論

目的刑論は，刑罰は，犯罪を防止するために科すものであり，それによってもたらされる社会の利益によって，刑罰の賦課が正当化されるというものであるが，この目的刑論には，上述のように，いまだ犯罪を行うにいたっていない一般人における犯罪の予防を主眼とする**一般予防論**と，すでに犯罪を行った者の再犯予防，再社会化を目的とする**特別予防論**とがあり，前者は，さらに，潜在的行為者に対する威嚇を内容とする**消極的一般予防論**，抑止刑論と，確実な処罰を通して法秩序が揺るがないものであることを示すと同時に，法秩序に対する一般市民の信頼を確保するという意味での**積極的一般予防論**に分かれる。近代刑法以前の刑罰においては，刑の執行による威嚇，「みせしめ」によって，一般人の犯罪予防を図ることにその目的があった。火あぶり，<ruby>磔<rt>はりつけ</rt></ruby> などの残虐な刑罰や，さらし首，公開処刑はその表れである。このような一般予防論は，その後，フォイエルバッハの唱える心理強制説により，刑罰と一般予防論に合理的な基礎づけが与えられるにいたることによって克服されたといえよう。

(3) 相対的応報刑論

現在のわが国では，刑罰は応報であると同時に予防目的をもって正当化されるという，あるいは，応報刑の枠内で一般予防を目指し，特別予防，すなわち行為者の再社会化を図っていこうとする，上述の，相対的応報刑論が通説となっている。今日では，この理論は，具体的には，以下のようなものとして理解されている。すなわち，基本的人権には，行き過ぎた功利主義から個人の利益を守る役割が存する以上，刑罰に一般予防の効果があることをもって個人に対する刑罰を正当化することはできない。刑罰制度の正当化の根拠は，犯罪の予防・防止という社会の側の利益ではなく，応報刑論に則った，当該個人の責任

という観念に求めなければならず，罪を犯した者の改善・更生・教育（法益を尊重する意識の覚醒・培養・陶冶）は犯罪に応じて科される刑罰の執行機会に行われるとする考え方である。

:【設問2】を考えてみよう:

【設問 2】については，古典学派，客観主義刑法理論にたてば，B が殺人の依頼を断り，X の生命・身体には何らの実害もその危険も与えられていないことから，A には殺人の教唆も成立しないことになる。

　一方，近代学派，主観主義刑法理論にたてば，罰せられるのは行為ではなく行為者であるから，たとえ X に実害やその危険が生じていなくとも，いやしくも他人に殺人を唆した以上は，犯罪を唆す A の犯罪的性格，反社会性は如実に表れており，教育的処分の対象とされるべきである（→252 頁）。したがって，A は殺人未遂罪の教唆として，同条の死刑または無期拘禁刑，もしくは 5 年以上の拘禁刑という選択刑の範囲において処罰されることになる。

　これに対して，古典学派は，X には危害が加えられていないにもかかわらず，A にそのような刑罰を科すことは残酷ではないかと批判するが，近代学派は，今回は B が断念したから大事にいたらなかったが，明日は C を唆すかもしれず，あるいは自分の手によって犯罪を遂行するかもしれないではないか，また，残酷というのは，古典学派が刑罰を応報と捉えるからであって，近代学派のように，刑罰を教育・改善と理解すると，いわば全快するまで退院が認められないのと同じであって，そのような批判は当てはまらず，死刑についても，改善更生が不可能な場合には，社会防衛の見地からはやむを得ないことである，と反論するのである。

　このような長きにわたる論争を経て，今日では，主観主義刑法理論にもとづいた考え方を容れるとしても，しかし，「不当に処罰されることはない」という意味での人権保障の観点から，客観主義的刑法理論を基礎にすべきことが確認されている。

第3章 I：刑法の基礎
―― 罪刑法定主義の意義と派生原理

情報を盗んでもなぜ窃盗にならないのか。秘密を暴露しても，医者で
はなく看護師なら処罰されないのはなぜか。

【設問 3】

ⓐ 甲会社に勤める A は，夜間，競合する乙会社に忍び込み，乙
会社の営業秘密を乙会社のコピー機で 1 枚印刷し，持ち帰った。
A の罪責を論ぜよ。

ⓑ 甲会社に勤める B は，パソコンとインターネットを駆使して，
乙会社のコンピュータに侵入し，乙会社の営業秘密をそっくり自
分のパソコンにダウンロードした。B の罪責を論ぜよ。

I-3-1　基本的意義

罪刑法定主義とは，「法律がなければ犯罪はなく，法律がなければ刑
罰もない（フォイエルバッハ）」とする原則をいう。すなわち，ある行
為についてこれを犯罪であると評価し，これに刑罰を科すためには，
行為が行われる前に，その行為を犯罪であると定め，それに科すべき
刑罰の内容を定めた狭義の法律の規定が存在しなければならない。い
い換えれば，いかなる行為が犯罪となり，いかなる刑罰が科されるか
は，あらかじめ国会で定められ公布された法律において明示されてい
なければならないのである。

【設問3】を考えてみよう

　【設問3】の⑧における A の罪責について，建造物侵入罪の成立をの
ぞき，まず考えるべきは，窃盗罪の成否である。営業秘密という情報
についての窃盗罪は成立するであろうか。結論をいえば，この場合，
A には窃盗罪は成立しない。というのも，「情報」は刑法235条にい
う「財物」に該当しないからである。その理由は以下のとおりである。
すなわち，机の上の六法を本棚に戻すと机の上からその六法は当然に
「なくなる」が，しかし，他方，試験で隣の席の人の答案をカンニン
グしたり，他人の手帳から氏名や電話番号などを盗み見したりしても，
答案や手帳から答えや名前などが消えることはない。このような情報
の「非移転性」に着目して，わが国の刑法では，移転可能なものを財
物として捉え，それゆえ，情報は財物にあたらないとしているのであ
る。したがって，コピーするという A の行為も，また，⑥におけるダ
ウンロードするという B の行為も（不正アクセス禁止法3条や不正競争
防止法21条による処罰をのぞき），不処罰ということになる。しかし，
⑧において，A はコピーをしたのち，その紙一枚を乙会社に無断で持
ち去っている（なお，コピー機の無断使用については，「使用窃盗」として
罰せられない）。この紙は財物，しかも重要な情報が化体した財物であ
り，それゆえ A には乙会社の紙に対する窃盗罪が成立することにな
る（蛇足ながら，したがって，紙を持参してコピーをする，さらにはトナー
も持参する，それどころかコピー機の稼働に必要な電力も自前で用意する
といったことであれば，窃盗罪に関しては完璧に犯罪成立をすり抜けるこ
とが可能ということになろう）。

　なお，もし裁判官が「情報も財物である」として，類推解釈により
（本来であれば処罰できないところを処罰できるようにして）実質的な立
法を行えば（それによって A は窃盗罪で処罰されることになり），それは
三権分立に違反することになるといえよう。

　このように，たとえば，試験中にカンニングして他人の解答を盗み

見たとしても，罪刑法定主義をかかげる現在のわが国では，情報窃盗を処罰する法律がない以上，その行為は不処罰となる。これに対して，近代以前の社会においてままそうであったように，国を治める者が勝手にある行為を犯罪と定めそれを根拠に市民を処罰するという，刑法を圧政や弾圧の手段として用いることがまかりとおった社会では，犯罪と刑罰の内容はそのつど支配者の政治権力による任意の判断に委ねられ，官吏によって恣意的な解釈を施すことが許されていた。これを，**罪刑専断主義**という。

　この罪刑専断主義を克服したところに，近代刑法の地平が現れるにいたった。リストによれば，罪刑法定主義は，法秩序や社会を保護するために存するのではなく，国家の絶大な権力，多数派の圧倒的な権力に対して，それらに反抗する市民，個人を守る防波堤である。したがって，この原則は国家刑罰権を制限する原理なのであり，この原理にもとづいて，刑法は，処罰を求める刑事政策的な考慮に厳格な限界を画している。国家の秘密文書を盗んでも「10年を超える拘禁刑」を科されることはなく，首相官邸や皇居に侵入しても，130条で定めた以上の刑罰を科されることはないのである。その意味で，「刑法は，犯罪者のマグナ・カルタである」とのリストの言葉のとおり，この原則は，刑法の自由保障機能を示しているのである。

　この罪刑法定主義の思想的な端緒は，まず，1215年のイギリスのマグナ・カルタまで遡ることができ，その後，権利請願（1628年）や権利章典（1689年）を経て，フィラデルフィア権利宣言（1774年）のなかに表明され，その後，アメリカ合衆国憲法（1776年）に，そして，フランス人権宣言（1789年）に規定されることになった。今日では，近代刑法を有するいずれの国家においても，刑法の最も重要な原則の一つとされている。

　わが国では，旧刑法（1880（明治13）年）2条に，ならびに明治憲法（1889（明治22）年）23条に上記主義が規定された。

　さて，犯罪と刑罰とはあらかじめ狭義の法律の形式において定められていなければならないとする，この罪刑法定主義を基礎づけるのは，モンテスキューの三権分立の思想にもとづく見解，すなわち，裁判機関はあらかじめ立法機関が定めた法律を適用するだけで，厳格に法律に拘束され，専断は許されないとする考えと，フォイエルバッハの心理強制説，すなわち，事前に，犯罪と刑罰とを法定しておくことによって，一般人の心理に制約を与え，犯罪を予防することができるとする考えである。

　現行刑法（1907（明治40）年）において，罪刑法定主義に関する直接の定めはない。これは，制定当時，すでに明治憲法に，上述のように，罪刑法定主義の定めがおかれていたからである。さらに，現在の日本国憲法（1946（昭和21）年）にはこれに関連する詳細な規定が存する。まず，アメリカ合衆国連邦憲法第5修正，同第14修正の適正手続条項に由来するとされる日本国憲法31条は，「何人も，法律の定める手続によらなければ，その生命若しくは自由を奪はれ，又はその他の刑罰を科せられない」と定めている。同条にいう「法律の定める手続」とは，「法の適正な手続」をいい，「法律」とは制定法，しかも国会において法律の形式で制定された狭義の法律をいうとされているが，「手続」の意味には，それが法によって定められ，かつ適正であるだけでなく，刑罰の実体が法によって定められていることをも含むとされており，また，同条は，アメリカ合衆国憲法の理解と同様に，実体法の内容が適正であることをも意味するものと解すべきであるといわれている（→29頁）。狭義の法律に犯罪と刑罰とが形式的に定められていさえすればよいとして，定められていることのみをもって処罰に値しない行為を処罰し，あるいは均衡を欠く刑罰を科してよいということにはならないからである。

　また，憲法39条前段は，以下に示すように，刑罰法規不遡及の原則（**事後法の禁止**）を明示し（そのほか，同条後段には刑事訴訟法上重要な一

事不再理の原則も規定されている），同 73 条 6 号但書は，刑罰は原則的に狭義の法律によるべき旨を規定し（→ 23 頁），同 41 条は慣習刑法を排する法律主義に根拠を与えている。いずれも，罪刑法定主義の重要な内容となっている。

　罪刑法定主義には，いくつかの従来から認められてきた派生原則があり，それぞれの派生原則には，罪刑法定主義の精神を実質的に活かすために，一定の修正・留保・例外が施されているのは，以下に示すとおりである。さらに，後述するごとく，実体的デュー・プロセスの観点から，明確性の原則と刑罰法規内容の適正の原則が承認されている。

Ⅰ-3-2　従来からの派生原則

(1)　遡及処罰の禁止の原則

　罪刑法定主義の「あらかじめ公布された法律（の明文の規定）がなければ刑罰はない」との原則からは，まず刑罰法規不遡及，すなわち遡及処罰の禁止の原則が導かれる。この原則は，刑法の時間的適用範囲の問題であり，刑法は，その施行をもって以降の犯罪に対して適用され，施行以前において行われた犯罪に対しては遡って適用されないことをその内容とする。いい換えれば，現在は処罰規定のない過失による窃盗について，その行為後にたとえば翌月，過失窃盗罪の規定が設けられたとしても，遡って新法の効果を及ぼしてこれを処罰することはできないのである。

　予測可能性を前提とする自由主義社会では，たえず自己の行為の法的な帰結が明らかでなければならず，刑法の領域においても，いかなる行為が処罰されるかについて予測可能性がなければ，国民の行動の

自由は阻害され，その活動は萎縮することになるであろう。

　実行時にすでに刑罰法規があり，事後にその刑が加重された場合にも，行為者における予測可能性は害され，予測に反して不利益を被ることになるから（それほどの重い刑罰であったなら犯罪を思いとどまっていた，という場合もあろうから），刑を加重した法律が事後に遡及して適用されることはない。この趣旨を「犯罪後の法律によって刑の変更があったときは，その軽いものによる」として明文化しているのが刑法6条である。

　もっとも，例外として，刑が軽くなった場合や刑が廃止された場合には，新法が遡及することになる。この意味で，6条は，罪刑法定主義の趣旨を実質的に保障する，遡及処罰の禁止の修正といいうる。

　なお，その6条にいう「刑の変更」の，「刑」の意味については，判例は，刑（法定刑）そのものの変更以外，たとえば，付加刑である没収の変更や，刑の執行猶予の要件に関する規定の変更などは，「刑」の変更にはあたらないとしている。また，つぎにあげる法律主義に則り，形式的には判例は法源ではないとの理解から，判例の不利益変更は遡及処罰禁止の原則に違反しないとするのが判例（最判平成8・11・18刑集50・10・745）および有力説の立場である。

(2)　慣習刑法の排斥（法律主義）

　つぎに罪刑法定主義の原則から導かれるのは，刑罰を基礎づける，ないし，刑罰を加重する**慣習刑法の排斥**の原則である。たとえば，「この村では，昔から……する行為を罰していた」ということを根拠に当該行為を処罰することは，狭義の法律によってのみ処罰が可能であるとする罪刑法定主義に違反し，また，「この場所に無断で駐車した者は，10万円の罰金を科する」ことも，上記原則によれば，罰金という刑罰を定める主体は立法機関である国会に限られていることから，不可能ということになるのである。

　このように，この原則は，刑法の法源の問題であり，刑罰法規の法源は国会の議決によって制定される狭義の法律によるべきであり（**法律主義**），他の法律において，たとえば商慣習法には民法以上の効力が認められるのと異なり，判例と同様，慣習や条理が刑法の法源となることはないことを示しているのである。

　もっとも，慣習刑法が排斥されるとしても，そのことは，慣習刑法が刑法解釈においてまったく顧みられないということを意味するものではない。たとえば，刑法235条の窃盗罪の成立の判断に際して，財物の他人性が問題となるが，里山に入って松茸や筍や薪を採取した場合，それらの物の他人性を判断するために，入会権（その地域の住民が有する，山林原野において，共同して収益する慣習上の権利）を考慮せざるをえない場合などがその例である。

　なお，特定された範囲内で，法律による他の法令・機関などへの罰則制定の具体的・個別的な委任，あるいは，刑（法定刑）だけは法律自身が定めたうえで（これを「**白地刑罰法規**（白地刑法）」という），これに対する犯罪成立要件の内容の全部もしくは一部を，他の法律，命令などに委任することは認められている。たとえば，憲法73条6号但書は政令への委任を認めるものであり，刑法94条（中立命令違反）は白地刑罰法規の例である。また，地方自治法14条3項は，条例への罰則制定の包括的委任を定めている。

（3）　類推解釈の禁止

　そして，同様に，罪刑法定主義から，可罰性の存否および程度に関して被告人に不利益な方向で行う**類推解釈の禁止の原則**が導かれる。この原則は，刑法の解釈の問題であるが，そこにいう類推解釈とは，法律が本来予定している範囲，「可能な語義」の範囲，すなわち一般国民の予測が可能な意味の範囲内を超えて解釈し，類似した事項にまで法の適用を認めることをいい，この点で，法律の予定する範囲内でそ

の用語を通常の意味よりも広く理解するところの，拡張解釈に相対するものである。たとえば，その生態に着目して，両生類にカメ，魚類にクジラを包摂するかのごとくに，その行為の類似性に着目して医者に看護師（刑法 134 条参照），財物に情報（刑法 235 条参照）を含めるのは類推解釈である。

　類推解釈の禁止の原則に従えば，その行為が刑事政策的には処罰の必要性が高くとも，予測可能性を害し行為者に不利益に働くような解釈を施すことは許されないことになる。前述のように，競合する他社に侵入して秘密資料をコピーして持ち去った場合には情報が化体したそのコピー用紙一枚に対しても窃盗罪が成立することになるのに対して，その会社のパソコンに外部から違法に侵入して秘密情報を取得したとしても，情報は 235 条にいう「財物」にあたらない以上，その行為は刑法上は不処罰となる。同様に，看護師が，入院中の患者に関する秘密を外部に漏示しても，そして，それがいかに違法性・当罰性が高くとも，134 条の秘密漏示罪の行為主体に「看護師」が含まれていない以上，刑法上はこれを処罰することはできないのである（なお，保健師助産師看護師法 44 条の 3 には，かかる行為の処罰規定が設けられている）。

　もっとも，類推解釈の禁止の原則についても一定の修正が働いている。すなわち，例外として，被告人に有利な方向で類推解釈を行うことは許されている。違法性阻却（正当化）事由や処罰阻却事由，刑の減軽事由に関しては，被告人に有利に類推を働かせることが一般に可能とされているのである。たとえば，37 条の緊急避難の要件に「名誉・貞操」を加えてその成立範囲を拡張することや，予備罪に中止犯の成立を認めて，刑の必要的減軽・免除を広く肯定することなどがこれである。いずれも，行為者の行為の違法性を阻却し，罪を免れさせ，行為者に有利な作用となるからである。

　類推解釈にあたるか否かが争われた判例では，ガソリンカーは汽車・電車に含まれるとしたものがある（大判昭和 15・8・22 刑集 19・540）。

ガソリンカーと汽車・電車，いずれの車両も，動力の種類を異にするにすぎず，ともに多数の貨客を運輸するための，鉄道線路上を運転する交通機関であることが根拠となっている。しかし，軌道上を運転しないバスは，かりに動力の種類を同じくし，多数の客を運輸するとしても，これに含まれないことになる。また，旧刑法下のものであるが，電気は財物（「人の所有物」）にあたるとして，窃盗罪の成立を認めた事例（大判明治 36・5・21 刑録 9・874）がある。民法では，当時，物とは有体物を指すとされていたところ，刑法には刑法独自の目的論的解釈があるとの前提から，大審院は，「物」とは「可動性および管理可能性の有無」によって区別すべきであるとの新たな基準を導き出し，類推解釈の外観をよそおいつつ，電気も「物」に含まれるとしたのである（現在では，245 条の規定が，「電気は，財物とみなす」として，立法的に解決している）。そのほか，すき焼き鍋および徳利への放尿を 261 条の「損壊」にあたるとした事例（大判明治 42・4・16 刑録 15・452），鯉を養魚池から流出させたことを同条にいう動物の「傷害」にあたるとした事例（大判明治 44・2・27 刑録 17・197）などがある。

　反対に，消極的・制限的に解した判例としては，刃渡 15 センチ以上の登山ナイフや指揮刀であっても，銃刀令（法）の取締り対象である「刀剣類」に含まれないとした事例（最判昭和 31・4・10 刑集 10・4・520，最判昭和 36・3・7 刑集 15・3・493），火炎瓶は「その爆発作用そのものによって公共の安全を撹乱し人の身体財産を損傷するに足る破壊力を有しない」として，爆発物にあたらないとした事例（最大判昭和 31・6・27 刑集 10・6・921），などがある。

　その後，判例には，当罰性が高いにもかかわらずその行為を処罰する刑罰法規が欠けている場合に，処罰の間隙を可及的に解釈によって埋めるために，緩やかな法解釈を行う方向に軸足を移してきているのではないかとの批判を向けられているものも存する。たとえば，クロスボウ（洋弓銃）を用いてマガモを狙って矢を放ったが，すべて命中し

なかったという事例に，マガモを捕らえようとする行為も（旧）鳥獣保護法1条の4第3項の「捕獲」にあたるとしたもの（最判平成8・2・8刑集50・2・221）がある。クロスボウによる狩猟によって，殺傷せずとも，周辺の鳥類を驚かし，狩猟鳥獣の保護繁殖という立法目的が阻害されると判断したもの（目的論的解釈）と解される。しかし，本件は，「殺傷」も「捕獲」に含まれるとした法改正後の事案であるところ，被告人は，殺傷も現実の捕獲もしていないこと，また，捕獲とは現実にその実力支配内におくことという一般的な日常用語例にしたがうと，その結論は類推解釈の禁止に反するとする主張は根強い。そのほか，ベニヤ板製の看板で外国国旗を遮蔽することは，92条の外国国章損壊等の規定にいう「除去」にあたるとした事例（最決昭和40・4・16刑集19・3・143），文書の写真コピーを155条の公文書偽造罪における「文書」にあたるとした事例（最判昭和51・4・30刑集30・3・453），業務上の過失によって胎児に病変を発生させ，出生後，これに起因してその人を死亡させた行為に，211条の業務上過失致死罪の成立を認めた事例（熊本水俣病刑事事件上告審決定。最決昭和63・2・29刑集42・2・314），テレホンカードの有価証券性を認めた事例（最決平成3・4・5刑集45・4・171）などがある。

(4)　絶対的不定期刑の禁止

　罪刑法定主義にいう刑罰の程度の法定という点から，たとえば「……した者は，処罰する」とか，「……した者は，拘禁刑に処する」というように，刑種や刑量を定めない刑罰法規を設けることは，直接に法律主義に反し，また，裁判所においてまったく刑期を定めない**絶対的不定期刑**を言い渡すことも，刑罰を明確にすべきとする罪刑法定主義の趣旨を没却するものである。また，いつ釈放されるとも知れないままにおかれることは，受刑者に計り知れない不安と焦燥の念，絶望感を与えることから，人道に反する残虐な刑罰とも考えられるであろう。

　もっとも，例外として，絶対的不定期刑ではなく，刑期に長期（上限）と短期（下限）の幅をもたせた相対的不定期刑（たとえば，「2年から3年の拘禁刑」）の言渡しは，罪刑法定主義に反しないとされ，現に少年法の52条1項は，この相対的不定期刑を認めている。これは，刑事処分よりも少年の保護・育成を目的とする観点から不定期刑を導入したものということができる。

第4章 Ⅰ:刑法の基礎
——実体的デュー・プロセス（刑罰法規適正の原則）

> 罪刑法定主義の派生原理——「淫行」，「交通秩序を維持すること」という文言を内容とする刑罰規定は，憲法に違反するか。

【設問4】　甲県保護育成条例は，18歳未満の青少年に対し，何人も「淫行……をしてはならない」としてその違反者を処罰していたが，Aは，16歳のX女が18歳に満たないことを知りつつ，同女と合意のうえで性交をした。Aの罪責を論ぜよ。

Ⅰ-3-3　新たな二つの派生原則

(1)　刑罰法規の明確性の原則

　以上の罪刑法定主義の四つの派生原則に加えて，近時では，「何人も，法律の定める手続によらなければ，その生命若しくは自由を奪はれ，又はその他の刑罰を科せられない」ことを定めた憲法31条からの要請である実体的デュー・プロセス，すなわち刑罰法規の内容の適正の原則の観点のもと，さらにこの原則を実質化するために新たに二つの原則が承認されている。

　その一つが，刑罰法規の明確性の原則であって，その内容とするところは，刑罰法規は，その内容が具体的かつ明瞭で，国民において理解しやすいものでなければならないというものである。刑罰法規はあっても，その構成要件などの定めが不明確であったならば，恣意的な法

解釈を許し，権力の濫用を招くことになり，一方，先にも述べたように国民における行動の予測可能性を害し，その自由な活動を萎縮させる（萎縮効果）ことになるからである。また，処罰範囲が「過度に広汎」であれば，処罰に値しない行為，害のない行為まで処罰されてしまうことから，そのような規定もまた，同条に違反するとされている（「過度の広汎性」の理論）。

　この明確性の原則がとくに問題になったのは，徳島市公安条例事件（最大判昭和50・9・10刑集29・8・489）と福岡県青少年保護育成条例事件（最大判昭和60・10・23刑集39・6・413）である。前者では，被告人が集団行進者に蛇行(だこう)行進を煽動(せんどう)した行為が，徳島市公安条例3条3号の「交通秩序を維持すること」に違反するかが問題となった。これについて，最高裁は，一般論として明確性の原則を肯定したうえで，「交通秩序を維持すること」という構成要件が明確か否かは「通常の判断能力を有する一般人の理解において，具体的場合に当該行為がその適用を受けるものかどうかの判断を可能ならしめるような基準が読みとれるかどうかによってこれを決定すべきである」として，その判断基準を示し，結論としては，上記規定が明確性を欠き憲法31条に違反するとまではいえない，としたものである。

　また，後者では，被告人が当時16歳の少女と行った性交が福岡県青少年保護育成条例10条1項の「何人も，青少年（18歳未満）に対して，淫行……をなしてはならない」に違反するとして有罪判決を受けたものであるが，最高裁では同条例の「淫行」処罰規定は不明確であるとの弁護人の主張のもと，同規定が刑罰法規の明確性の原則に違反するかが争われた。これについて，最高裁は，上記条例にいう「淫行」につき，一定の合憲限定解釈（可能な複数の解釈があるときに，違憲となる結論を回避すべく，限定解釈を行う解釈方法）を施したうえで，「一般人の理解」において，「処罰の範囲が不当に広すぎるとも不明確であるともいえない」として，憲法31条に反しないと解している。

(2)　刑罰法規の内容の適正の原則

　新たに承認された派生原則の第二は，**刑罰法規の内容の適正の原則**である。この原則は，犯罪と刑罰とが形式的に法律に明確に規定されるだけでは足りず，その犯罪と刑罰の内容それ自体も適正でなければならない，すなわち，その行為を犯罪として処罰する合理的な理由があり，かつ，それに対する刑罰も行われた犯罪に均衡する適正なものでなければならないとするものである（**罪刑均衡主義**）。この原則にたてば，たとえ首相官邸への侵入や重大な国家機密の窃取であっても，これらを他の一般の住居侵入や窃盗と異なって取り扱い，その行為に対して死刑や無期刑を刑罰として法定することはできないことになる。

　最高裁も，「刑罰は……最も峻厳な制裁で……罰則を設けるには，慎重な考慮を必要とする……，刑罰規定が罪刑の均衡その他種々の観点からして著しく不合理なものであって，とうてい許容し難いものであるときは，違憲」である，としている（猿払事件。最大判昭和49・11・6刑集28・9・33）。

　父親が子どもと被告人に対して暴行を加えるなか，憤激とともに，父親から強いられている事実上の夫婦関係という忌まわしい境遇から脱するために，ついに父親を殺害したという事件において，刑法旧200条の尊属殺の規定は，法定刑を死刑または無期懲役に限っており，普通殺に関する刑法199条の法定刑と比較して著しく不合理な差別的取扱いをするものであるとして，憲法14条1項違反を根拠に同規定は無効である旨の判決を下した尊属殺違憲判決（最大判昭和48・4・4刑集27・3・265）は，罪刑の均衡の要請を実質的に考慮したものということができるのである（同判決は，立法目的は合憲であり手段のみが違憲であるとしたが，少数意見は，いずれも違憲であると指摘した。1995（平成7）年改正で，本条は削除されるにいたったが，その背景には，立法目的も違憲

であるとの判断があったものと思われる）。

I-3-4 罪刑法定主義および法解釈をめぐる今日の現状

　罪刑法定主義の要請を受けて，類推解釈は許されないことになるが，ある解釈が類推解釈にあたるのか拡張解釈にあたるのかについては，争いがある。それは罪刑法定主義の理解の仕方に由来するといえよう。

　すなわち，罪刑法定主義の意義について，一つは，これを形式的に理解し，厳格な法解釈（**形式的解釈**）を堅持し，立法者が立法当時法律の文言に付与しようとした意味内容を追究すべきであるとする**主観的解釈**を貫徹し（この考え方を推し進めれば，汽車といえば蒸気機関車に牽引される車輌をいうことになり，財物は有体物に限られることになる），また，刑法の行為規範性に着目して，処罰に値する行為についての国民の予測可能性（自由保障機能）を強調し，必要とあらば新たな立法によるべきとする立場である。

　これに対して，罪刑法定主義の現代的変容を唱え，柔軟な法解釈（**実質的解釈**）を許し，解釈時点において法律の文言から客観的に読みとることができる意味内容を探るべきであるとする**客観的解釈**を採用し，また，刑法の裁判規範性を重んじて刑法の法益保護機能を唱える立場によれば，法改正による対処には限界があり，刑法制定後の社会状況の変化に応じて事例を解決する手段としては，ある程度裁判所における**解釈**による**法創造**もまた認められてよいとされることになる。

:::【設問4】を考えてみよう:::

　【設問4】では，甲県の条例に定める淫行処罰規定の合憲性が争点となる。判例によれば，同規定の趣旨・文言を限定して解釈すべきで，そうであれば一般人が法律の文言からいかなる行為が「淫行」にあたるかを解釈することができることから，同規定は明確性の原則に反し

ないとされている。このことにもとづけば本条例は合憲であり，A は
本条例に従って処罰されることになる。

第5章 I：刑法の基礎
──行為主義

I-4　行為主義

　罪刑法定主義に続く刑法の第二の基本原則は，**行為主義**である。この行為主義の内容をなすのは，「外部に現れない，行為者の内心にある思考・考えは，処罰の対象としない」，「外部に現れた事象であっても，それが行為者の意思にもとづくものではない場合には，やはり刑法上の処罰の対象となる行為とはしない」という2点である。

　「内心の思考は罰しない」という原則については，ドイツのことわざに「思想に関税はかからない」といわれるように，考えただけ，内心にあるだけでは法的効果は及ぼされえず，処罰の対象にならない，現実に行為が行われたことが犯罪成立の大前提となるというものである（中世の有名な魔女裁判は，まさに内心を処罰したものにほかならない）。犯罪論において，犯罪とは構成要件に該当する違法有責な行為であると定義されるのもそのためである。また，「行為者の意思にもとづかない行為は罰しない」という原則については，たとえば，瞬間的な反射運動やピストルを突きつけられて否応なく暴行や器物損壊を行わされる場合，あるいは，暴漢に襲われる夢をみて自分と妻を助けようとして暴漢を殺害したが，我に返ってみると実はその暴漢と思っていたのは隣に寝ていた妻であったという場合，意思にもとづく行為がないことから，構成要件該当性を論じるまでもなく，犯罪性は否定されうるのである。

　このように，内心にあるかぎり法益侵害はなく，また，夢のなかの行為，絶対的強制下の行為，反射運動，あるいは，遺伝や病気のよう

に行為者においていかんともできない事象に刑罰をもって非難することは不合理であり，したがって，そのような事象に対しては，行為者の意思に働きかける刑法によるコントロールも及ばないのである。罪刑法定主義が構成要件論に結びつくのに対して，行為主義にかかる問題は構成要件該当性（→ 37 頁）を問う以前の問題であるということができよう。

第6章 Ⅰ:刑法の基礎
── 責任主義

Ⅰ-5　責任主義

　刑法の第三の基本原則は，**責任主義**である。責任とは犯罪行為について行為者に非難の可能性が存することであり，非難可能性がなければ行為者を処罰することはできないのであり，「責任なければ刑罰なし」を掲げるこの責任主義は，罪刑法定主義とならぶ近代刑法における重要な基本原則である。そして，行為を行為者個人の責任に帰せしめることができるということは科刑の前提，犯罪成立の基本要件となるものである。

　近代刑法以前では，結果を生じさせた以上は行為者に責任を負わせるという結果責任の原則が一般的であり，また，結果を惹起させた個人を超えて一定の人的範囲に責任を課したが，近代刑法の責任原則は，刑罰を科すためには，行為者に責任能力のほか，故意または過失の存在を要件とするとし，また，刑罰の主体はその犯罪を行った個人のみとして（個人責任主義），他人が犯した犯罪については責任を負わないとしているのである（→ 141 頁）。

II 構成要件論

第7章 II:構成要件論
——犯罪の意義と種類, 構成要件論, 犯罪主体, 構成要件該当性

「法人」は犯罪を行いうるか。犯罪の成立要件は何か。

II-1-1 犯罪とその成立要件, ならびに解釈に影響を与える基本的な理念対立

　犯罪とは, 形式的意味においては刑罰法規に違反する行為とされるが, 実質的意味においては, それに加えて社会共同体の秩序に違反する行為をいう。犯罪（あるいはその違法性）の本質についての理解は, 後述のように, **法益侵害説**と**法益侵害に配慮した社会倫理規範違反説**に分かれ, この対立が解釈に影響を及ぼすことになる（→75頁）。そして, 現在では,「犯罪とは, 構成要件に該当する, 違法, かつ, 有責な行為である」と定義され, そこにいう「行為」とは「意思にもとづく身体の動静」と理解されている。**構成要件該当性**とは, 罪刑法定主義の要請から, 刑法の各本条その他刑罰法規に規定される個々の構成要件の「型」に行為があてはまることである。**違法性**とは, 行為者をいったん捨象したうえで行為を客観的に評価したとき, 法的非難が可能であることをいう。**責任**とは, 当該行為者について, 法的非難が可能であることをいう。

　構成要件の機能については, 犯罪成立の第一要件として違法・責任

を徴表する**徴表的機能**，処罰の限界を示す**自由保障機能**，個々の犯罪を他の犯罪から区別する**犯罪の個別化機能**，故意の認定に必要な認識の対象となる客観的事実を示す**故意規制機能**，そして，一般予防と特別予防を内容とした**秩序維持機能**が認められている。このような諸機能が有機的に結びついて，裁判官に対しては裁判規範として，一般人に対しては行為規範として作用を及ぼしているのである。

Ⅱ-1-2 犯罪および構成要件の種類と要素

犯罪論への導入の最後に，犯罪および構成要件の種類とその要素のなかで重要なものを取り上げ，以下にまとめておきたい。

親告罪：**親告罪**とは，訴追の要件として，告訴権者の告訴を必要とする犯罪であり，これを要しない**非親告罪**と区別される。親告罪とされる理由には，①被害者の名誉の尊重（135条，改正前の180条1項，232条），②比較的軽微であること（209条2項，264条），③親族関係の考慮（244条2項，251条，255条）がある。

刑法犯と行政犯：犯罪は，法律の規定をまつまでもなく社会的・倫理的に非難されるべき**自然犯**（刑法犯）と，法律によって禁ぜられてはじめて非難の対象となる**法定犯**（行政犯）とに区別される（もっとも，両者の区別は相対的で，「法定犯・行政犯の自然犯・刑法犯化」という現象もみられる）。

作為犯と不作為犯，侵害犯と危険犯，即成犯と継続犯：構成要件の客観的要素については，作為犯と不作為犯（→41頁），侵害犯と危険犯，結果的加重犯（→154頁），即成犯と継続犯と状態犯の区別が重要である。**侵害犯**とは，法益が現実に侵害されることを要する犯罪であり，その危険の発生で足りるのが**危険犯**である（さらに，これは，危険の発生につき現実的なものを要求する具体的危険犯と一般的な危険で足りるとす

る抽象的危険犯とに分かれる)。また,**即成犯**とは,殺人罪のように,法益侵害または危険の発生をもって犯罪がただちに完成し,かつ,終了するものをいう(即成犯にあっては,犯罪が既遂に達した後に「頑張れ!」と声援を送っても共犯にはならず,「何をする!」と殺人犯人を殴り付けても正当防衛は成立しない)。一方,**継続犯**とは,逮捕監禁罪のように,犯罪が既遂に達しても,一定の法益侵害の継続する間,犯罪は継続するものをいう(継続犯にあっては,「頑張れ!」と応援すれば共犯となり,「何をする!」と殴り付けて犯罪をやめさせようとすれば正当防衛の可能性がある)。なお,**状態犯**とは,窃盗罪のように一定の法益侵害の発生によって犯罪は終了し,その後の法益侵害の状態の存続は犯罪事実とはみなされないものをいう。それゆえ,盗んだ時計を壊しても器物損壊にはあたらないことになる。

　目的犯:構成要件の主観的要素については,故意と過失があげられるが,そのほか**目的犯**が問題となる。目的犯とは,犯罪の成立に必要な主観的要件として,故意の他に目的をも要件とする犯罪をいう。通貨偽造罪(148条)を例にとれば,1万円札をコピー機でコピーして同様の形態の物を作成しても,それがあくまで学芸会の小道具として使うものであって,その偽札を「流通におく(実際に使う)」という目的を欠いているのであれば,本罪は成立しないのである。

　身分犯:犯罪行為の主体には,通例は自然人であれば誰もが該当しうる。これに対して,**身分犯**とは,収賄罪(197条)のように,行為者に一定の身分のあることが必要とされる犯罪である。

　法人の犯罪能力:現在,わが国の広義の刑法のなかには,自然人のみならず,法人をも処罰の対象としている(すなわち,受刑主体として法人を定めている)規定が数多く存する。これについては,刑法では「犯罪主体=受刑主体」が原則であることから,そもそも,「法人は犯罪能力を有するのか」の問題が提起されてきた。法人の犯罪能力につき,**否定説**は,法人は意思および肉体を有しない擬制的存在であるから,

①刑法的評価の対象となる行為を行う能力がなく，したがって，②人格的責任・道義的責任を問うことはできない，③法人を受刑主体とすることは自由刑を中心とする現行の刑罰制度に適合しない，④法人の機関の事務担当者である自然人を処罰すれば足りる，としている。そして，法人処罰の可能性については，刑法8条の規定によって説明する。一方，現在の通説である**肯定説**は，①法人も機関の意思にもとづいて機関として行動するから行為能力を有しており，したがって，②法人を非難することは可能である，③法人を受刑主体とした場合にも法人に適した財産刑が存する（解散，資格・業務停止などの行政処分も可能である），④法人にも刑罰の感受能力がある，⑤法人犯罪を抑止するうえで必要である，⑥否定説にたつと，「犯罪主体＝受刑主体」の原則が崩れる，などをその根拠としている。最判昭和40・3・26刑集19・2・83は，事業主が法人である場合は，法人が代表者以外の従業員の選任・監督上の過失を理由として処罰されるとして，法人の犯罪能力を肯定した。法人処罰の形式として一般的なのは，売春防止法のように，従業員の違反行為につき当該従業員とその事業主（業務主）である法人・自然人をあわせて処罰する**両罰規定**であるが，現在では，独占禁止法95条の2のように，当該従業員のほか，事業主である法人・自然人およびその法人の代表者・中間管理職を処罰する**三罰規定**もみられる。法人処罰の根拠については，諸説があるが，現在では，従業者に対する選任・監督義務を懈怠（けたい）したことについての事業主の過失が推定されるとする**過失推定説**が判例・通説となっている（その意味では，事業主は過失の不存在を立証すれば刑事責任を免れることになる）。

第8章 II：構成要件論
―――真正・不真正不作為犯

「何もしないこと」によってなぜ，殺人罪や放火罪や詐欺罪などの犯罪が成立するのか。

【設問5】　Aは，深夜，県道を自動車で走行中に誤ってXをはねてしまい，重体のXを後部座席に横たえていったんは病院へと向かったが，犯罪の発覚をおそれて，このまま手当てをしないと死ぬかもしれないと思いつつ，遺棄する場所を探している間に，Xを死亡させた。Aの罪責を論ぜよ。

II-2-1　不作為犯

つとに取り沙汰されている児童虐待の事例においては，子どもが食事を与えられずに餓死するという悲惨なケースが頻発している。この場合，与えるべき食事を子どもに与えないという親の行為は，不作為による殺人罪にあたりうる。

たとえば，刑法199条の殺人罪は「人を殺す」ことをその構成要件としているが，そこでは，銃殺，絞殺，刺殺，撲殺など「何らかの行為を行うことをもって」ということが前提として了解されている。このように，通常，犯罪は，一定の動作をすること，すなわち「作為」によって成立する。これを作為犯という。殺人罪であれば，同条が掲げる「人を殺すな」という禁止規範（禁令：「～するな」）に，「撃つ」「首を絞める」「刺す」「殴る」その他の積極的な身体の動作をもって違反

することによって成立することになる。一方，これに対して，上記の
ように，ある動作を「行わない」ことによって成立する犯罪もあり，
これは**不作為犯**とよばれている。たとえば，130条後段の不退去罪の
規定は「退去しない」ことを構成要件としてこれを処罰しているが，
ここでは，「〜しない」こと，積極的な身体の動作の不存在，すなわち
「不作為」によって犯罪が成立しているのである。

　この不作為犯にあって，130条後段の不退去罪が「要求を受けたら
退去せよ」と命じているように，一定の命令規範（命令：「〜せよ」）に
不作為をもって違反する場合を**真正不作為犯**という。この例には，ほ
かに，218条後段の「生存に必要な保護をしない」ことを内容とする不
保護罪などがあげられる。

　一方，不作為犯には，このような真正不作為犯のほかに，先に述べ
た，子どもに食事を与えずに餓死させる行為が199条の殺人罪にあた
るとされる事例のように，作為が構成要件とされている規定に不作為
で違反する場合，すなわち**不真正不作為犯**とよばれる類型がある。そ
して，実は，不作為犯論の問題の中心は後者の不真正不作為犯にある。
というのは，真正不作為犯については犯罪の内容とその成立要件が条
文上明らかであるので，解釈上，問題となることは少ないのに対して，
不真正不作為犯にあっては構成要件が作為の形になっているので，不
作為がその**実行行為**（→ 213頁），すなわち，構成要件に該当する行為
になりうるか否かが問われるからである。

Ⅱ-2-2 　不真正不作為犯

　上述のように，通常作為によって実現されるべき構成要件を不作為
によって実現する場合を不真正不作為犯という。母親が殺意をもって
嬰児に授乳することをせず，これを餓死させたときは，不作為による

殺人罪が成立しうるとするのがわが国の判例・通説の立場である。しかしながら，不真正不作為犯については，その成立要件が構成要件に明記されていないことから，かつてより種々の問題が提起されている。

(1)　罪刑法定主義との関係

　不真正不作為犯には，直接的な処罰規定がないのにもかかわらず作為の形式で規定された刑罰法規を不作為に適用する点で類推解釈にあたり，罪刑法定主義に違反する，との批判がある。しかし，授乳しないことによりわが子を餓死させた事例のように，その不作為が作為と同視できるものであり，社会観念上当然に「その罪」をもって処罰に値するような不作為犯は，形式のうえでは作為の形式で規定されている構成要件に含意されており，法律（立法者）自体がその処罰を予定していると解すべきである。したがって，不真正不作為犯を認めることは，罪刑法定主義に違反することにはならないと考えてよい。そもそも，不真正不作為犯を「作為により実現することが規定されている構成要件を不作為で実現する場合」とする定義は，実は，正確ではない。たとえば，殺人罪を例にとれば，199条は「人を殺す」ことを規定しているところ，その方法が作為によるか不作為によるかを制限してはいないからである。したがって，不真正不作為犯とは，通常は作為犯を予定しているとみられる構成要件を不作為によって実現する犯罪と理解することができるであろう。

(2)　不真正不作為犯と実行行為

　不真正不作為犯は，かつては因果関係の問題として論じられており，その犯罪性を根拠づけるのは困難とされていた。すなわち，不作為とは「なにもしない」こと，つまり「無」であるから，「無から有（犯罪結果）は生じないのではないか」との疑念が示されたのである。しかし，不作為はなにもしないことではなく，法的・規範的に期待された

一定の行為をしないことであり，このような「一定の期待された行為がなされていれば，当該結果は生じていなかったであろう」という関係があれば，かかる意味ある不作為と結果との間には因果関係が認められるとする，いわゆる**期待説**が通説的な地位をしめるようになった。同説においては，嬰児を故意に餓死させた母親は，「なにもしない」ことから「死」を発生させたのではなく，期待された「授乳」を「しない」ことから「死」を発生させたとみるのである。

　その後，不真正不作為犯は，違法性の問題として論じられるようになり，その存否の要件と程度が問われることとなった。

　しかしながら，構成要件論の発展に伴い，今日では，不真正不作為犯の問題は，構成要件該当性判断における**実行行為性**の問題とされ，作為犯における実行行為と「同等に評価できる（「等（同）価値」である）」不作為のみに実行行為性が認められ，構成要件該当性が肯定されるにいたっている。したがって，不作為によってもたらされる法益侵害の現実的危険性は，作為犯の構成要件において予定されている法益侵害の危険性と同程度のものであり，犯罪的強度もまた，同等でなければならないのである。

　そして，現在では，不作為によって当該構成要件の予定する作為義務に違反すること，すなわち，ある犯罪的結果の発生する危険のある状態において，その発生を防止すべき義務を有する保障人（保証者）的地位にある者（上の嬰児殺の例では母親）が，**保障人的義務**（上の例では授乳すること）を尽くしえたのに，それを怠って不作為に出る（上の例では授乳しなかったこと）ことが不真正不作為犯の実行行為性を基礎づけるとされている。

　このことから，作為犯と同様に，不作為犯にあっても，実行行為性，因果関係（条件関係と法的因果関係）が問題となる。

(3)   不真正不作為犯の成立要件

1. 法律上の作為義務（結果発生防止義務）
——保障人的地位とその体系的地位

　不真正不作為犯が成立するためには，結果発生の現実的危険のある
なかで作為義務に違反することが必要である。しかし，子どもＸと
いつも遊んでいた近くの大学生Ａが，通行中，用水路で溺れかけてい
るＸをみかけ，ＡはＸを容易に救助できたが，たまたま急いでいた
ので救助を断念した，というような場合，法律上の罪には問われない
ように，子どもが溺れかけているのを救助しない者すべてが不作為に
よる殺人罪にあたるわけではなく，その子どもを救助する義務のある
者，たとえばその両親においてのみ，不真正不作為犯の成立が問題と
なるのである。たしかに，救助できるのに救助しない傍観者は，道徳
上・倫理上の義務に違反し，社会的非難は受けることであろう。しか
し，不真正不作為犯で問題となる作為義務は法的な義務に限られ，道
徳上の義務はここでは問題とはならないのである。この意味で，**作為
義務**（保障人的義務）は構成要件要素であり，不真正不作為犯は真正身
分犯（→290頁）であると考えられる。

　このように，不真正不作為犯を基礎づける作為義務は，一定の強さ
をもつものでなければならない。それゆえ，火事の際に公務員たる消
防員から援助を求められた場合，これに応じなかった者に軽犯罪法 1
条 8 号の火事の際の不援助罪が真正不作為犯として成立することは
あっても，放火罪の不真正不作為犯を基礎づける作為義務に違反した
ことにはならない，すなわちその義務はないということになる。

　作為義務の発生根拠には以下のものがある。第一に，法令の規定に
もとづく場合で，民法 752 条に規定する夫婦の扶助義務，同 820 条の
親権者の子に対する監護義務などである。第二に，契約・事務管理に
もとづく場合で，たとえば，病人の看護や子どもの世話を内容とした

契約や，病人を自宅に引き取ることに伴う事務管理などの法律行為による場合である。この法令，契約・事務管理以外に，通説は，かつてより，第三に，慣習または条理にもとづく場合を認めてきた。この慣習・条理にもとづく作為義務には，種々の形態が考えられる。まず，**先行行為**にもとづく作為義務であり，たとえば，自動車運転中に誤って人をひいてしまったなど，自分の行為によって結果発生（この場合被害者の死）の危険を生じさせた者は，結果の発生を防止する義務を負い，これに違反すれば，殺人罪や保護責任者遺棄致死罪になりうる。つぎに，管理者の地位にもとづく作為義務であり，たとえば，自己の所有する建物から出火した場合には，管理者にはその火を消し止める義務が生じ，これに違反すれば，放火罪になりうる。さらに，信義誠実の原則上認められる作為義務であり，たとえば，財産上の取引においては，一定の事実，たとえば相手が余分な釣り銭を渡した場合，これを告知する義務があり，これに違反すれば，詐欺罪になりうる（不作為による釣り銭詐欺。あとで気づいたが，そのままにして返金しなかったという場合には詐欺罪は成立しないが，しかし遺失物横領罪（刑法254条）となる）。最後に，慣習上認められる作為義務で，たとえば，登山パーティのメンバーは他の者が負傷した場合にはその者を保護しなければならないという義務を負い，これに違反すれば，殺人罪や保護責任者遺棄致死罪になりうる，などである。

　もっとも，このように法令，契約・事務管理，慣習・条理に作為義務の根拠を認める考え方（**形式的三分説**）には，刑法とは異なる規範（民法，条理）を根拠とすべきではなく，あくまで刑法上の作為義務に相応する義務の存在を認めなければならないとする批判があり，作為義務を刑法の観点から統一的に導く，ないし作為との等価値性を導くための実質的根拠が議論されている。たとえば，作為義務を導く根拠に応じて，自らの（故意および）過失行為により法益侵害の危険を惹起した者は，この危険の実現を阻止する義務を負うとする**先行行為説**，法益

の維持・存続を図る行為の開始やその反復・継続性，ないし法益に対する排他性の確保，あるいは，より本質的には，事実上の保護の引受けによって法益の保護が不作為者に依存することを基準とする**事実上の引受け説**，不作為者が因果経過を自らの意思にもとづき（事実上の排他的支配），あるいは自らの意思によるものではないが規範的に作為が要求される関係にもとづき（支配領域性），具体的・現実的に支配していたことを要するとする**排他的支配領域性説**などである。もっとも，これらの実質的根拠説にもそれぞれ理論的な難点があり，学説の止揚が求められている。

　2.　作為の可能性

　また，不真正不作為犯が成立するためには，以上のような法的作為義務が抽象的・一般的に存するというだけでは足りず，具体的に存在しなければならない。そのためには，結果発生を防止するための作為の可能性・容易性（容易性・可能性ではない）がなければならない。自分の子どもが溺れかけていても，泳げないといった場合にはその親には作為の可能性がなく，また，泳げたとしても，遠くにいてその場所にたどり着けないといった場合も同様である。作為可能性がない以上，法は不可能を強いることはないから，法的な作為義務もまた否定されるのである。

　3.　作為と不作為との等価値性

　そして，不真正不作為犯が成立するためには，以上の要件に加えて，上述のように，不作為が当該構成要件に該当する作為と法的に等価値であると評価されなければならない。すなわち，作為義務違反による非難可能性（犯罪的強度，違法性の強度）は，作為による犯罪の場合と価値的・規範的に等しいといいうる程度に強いものでなりればならない。たとえば，過失で通行人をひいたにもかかわらず，被害者を救助することなくこれを死亡させた運転手に不作為による殺人罪が成立するためには，運転手において救助しなかったことが，故意ある作為によっ

て被害者を殺すといった場合と同じ程の非難に価し，価値的に同等でなければならないのである。

　等価値性については，これを，作為義務と並ぶ独立した要件であると解する見解のほか，実行行為性の判断に含まれるとする見解も有力である。前者のように解する場合には，形式的に上記の作為義務に違反するばかりではなく，実質的に作為犯と等価値であってはじめて，構成要件に予定している実行行為が認められることになるのである。

　等価値性の具体的判断基準には，上述の実質的根拠説の示す諸要素が重要となる。不作為の具体的状況，すなわち，①法益侵害に向かう因果の流れを自ら設定したか（上の自動車事故の例では被害者を行為者自身がひいたのかどうか），②法益保護を自ら認識しつつ引き受けたか（同じく，被害者を車内に移動したかどうか），③法益保護が行為者にのみゆだねられていたか（支配領域性ないし排他的支配。被害者を自分の車に運び入れたことで他人が救助できない状況が作出されたかどうか），④一定の身分的・社会的人的関係から法益侵害を防止する保護・監視義務があったか，をもとに法的作為義務を実質的に確認したうえ，⑤結果発生の現実的危険性の程度，⑥作為の可能性・容易性の程度，自己または第三者に危険が発生するおそれの有無，⑦発生結果に対する行為者の人格態度の積極性，などを評価要素として，等価値性が相互的・総合的に判断されることになろう。

　なお，不真正不作為犯が認められるための要件として，とくに行為者の主観面を強調する立場がある。「既発の火力を利用する意思」ないし「其の危険を利用する意思」を要件として放火罪（108条，109条）の不真正不作為犯を認めた後掲判例と，これを支持する学説，および1974（昭和49）年の改正刑法草案12条（不真正不作為犯の要件に「ことさらに」という文言を付加している）の立場である。これに対して，多数説は，不真正不作為犯の主観的要件は，作為犯と同様，通常の故意をもってすれば足り，不真正不作為犯の成立を主観的要件のみによって

限定する，あるいは，等価値性の判断に際して客観面の不足を主観面でカバーすることはいずれも不当であるとしている。

(4)　具体的事例

不作為犯における作為義務は，当該各構成要件において必要とされるものでなければならない。そこで求められる作為の内容は同じでも，作為義務違反の程度の差異，等価値性の存否により，当該不作為犯は，異なる構成要件に該当することになる。

交通事故で通行人を傷害した自動車運転者が，それに気づきながら負傷者を放置して逃走したというひき逃げの場合には，道路交通法 72 条 1 項の前段の救護義務違反の罪（真正不作為犯）が成立する。しかし，その結果，負傷者が死亡したとしても，刑法上ただちに，不作為による保護責任者遺棄致死罪（219 条）の基本犯である保護責任者遺棄罪（218 条）や不作為による殺人罪を構成する作為義務が発生するわけではない。救命可能性がなければ，作為犯である過失運転致死罪（自動車運転処罰法 5 条）が問題となるにすぎない。では，運転者が負傷者を救助するためいったんは自車に乗せたが，犯罪の発覚をおそれて途中で降ろして逃走した場合はどうか。この場合，（救命可能性があることを前提とすれば）保護責任者遺棄罪の成立に必要な作為義務は発生しても，死にいたるという具体的危険性がないかぎり，不作為による殺人罪の実行行為を認めるまではいかないであろう。重傷の負傷者を自車に乗せつつ，死亡するにまかせたとか，発見・救助されることのないような場所に置き去りにしたとかいうように，死にいたる危険性が具体的となり，作為義務違反が死を惹起する程度になってはじめて不作為による殺人罪の実行行為性が認められることになるからである。

保護責任者遺棄致死罪と殺人罪の区別に関しては，①殺意の有無によるとする説，殺意に加えて，②客観的な危険性の有無を重視する説，③作為義務の内容・程度（作為義務の強さ）によって区別する説，に分

かれるが，③説を基本として②説をあわせて考慮するのが妥当であろう。

(5)　不真正不作為犯の判例

　不作為による放火罪についての判例には，つぎのようなものがある。養父を殺害後に，その直前に養父が争っている際に投げた燃えさしの火がわらに燃え移っているのを認めながら，犯跡をかくす目的で立ち去ったという事案につき，「既発の火力を利用する意思」があるとして不作為による放火罪を認めたもの（養父殺害事件。大判大正7・12・18刑録24・1558），神棚のろうそくが神符の方に傾いているのに気が付きつつ，火災になれば火災保険金が取れるだろうと思い，そのまま外出し，家屋が全焼したという事案につき，同じく，「既発の危険を利用する意思」があり，作為による放火と同一であるとしたもの（神棚事件。大判昭和13・3・11刑集17・237），残業していた従業員が，火鉢の炭火のあと始末をせず居眠りしている間にその火が木机などに燃え移ったのに気づき，「その既発の火力によって当該建物が焼燬(しょうき)（焼損）されるべきことを認容」しながら「あえて」必要かつ容易な消火措置をとらないでその場を立ち去った事案につき，不作為による放火を認めたもの（火鉢事件。最判昭和33・9・9刑集12・13・2882），などである。

　不作為による殺人罪については，大審院判例として，親あるいは養育義務者が嬰児あるいは幼児に食事を与えないで死亡させたという事案に殺人罪の成立を認めたものがある（大判大正4・2・10刑録21・90など）。下級審では，すでに，交通事件に関連して，不作為による殺人ないし殺人未遂を認める判例が増えている。たとえば，【設問5】にあるように，交通事故により重傷を負わせた被害者を最寄りの病院に搬送する途中，刑事責任を問われるのをおそれて，同人を遺棄し逃走しようと，未必の殺意をもって走行しているうちに被害者を死亡させたという事案について，殺人罪の成立が認められている（東京地判昭和40・

9・30下刑集7・9・1828）。その根拠は，過失傷害という先行行為にもとづく作為義務違反があること，死の結果を防止しうることの十分な可能性・容易性が肯定されること，病院に送ろうとして助手席に乗せたという事実上の引受け，自動車のなかに運びこむことで他の者の救助の可能性を失わせたという支配領域性にもとづく作為犯との等価値があること，そして，行為者において，上記事情を認識していること，などであろうと推測される。さらに，女子従業員に暴行を加え，同女がかなり重篤な症状を呈していたにもかかわらず，犯行の発覚をおそれてことさらこれを放置して死亡させた事案に殺人罪を適用した例がある（東京地八王子支判昭和57・12・22判タ494・142）。

　最高裁判例も近時，Aが民間治療法である「シャクティ治療」を施すと称して，重篤患者のXをその息子Bをして病院から搬出させたうえ，生命維持に必要な医療措置を受けさせないまま死亡させた事例において，「被告人は，自己の責めに帰すべき事由により患者の生命に具体的な危険を生じさせたうえ，患者が運び込まれたホテルにおいて，被告人を信奉する患者の親族から，重篤な患者に対する手当てを全面的にゆだねられた立場にあったものと認められる」として，有責な先行行為と保護の引受けを根拠として，不作為による殺人罪の成立を肯定している（シャクティ治療事件。最決平成17・7・4刑集59・6・403）。

　:..【設問5】を考えてみよう..:

　【設問5】については，本文中で検討したことからすでに明らかなように，Aには不作為による殺人罪が成立することになる。

第9章 II：構成要件論
──因果関係論：総論

被害者に軽い傷害を負わせたが，たまたま被害者が心臓に重篤な疾患を有していたので死亡したという場合，一般人がその罹患の事実を知りえたか否かが，なぜ行為者の行為と被害者の死亡との間の因果関係の判断に影響を及ぼすのか。また，殴られた被害者が病院で治療中，火災で死亡した場合，行為者はなぜ傷害致死罪で処罰されうるのか。

【設問6】

ⓐ　Aは駅のホームでXとぶつかったことから言い争いになり，Xの胸を右手で強く突いたところ，たまたまXには重篤な心臓疾患があったので，数日後，Xは死亡するにいたった。Aの罪責を論ぜよ。

ⓑ　Bは工事現場でYに激しい暴行を加え，さらに，意識喪失状態に陥ったYを港の資材置き場まで搬送したのち放置して立ち去ったところ，その後たまたま現場に現れたCが資材置き場の角材でYに暴行を加えた。Yはその後，死亡するにいたった。のちの検証で，Yの死因はBの暴行によるものであったが，Cの暴行によってYの死期が若干早められたことが明らかとなった。BとCの罪責を論ぜよ。

II-3-1　因果関係の理論

たとえば，Aは，Xを殺害しようとしてXのコップに毒を塗布し，

Xはそれとは知らずにそのコップを使って水を飲んだため数時間後に死亡したとする。この場合，Aの行為がXの死を引き起こしたことは明白である。では，XがAによって毒の塗られたコップで水を飲んだ直後に，BがXに発砲し，Xは死亡した，としよう。この場合，Xの死を引き起こしたのはBの行為であり，Aは，Xを殺害しようと殺害行為に及んだものの実際には殺人については失敗したということで，殺人未遂の罪責を負うことになる。このように，たとえば殺人罪のように一定の結果の発生（この場合は，「被害者の死亡」）がその構成要件要素とされている犯罪，すなわち結果犯において，「誰のどの行為が結果を発生させたのか」，「どの行為が結果と結びついているのか」を確定することは，犯罪，とりわけ既遂犯の成立を考えるうえで重要な要素である。

(1)　因果関係の意義

　因果関係とは，結果犯において，実行行為と構成要件的結果との間に存在しなければならない一定の原因・結果の関係をいい，住居侵入罪のような挙動犯，すなわち，一定の行為があれば構成要件が充たされる犯罪の場合には，因果関係を問題にする必要はない。

　結果の発生が要件とされている結果犯においては，違法評価，責任評価に先立って，それらの対象とすべき範囲を確定するために，「その結果は行為者の行為が原因である」ことを，あらかじめ明らかにしておかなければならない。これを「発生結果を行為者の実行行為に帰属させる」という。このような原因と結果の関係を確定する理論が**因果関係論**である。なお，因果関係論は，結果を「行為」に客観的に帰属させるもので，結果を「行為者の責任」に帰属させる，すなわち主観的な帰属を問う責任論と区別する必要がある。

　因果関係の起点は実行行為である。実行行為が存在しなければ，因果関係を問題にする前提を欠くことになる。したがって，航空機事故

で死亡させようとして外国旅行を勧めたところ，はたして搭乗していた航空機が墜落したという場合，行為者の意図したとおりの結果が生じたとしても（航空機事故の事例），そこに因果関係の問題は生じない。というのも航空機への搭乗を勧める行為には——航空機にテロリストによって時限爆弾が仕掛けられていたような場合をのぞき——通常，殺人罪の成立に要求される生命侵害の現実的危険性がなく，実行行為とは認められないからである。

　このように，実行行為と結果との間の関係が問題となる結果犯において，実行行為があって，しかしそれと結果との間に因果関係がないときは，犯罪は未遂となる（上記飛行機事故の事例の場合には，実行行為が存在しないので，死という結果は行為者の行為に帰属されないばかりか，殺人未遂はもとより，その予備の罪すら成立しないことになる）。また，結果的加重犯，たとえば傷害致死罪では，基本行為（傷害行為）と重い結果（死）との間の因果関係が否定されると，基本犯罪（傷害罪）についてのみ構成要件該当性が肯定されることになる。

(2)　因果関係の理論

　A が X の胸を殴ったところ，通常の健康体の人ならば単なる傷害の発生で済んだ程度であったのに，たまたま X が心臓に重大な疾患を有していたため死亡するにいたり（心臓疾患事例。被害者が血友病や脳梅毒であった場合も同様である），しかもこの知らせを聞いた X の母親 Y もショックで死亡したというような場合，どこまでを A の行為が引き起こした結果として，すなわち，A の「しわざ」として A の行為に帰属させることができるかについては，学説上の争いがある。

　1.　条件説

　条件説とは，実行行為と結果との間に，「その行為が存在しなければその結果は発生しなかったであろう」（**条件公式**）という関係が存在するかぎり，刑法上の因果関係を認めるとするもので，判例は，大審院

時代から近時にいたるまで同説，ないしそれに近い見解を採用しているとみることができる。条件説は，このように「AなければBなし」という関係，すなわち条件関係が成り立てば因果関係があるとするので，基準が明確であるという長所があり，また，その判断は客観的になされるので，客観的な帰属を問題にする因果関係論の趣旨にも合致する。

　しかし，条件説に対しては，因果関係論の基礎として条件関係の不可欠性を認めつつも，同説においては因果関係の認められる範囲が広がりすぎ，処罰範囲の適切な確定が困難となるとの批判がある。すなわち，たとえば，AがXに暴行を加え傷害を負わせたところ，Xは，救急車で病院に運ばれる途中，酒に酔ったB運転のトラックとの交通事故で死亡した（救急車事故の事例），あるいは，入院中の病院の火事で死亡した（病院火事の事例）といったような場合，条件説にたてば，Aの暴行がなければXの死亡という結果もなかったということで傷害行為と死亡との因果関係が認められて，Aは傷害致死罪の責めを負うことになってしまう，というのである。

　このような条件説の不都合を回避しようとして，かつて**因果関係の中断論**が唱えられた。これは，因果関係の進行中に被害者もしくは第三者の故意行為または自然力が介在した場合には，因果関係は中断し，当初の実行行為と結果との間の因果関係は存在しなくなるというものである。しかし，中断論に対しては，因果関係は，本来，存在するかしないかのいずれかであって，いったん存在した条件関係（因果関係）がその進行中に中断し，結果的に存在しないことになるということはありえないとの批判が加えられ，この説は今日では支持を失っている。

　条件関係は，自然科学的方法および経験則に従って確定される，行為と結果との間の事実的なつながりであり，そのことから**事実的因果関係**とよばれる。条件関係（事実的因果関係）は，以下で述べるところの相当因果関係や危険の現実化説によって導かれる**法的因果関係**と対

をなしており，その前提となるものとして因果関係の判断にとって必要不可欠な要件である。

　2. 相当因果関係説

　相当因果関係説とは，刑法上の因果関係を肯定するためには，行為と結果との間の条件関係があることのほか，一般人の社会生活上の経験に照らして，通常，その行為からその結果が発生することが一般的である，すなわち「相当である」（ここでの意味は，単に「ありうること」をさす（→ 71 頁））とみられること，いい換えれば，結果にいたる因果の流れが行為時に経験上予測可能であることが必要であるとする説をいう。

　相当因果関係説は，以下のような判断構造を内容としている。先の心臓疾患事例において，「相当であること」すなわち相当性の判断に際して「心臓に疾患を有している」という事情を考えに入れなければ，「（当該）暴行」を「〈心臓に疾患のない〉通常人」に対して加えた場合，そこから「人の死」が発生することは通常ありうることとはいえないであろうから，一般には，相当性は否定されるであろう。これに対して，上記事情を考えに入れれば，「（当該）暴行」を「〈心臓に疾患を有している〉人」に対して加えた場合，「人の死」が発生することはありえないことではないといえるから，相当性は肯定されることになる。このように，相当因果関係説においては，「相当性」の存否を判断するための基礎としてどのような事情を判断基底に入れるか，すなわち，判断に際して考慮すべき事情として組み入れるかによって，最終的な因果関係の範囲に広狭が生じることになる。

　この点に関して，学説は，以下のように3説に分かれる。行為者が行為時に認識していた事情，および認識しえた事情を基礎とする主観的相当因果関係説（**主観説**），行為時に一般人が認識しえた事情，および一般人には認識できなくても行為者がとくに認識していた（「認識できた」ではない）事情を基礎とする折衷的相当因果関係説（**折衷説**），行

為時に客観的に存在していたすべての事情，および一般人の予見可能な行為後の事情を判断の基礎に据える客観的相当因果関係説（**客観説**）である。

　たとえば，AがXに対してナイフで軽傷を負わせたところ，Xは血友病であったために出血が止まらず，出血多量で死亡したという事例を考えてみよう。主観説によれば，行為者Aが，Xが血友病であるという事実を知っているならば，相当性判断は「血友病の人にナイフで軽傷を負わせたら死亡するのは相当か」という定式となり，この場合相当性はあるとされて因果関係が認められることになる。しかし，Aがその事情を知らなければ，相当性判断は「一般人にナイフで軽傷を負わせたら死亡するのは相当か」という定式となり，相当性は否定されるので，因果関係はないことになる。この説は，行為者の主観，ひいてはその社会的危険性を志向して違法評価の対象を決する点で主観主義刑法理論の立場である。折衷説では，Xの血友病の存在を行為者が知っているか，あるいは一般人が知りえた場合には，その存在を考慮して相当性が判断されることになり，因果関係は認められ，行為者が知らず，一般人も知りえなければ因果関係は否定されることになる。この説は，後に詳述する，行為者の主観も考慮して違法評価の問題である因果関係を論じる行為無価値論の立場に通じる。これに対して客観説によれば，存在していたすべての事情を基礎にするので，行為者や一般人が知っていても知らなくても，血友病であったという事情が考慮される結果，この事例では相当性はあることになる。これは，因果関係の判断に主観的な事情を入れない，結果無価値論的な立場といえよう。

　また，たとえば，先の救急車事故の事例では，主観説，折衷説，客観説のいずれの説からも，救急車の事故は予見不可能であって，したがって患者が死亡することについての相当性は否定されることになる。

　これに対して，暴行によって意識を失わせて放置したところ，場所が浜辺であったため満ち潮によってでき死した，または，真冬の戸外

であったため急激な温度の低下で凍死した，というような場合，行為者がそのような状況の変化を何らかの理由で予期できなかったとすれば主観説からは相当性が否定され，折衷説にたてば一般人が予見可能であるかぎりにおいて，客観説にたてば客観的に存在するそのような事情を基礎とすることから，相当性は肯定されることになろう。

　主観説に対しては，客観的な帰属を問題にする因果関係論において行為者の認識内容を基礎にすることは因果関係論の前提に反するとの批判がなされている。折衷説に対しては，客観的であるべき因果関係の判断に際して，行為者の認識内容のみを基礎にするのは妥当ではなく，この説は客観的な帰属を問題にする因果関係論と行為者の主観を問題にする責任論との混同である，などの批判がある。客観説に対しては，反対に，（行為時の事情については）一般人も知ることができず行為者も知らなかった事情を判断の基礎に据えることによって，あまりにも広く因果関係が肯定され，条件説の結論と異なるところがなく，相当因果関係説の有している限定的機能が失われてしまうとの批判がある。折衷説と客観説の対立は，上述のように，構成要件を違法・有責類型と考えて行為無価値論をとる立場と，構成要件を違法類型と解して結果無価値を強調する立場の相違に由来するといえよう。

II-3-2　判　例

(1)　近時の判例理論

　かつて，因果関係の判断については，判例は条件説にたっているとの評価が一般的であった。その一方で，被告人が誤って自車を被害者の乗っていた自転車に衝突させ，被害者を自車の屋根の上にはね上げたところ，同乗者が被害者を屋根から引きずり降ろし，路上に転落さ

せて死亡させたという事案につき，最高裁が，被告人の過失行為から
被害者の死の結果が発生することは「経験則上，普通，予想できない」
として因果関係を否定し，業務上過失傷害罪の成立を認めるにとどめ
た判例（米兵ひき逃げ事件。最決昭和 42・10・24 刑集 21・8・1116）を引
き合いに，相当因果関係説に立脚しているとも評された。しかし，現
時点での判例の立場は，「実行行為の危険性が結果へと現実化したか
（**危険の現実化説**）」を基準としているといわれている。その背景にあ
るのは，その結果を行為者の「しわざ」として法的・規範的に評価す
ることが許されるかが因果関係を肯定する本質的な問いであるとする
認識であろう。

　危険の現実化説を基礎にする判例をみると，①実行行為の危険性の
程度と，②介在事情の異常性の大小，および③介在事情の結果への寄
与度の大小を勘案し，①が大きく②③が小さければ危険の現実化が認
められ，反対に，①が小さければ小さいほど，②③が大きければ大き
いほど危険が現実化したとはいえない，ということになる。また，介
在事情の結果に対する影響力がわずかな場合には直ちに因果関係が肯
定されている（結果の直接実現型。最決平成 2・11・20 刑集 44・8・837，
最決平成 16・2・17 刑集 58・2・169）一方で，介在事情の結果に対する影
響力が無視できない場合には，実行行為が介在事情を「誘発」した，
ないし，介在事情は実行行為に「起因」したといった事情があれば因
果関係が肯定されている（結果の間接実現型。最決平成 4・12・17 刑集
46・9・683（夜間潜水訓練事件），最決平成 16・10・19 刑集 58・7・645（高速
道路停車事件），最決平成 15・7・16 刑集 57・7・950（高速道路侵入事件））。

(2)　因果関係の判例

　第一に，行為時に特殊事情があった事案としては，被害者の左眼部
分を蹴りつけ傷害を与えたところ，被害者が高度の脳梅毒にかかって
いたため脳組織の破壊により死亡したという事案につき傷害致死罪を

認めた判例（最判昭和25・3・31刑集4・3・469）のほか，被害者には心臓に高度かつ重篤な病変があり心筋梗塞のため死亡したという事案につき，致死結果との因果関係を肯定して傷害致死罪の成立を認めた判例（最決昭和36・11・21刑集15・10・1731）があり（同旨，最判昭和46・6・17刑集25・4・567），また，結核性の病巣があり心機能不全のため死亡した事案につき，「ある行為が他の事実とあいまって結果を生ぜしめたときでも，その行為と結果との間に因果関係を認めることは妨げない」として傷害致死罪の成立が肯定された判例（最決昭和49・7・5刑集28・5・194）などがある。

　第二に，行為後に第三者の行為が介在した事案としては，行為者が傷害を与えた後，医師の医療過誤によって被害者が死亡した事案（大判大正12・5・26刑集2・458），第三者が被害者を川に投げ込みでき死させた事案（大判昭和5・10・25刑集9・761）につき，それぞれ行為者に傷害致死罪を認めたものがあり，最近の例では，行為者から暴行を受け意識喪失状態に陥った被害者が，同行為者によって運搬・放置された港の資材置き場において第三者から暴行を受け死亡した事案につき，行為者のそもそもの暴行により死因となった傷害が形成された以上，「第三者により加えられた暴行によって死期が早められたとしても」因果関係は肯定できるとして，行為者に傷害致死罪を認めた判例（大阪南港事件。前掲最決平成2・11・20）などがある。

　また，Aが高速道路上でX運転の自動車を停止させたという過失行為の後に，Y運転の自動車がX車に衝突したためYが死亡したという事案について，たとえその事故にはXの不適切な行為が介在していたとしても，それはAの過失行為に「誘発」されたものであるとして，過失行為と被害者の死との間の因果関係を肯定した判例（高速道路停車事件。前掲最決平成16・10・19，なお，後述，夜間潜水訓練事件参照），トランク内に監禁された被害者を乗せた自動車が事故を起こして被害者が死亡したという事案について，第三者の関わる事故が介入

しているとはいえ，当該監禁行為自体の危険性は高いとして監禁行為と死亡との因果関係を認めた事例（トランク監禁事件。最決平成18・3・27刑集60・3・382）などがある。

第三に，行為後に被害者自身の行為が介在した事案については，行為者の負わせたのは軽傷であったが，被害者がある宗教の信者で，「神水」と称される液体を患部に塗布したため丹毒症を起こし傷が悪化した事案（大判大正12・7・14刑集2・658），行為者の攻撃によって火傷を負った被害者が水中に飛び込み，心臓麻痺で死亡した事案（大判昭和2・9・9刑集6・343），被害者が逃走中に池に落ち，その結果くも膜下出血で死亡した事案（最決昭和59・7・6刑集38・8・2793）につき，判例は因果関係を肯定して傷害致死罪を認めている。

また，医師の診断を受けることなく柔道整復師である被告人の誤った治療の指示のみにしたがった点に被害者側の落ち度があった場合（柔道整復師事件。最決昭和63・5・11刑集42・5・807），潜水講習において潜水受講生に不適切な行動があった場合（夜間潜水訓練事件。前掲最決平成4・12・17）にも因果関係を認めて被告人に業務上過失致死罪が成立するとした。

さらに，近時では，暴行による傷害がそれ自体死亡の結果をもたらしうるものであった場合には，その治療中に被害者が医師の指示に従わず安静に努めなかったという事情が介在しても，暴行と被害者の死亡との間に因果関係があるとした判例がある（治療拒否事件。前掲最決平成16・2・17）。また，さらなる暴行を避けるために高速道路に侵入し走行車両にひかれ死亡したという事案（高速道路侵入事件。前掲最決平成15・7・16）において，介在事情は「（行為者の行為との関連においては）著しく不自然，不相当」でない，として因果関係が肯定されている。

最後に，行為者自身の行為が介在した事案については，後述，熊撃ち事件（→65頁）のほか，大判大正12・4・30刑集2・378（麻縄事件）がある。すなわちAは，殺人の故意で，Xを麻縄で絞扼したところ，

Xが身動きしなくなったので，Xがすでに死亡したものと思い，この犯行の発覚を防ぐために海岸の砂上に運び，そこに放置したところ，Xは砂末を吸引し死亡した，という事案につき，大審院は，Aの放置行為がなければ砂末吸引もなく，殺人目的の行為がなければ砂上への放置行為もなかったはずであり，したがって社会生活上の観念に照らし「Aの殺害の目的をもってなしたる行為と」Xの死との間に因果関係を認めることができ，Aの誤認にもとづく死体遺棄の目的による行為は上記因果関係を遮断するものではなく，したがって殺人既遂罪が成立し，殺人未遂罪と過失致死罪とが成立するものではない，とした。もっとも，この判例において重要であるのは，「頸部絞扼と砂末吸引とに因り死亡するにいたらしめ殺害の目的を遂げた」と判示しているように，実行行為の危険性も因果関係を肯定する重要な要素になっているということである。

　なお，危険の現実化という枠組みを過失犯の領域で採用した近時の判例として，最決平成22・10・26刑集64・7・1019（日航機ニアミス事件），最決平成24・2・8刑集66・4・200（三菱タイヤ脱輪事件）がある。

【設問6】を考えてみよう

　【設問6】の@では，行為者も一般人もXの重篤な心臓疾患を認識することはできないことから，主観説と折衷説においては，因果関係が否定され，条件説，客観的相当因果関係説，そして危険の現実化説においては，客観的な事実を基礎とした危険性判断がなされることから，Aには因果関係が肯定されることになろう。⑥では，Bの実行行為の危険性は高く，Cの介在行為の結果への寄与度は低いが，しかし，Cの行為が介在したことの異常性は高い。しかしながら，介在事情の異常性が高いとはいえ，それを凌駕するほどの事情，すなわち，死因はBの行為によって形成されたという事情があることから，行為の危険性が結果に現実化しているとして因果関係を肯定してよいと思われる。Cの罪責については，重体となっているYに対して角材で暴行を加え

て死期を早めていることから，早められた死について行為の危険性が現実化しているとして因果関係を肯定し，また，このような事案では殺意も認められるであろうから，殺人罪を肯定してもよいであろう。

第10章 II：構成要件論
——因果関係論：各論

「致死量の 1/2 の毒薬を入れると殺人既遂」，「致死量の毒を入れると殺人未遂」の怪？

【設問 7】

ⓐ　共犯関係にない A と B は，X を殺害しようと，それぞれ密かに致死量の半分の毒を X の使用する同一のコップに入れたところ，これを飲んだ X は死亡した。A，B の罪責を論ぜよ。

ⓑ　同じく，共犯関係にない C と D は，Y を殺害しようとそれぞれ致死量の毒を Y のコップに入れ，これを Y に飲ませたところ，Y は死亡した。C，D の罪責を論ぜよ。

II-3-3　因果関係の判断

　因果関係論のいずれの学説にたとうとも，因果関係を肯定するためには，すでに論じたように，①因果関係の起点である「実行行為」と「結果」を確定し，そのうえで，②その実行行為と結果との間に「その行為が存在しなければその結果は発生しなかったであろう」という条件関係が肯定されなければならない。そして，③相当因果関係説（相当性説），あるいは，現在の判例の基準といわれる危険の現実化説を採用した場合には，さらに，「相当性」，あるいは「危険の現実化」の存否を検討しなければならない。

(1)　実行行為と結果の確定

1.　実行行為の確定

　まず，実行行為の危険性（広義の相当性）に関しては，心臓疾患など被害者の素因はすべて判断資料に入れたうえで判断されることになる。

　つぎに，通常の場合，「毒を入れる」，「ピストルを発射する」などの単一の実行行為を確定することに特段の困難はない。しかし，行為者によって行われた行為が複数存在する場合，結果を惹起した実行行為とされるべきはそのいずれの行為か，あるいは，全体として 1 個の行為であるとみて，そこから結果が生じたものであるとすべきかが争われることがある。

　これについて，判例では，全体を 1 個の行為とするものとしては，夫が殺意をもって包丁で妻を突き刺した（第一行為）のち，同女がベランダの手すり伝いに逃げようとしていたので，同女につかみかかった（第二行為）ところ，同女を転落させ死亡させたという事案に，「一連の行為」による殺人既遂の成立を認めたベランダ事件があり（東京高判平成 13・2・20 判時 1756・162），上述の麻縄事件（前掲大判大正 12・4・30）でも，殺人未遂罪と過失致死罪の併合罪（→ 314 頁）ではなく，1 個の殺人既遂罪の成立が認められており，また，クロロホルム事件（最決平成 16・3・22 刑集 58・3・187 → 174 頁）でも，最終的に 1 個の行為が認定されている。一方，行為が複数であると評価するものとしては，行為者が被害者を熊と誤認して猟銃を発射してこれに命中させ，せいぜい 15 分程度しか生きられない瀕死の重傷を負わせた（第一行為）ところ，被害者があまりに苦しむので故意をもって同人に再度発砲し死亡させた（第二行為）事案につき，後行行為に最終的な死の結果との因果関係を肯定し，業務上過失傷害罪と殺人罪を認めた熊撃ち事件（最決昭和 53・3・22 刑集 32・2・381）がある。後者の事例では，第二行為が新たな犯意にもとづいてなされ，死という結果の発生を有意的に早めたこ

とが，別個の行為と評価されたことにつながったといえよう。

2.　結果の具体化・抽象化

条件関係の判断は事実的な判断であるが，純粋に自然科学的・物理的なものではなく，結果についての一定の具体化または抽象化が必要である。判例・実務の理解する条件説も，同様の理解にあるといえる。かりに，性犯罪の被害者が受けた被害を苦にして自殺したとしても，その死の結果まで行為者の行為に帰属させていないことは具体化の例である。また，具体化がなされなければ，そもそも人はいつかは死を迎えるはずである以上，「その行為がなかったならば，被害者の死はない」とはいえず，殺人罪の条件公式は成り立たなくなるのである。逆に，一定の抽象化がなければ，たとえば，救急隊員が被害者を担架に乗せたことで被害者の死期がほんの数分早まったという場合，早められた時点の死という結果は救急隊員によって引き起こされたとして，行為者の行為と結果との間の条件関係が否定されることになりかねない。この場合死がわずかに早められたことは，違法評価の対象を確定する因果関係の判断にとって重要ではないのである。

(2)　条件関係の確定

条件関係はたいていの場合容易に確認されるが，以下に述べるようにいくつかの困難な問題もある。

1.　因果関係の断絶

条件関係を限定する理論に因果関係の中断があることについてはすでに述べたが，これと区別すべきものとして因果関係の「断絶」がある。前者が，行為者の実行行為を起点とした因果関係の「進行中に」第三者らの行為が介在する場合であるのに対して，因果関係の断絶は，結果に向けられた先行行為（先行条件）の効果が現れる前に，それと無関係な後行の別の行為（後行条件）によって結果が発生した場合をいう。すなわち，致死量の毒薬を飲まされ重体となった被害者 X を搬

送中の救急車が交通事故に巻き込まれ，被害者が死亡したというのが前者（中断）の例であり，被害者は致死量の毒薬を飲まされたが，それがまだ効かないうちに別の第三者によって射殺されたというのが後者（断絶）の例である。この場合，後行行為（「銃の発砲」）が介入し結果を発生させたことによって，先行行為（「毒薬を飲ませた」という事実）は，もはや因果関係の判断から排除されて，先行行為と結果（「死亡」）との間の条件関係そのものが存在しなくなったのである。

2. 仮定的因果関係および合義務的代替行為

条件関係を確認するための前提として，上述のように，「結果」は具体的なものでなければならない。では，10 分後に死刑執行される予定であった殺人犯死刑囚 X を，被害者の父親 A が射殺した場合（死刑執行事例），また，B は，翌日海外旅行に旅立つはずであった Y を殺害したが，その後，Y が乗ろうとしていた航空機は墜落して乗客は全員死亡したという場合も，先にあげた「いずれ人は死ぬのだから」の考えに同じく，いずれにせよ 10 分後には死刑が執行されたはずである，または，どのみち航空機事故で助からなかったのであるからという理由から，「その行為がなければその結果は発生しなかったであろう」という関係にはないとして，A，B の行った殺害行為と X，Y の死亡との間の条件関係を否定することはできるであろうか。

このように，ある行為から結果が発生したとき，かりにその行為がなかったとしても，他人の行為や別の事情（上の例では，死刑執行や航空機事故）から同じ結果が生じていたであろう場合に，それらを仮定的条件として付け加えてなされる因果関係判断を仮定的因果関係という。しかし，判断の基礎におくべきは，やはり，あくまでも具体的結果（死刑執行によってもたらされるのではなく，それよりも 10 分早く A によって行われた発砲による「死」，また，翌日に起こった航空機事故によってではなく，今日行われた B の殺害行為による「死」なのであって，仮定的な条件を付け加えて判断すべきでない（したがって，いずれの事例に

おいても，殺人既遂罪が成立することになる）。なるほど条件関係の判断において，「もし挙銃を発砲しなければ被害者は死亡しなかったであろう」という公式自体がそもそも仮定的な判断を内包しているとしても，そこには他の事情が付け加わってはいないのである。現に行われた行為によって結果が発生している以上，条件関係はその行為と結果との間にあると解するべきである。

　また，仮定的な判断との関係で問題とされるものの一つとして，合義務的な代替行為の事例がある。これは，ある違法行為からある結果が生じたが，かりに法を遵守したとしても同一の結果が発生していたであろう場合である。たとえば，前方注視義務を怠って踏切上の嬰児を現認せず漫然と進行を継続したため，同人をひいて死亡させたという京踏切事件（大判昭和4・4・11新聞3006・15）では，かりに前方注視義務を尽くし，嬰児の存在を認識した時点で運転手が警笛を吹鳴し非常制動措置を行っていたとしても同一の結果が発生した（嬰児は死亡していた）であろうと判断され，運転手は無罪となっている。結果の回避不可能性を理由として過失犯（→192頁）の成立を否定する判例はその後にも多くみられるが，本件における犯罪不成立についての理論構成としては，「警笛を吹鳴して非常制動措置をとることを行わなかった」行為がなければ嬰児の死という結果はなかったであろうという関係にはないとして両者の間の条件関係が否定されるとするもののほか，条件関係の問題を論じる以前の問題として，そもそも，結果回避義務違反がなく，過失の実行行為が否定されるとして不処罰を導く見解とがある。

　一方，期待された行為を取り込んだ仮定的な判断が因果関係判断の実体をなしている不作為の因果関係においては，その判断枠組に「もし期待された行為がなされていれば結果の回避はなされた」という公式が用いられる。たとえば，溺れている者を助けようとして投げた浮き輪を横から奪い取ることによって救助を阻止する行為，毒蛇に噛ま

れた者を助けようと血清を注射しようとしたところ，その血清を廃棄することによって救助を阻止する行為(救助的因果関係の阻止事例)においても，それは一種の不作為を強制する間接正犯(→ 249 頁)とみることができるから，ここでも，仮定的な判断は許されることになる。

　3.　択一的競合と重畳的因果関係

　また，条件関係の判断が困難な場合の例に，**択一的競合**の事例がある。択一的競合とは，複数の独立した行為が競合してある結果をひき起こしたが，そもそも，それらの行為はそれぞれ単独でも同一の結果を発生させることができたであろう場合をいう。

　たとえば，冒頭にあげた【設問 7】⑥の C と D が，Y を毒殺しようとして，意思の連絡なしに Y が使用するコップにそれぞれ致死量の毒を混入し，Y を死亡させたという場合である。この事例では，C の行為がなくとも，D の入れた毒によって，いずれにせよ Y は死亡していたのであるから，「毒を入れるという C の行為がなければ Y の死という結果はなかった」という関係になく，C の行為について Y の死との間の条件関係が否定される。つぎに，D の行為と Y の死との条件関係を考えても，やはり同様の理由により，条件関係はないことになる(ただし，二つの毒が合わさることによって死期が早まっていれば，いずれの行為にも条件関係は認められる)。したがって，C，D いずれの行為とも，犯罪としては殺人未遂にとどまることになる。しかし，これについては，C，D ともに致死量の毒を入れ思いどおりに Y を殺害しているのに，未遂という結論は不当ではないか，また，C も D も単独で同じ行為を行えば殺人既遂なのに，たまたま行為が重なったために未遂とするのは妥当ではないのではないか，と批判されている。さらに，択一的競合の事例における以上のような結論は，冒頭にあげた【設問 7】⑧の，A と B が意思の連絡なく X に致死量の 2 分の 1 の毒を飲ませたが，双方の毒があわさって致死量に達したために X は死亡したという場合(**重畳的因果関係**)の結論と比較すると，一層不合理になる

ように思われる。すなわち，重畳的因果関係の事例においては，AとBのいずれの行為についても，その行為がなければXは死亡するにいたらなかったのであるから，条件関係が認められ，AとBとは殺人既遂（の同時犯）となるとされることになるのである（もっとも，因果関係における条件関係が肯定されても，相当性あるいは危険の現実化が否定されることはありうる）。

　そこで，【設問7】ⓑの択一的競合の事例については，現在は，条件公式が修正されて，CとD，両方の行為がなかったならばYは死亡しなかったであろうと考えられるから，C，Dの行為ともにYの死と条件関係があるとする**一括消去説（修正条件説）**の見解が多数説となっている。なるほど，同説にしたがい，CとDの行為を取り去れば結果の発生はなかったのであるから，条件関係は肯定されそうである。しかし，CとDの行為を一括して消去してよいであろうか。たしかに，EとFが共同でZを殺害したという共同正犯（→264頁）の場合であれば，両者が発砲しても，片方のみが発砲しても，「EとFの行為」を取り去った場合にはZの死はなかった，といいうるから，両者の行為と結果との間に条件関係を肯定することができ，EとFの両者とも殺人既遂となりうる。しかし，択一的競合において，CとDの行為を取り去るという条件公式を用いようとするならば，このような実際には存在しない両者間の共同正犯を認めるのと等しいこととなり，妥当ではないという批判が有力である。

4. 疫学的因果関係

　疫学とは，病気の原因を人間の集団的な観察，解析から究明する方法をいうところ，疫学的因果関係の理論とは，ある行為（因子）とある結果（疾病）について，両者の間に高度の蓋然性が認められる場合には条件関係が肯定されるとする考え方である。公害事件や薬害事件のように，ある作用から身体障害が発生したがその自然科学的メカニズムが不明であるという場合に，①原因とされるべき因子が発症の一定期

間前に作用すること，②その因子の作用が高まれば，その疾病の罹患率が高まること，③その因子の分布消長の観点から，疫学的に観察された流行の特性が矛盾なく説明されること，④その因子の作用メカニズムが生物学的に矛盾なく説明可能なこと，という疫学的 4 原則を基準として判断されることになる。千葉大チフス事件（最決昭和 57・5・25 判時 1046・15）では，医師が 13 回にわたり赤痢菌やチフス菌を食品に添加して摂取させるなどして，60 余名を赤痢や腸チフスに罹患させたというものであるが，これに対して，最高裁は，原審は疫学的な証明のほかに病理学的な証明などを用いることによって合理的な疑いをこえる確実なものとして事実を認定していることが認められるとして，法的因果関係を肯定した原判決（東京高判昭和 51・4・30 判時 851・21）を支持している。

(3)　相当性あるいは危険の現実化の確定

相当性説または**危険の現実化説**の立場では，因果関係を肯定する第三の要件として，行為と結果との間に「相当性」や「危険の現実化」が認められることが必要であるとされている。

ところで，一般に「相当」とは，「あてはまること」「相応しいこと」「かなりの程度で」を意味し，確率的には 60〜70 パーセント程度の可能性を予想させるものであろうが，相当性説にいう「**相当**」とは，社会通念上「ありうること」，経験上「異常ではないこと」，「極めて偶然的なものでないこと」を表しており，結果発生の可能性が高い（ないし蓋然性がある）ということを意味しているわけではないということに注意しなければならない。たとえば，喧嘩の最中激怒した A が X の顔面を殴ったところ，X が転倒し，頭部を地面にぶつけ，脳挫傷で死亡したという場合，たとえ確率的には同様の行為によって死亡にいたることはごくまれ（たとえば，数十回に一度程度）であったとしても，死亡することが「ありえない」ことではなく，そうである以上，相当性は

肯定されるのである。

　他方，危険の現実化説によれば，上述のように，（行為後に介在事情が生じた場合の因果関係が争われる）狭義の相当性が問題となる事例については，近時の学説において，実行行為の危険性，介在事情の異常性，その結果への寄与度が判断資料として示されている。これらは，個々の事例における具体的な認定事実を基礎とした因果関係の存否の判断の際の，いい換えれば，客観的な帰属を考えるうえでの重要な評価資料であり，これらの総合判断によって，「行為の危険性と最終的に発生した結果において実現した危険とが同視できるか」といった規範的判断がなされるのである。

　なお，危険の現実化説と相当性説には，判断構造においても，具体的結論においても，本質的な相違があるわけでないともいえよう。たとえば，危険の現実化説は，極めて希な介在事情の事例であれば，先行行為に介在事情が支配されているといえず，その危険は介在事情を通じて結果に現実化してはいないと考えるが，相当性説では，偶然的な事情の介入によって結果が惹起されたのであれば，行為者の行為からその具体的な結果が発生することは相当ではないとされることになるからである。

II-3-4　不作為の因果関係

　不作為犯においては，まず，真正不作為犯については，（保護責任者不保護罪などをのぞけば）因果関係は問題とならない。それは，真正不作為犯は結果の発生を必要としない挙動犯であって，不作為自体が処罰されるからである。これに対して，不真正不作為犯については，上述のごとく，古くは，因果関係は否定されていたところ，しかし，今日の通説は，「不作為とは法的に期待された一定の行為をしないこと」

との理解のもと，「社会的に意味がある（刑法的に意味がある）」不作為と結果との間との因果関係を認めうるとしている。ただ，上述のように不真正不作為犯の条件公式は，その特殊性から，作為犯における条件公式とは異なり，「一定の期待された作為がなされたならば，結果の発生は防止できたであろう」という仮定的判断ということになる。

　この「防止できたであろう」という結果回避（救命）可能性の程度に関しては，①100％でなければ因果関係は成立しないとする見解（後掲最決平成元・12・15の第1審判決参照）と，②十中八九，すなわち合理的な疑いを超える程度に回避可能性が確実であればよいとする見解とが存する（後者にあっても，6，7割程度以下の結果回避可能性では因果関係は認められない）。

　これらのうち，①説のあまりに厳格な基準によると，因果関係の存在はほとんど考えられなくなってしまう。したがって，証拠法上の心証の程度にも合致する②説をもって妥当と解すべきである。判例では，覚せい剤を注射し，少女を錯乱状態に陥らせたにもかかわらず，何らの措置もとらずにその場から立ち去ったため，同女を急性心不全により死亡させたという事案（覚せい剤注射事件。最決平成元・12・15刑集43・13・879）につき，最高裁はこのような立場から，すなわち，期待された作為が行われれば，「十中八九同女の救命が可能」であり，「同女の救命は合理的な疑いを超える程度に確実であった」（救命確実性）として，条件関係を肯定している。

　┌──────────────────┐
　　【設問7】を考えてみよう
　└──────────────────┘

　【設問7】では，したがって，ⓐにおいては，行為と結果との間の条件関係が認められ，（法的因果関係や故意など他の要件を充たせば）AとBは殺人既遂となり，ⓑにおいては，CとDは殺人未遂となることが考えられる。このような考えは，不合理のようにもみえるであろうが，しかし，これは，前述のごとく刑法における一つの理論に則ったところの結論であると考えるべきであろう。

III 違法論

第11章 III：違法論
—— 違法性の意義と本質, 可罰的違法性

> 泥酔者や子どもから暴行をうけた場合, これに対しての正当防衛は許されないのか。隣の人の鉛筆の無断借用は窃盗か。

【設問8】　大学生 A は, 公園のベンチで雑誌を読んでいたところ, 近くにいた 10 歳の子ども X が A が横に置いていたゲームソフトをひったくろうとしたので, 奪われないよう, ゲームソフトをつかもうとしていた X の手をとっさに手でたたいた。A の罪責を論ぜよ。

III-1　違法性の意義

(1)　はじめに

　犯罪は, 構成要件に該当する, 違法で有責な行為であると定義される。「違法である」,「違法性がある」とは, 行為が法に反するということ, 法的に許されない,「法の立場からみて, けしからん」という評価であり (これを**法的非難可能性**という), **違法性**が存することは, 構成要件該当性に続く, 犯罪成立の第二の要件である。犯罪論において最も

争いのある分野で，刑法解釈の基礎を左右する部分であるといえよう。

(2)　違法性の本質

　この違法性の本質については，つぎのような諸説が唱えられている。まず，ドイツにおいて，啓蒙時代にいたるまで不明確であった犯罪概念を限定しようと，違法性の本質を権利の侵害に求める**権利侵害説**が唱えられた。しかし，権利侵害説によると，たとえば名誉といった権利とはいえないものを法的に保護することはできなくなり，犯罪概念を画するものとしては狭すぎるとして，その後，法が保護しようとしている利益（法益）に注目し，違法とは，こうした利益を侵害，ないし危険にさらすことであるとする**法益侵害説**が現れた。

　法益侵害説は，のちに詳述する規範違反説の説くところと対比すれば自由主義的性格を有しており，その意味で，**結果無価値論**の立場から支持されている。なお，ここにいう「無価値」とは，「価値が存在しない」という意味ではなく，「反するもの」の意味であり，したがって「結果無価値」とは，行為ではなく結果が価値に反する，すなわち，「否定・否認・非難されるべきもの」という意味であって，行為をもって非難の対象の実体とする**行為無価値**と対をなしている。

　しかし，その後，犯罪のもつ規範的な意味を明らかにする必要性が意識され，犯罪は客観的な法そのものの侵害，あるいは，その違反であるとする**規範違反説**（法秩序違反説）が有力になった。規範違反とは，単に形式的にではなく実質的に，全体として法秩序に反すること，法秩序の基底となっている社会倫理的な規範に違反することをいい，同説は行為無価値論の立場にたっている。わが国の判例は，この規範違反説を基本としつつも，規範違反のみに違法性の本質をみるのではなく，社会倫理規範に違反する法益侵害，社会的相当性（秩序に従って社会生活を成り立たせている活動と認められること）を逸脱した法益侵害をもって違法と理解している。

そして，今日では，正当防衛や緊急避難や正当行為，すなわち**違法性阻却事由**による違法性の阻却が認められている以上，単に行為が形式的に実定法に違反することをもって違法であるとする形式的違法性ではなく，法益侵害や規範違反といった実質的な視座から違法性の本質をみる考え方，すなわち，**実質的違法性**をもって違法性の本質とするのが一般的な見解となっている。

(3)　主観的違法性論と客観的違法性論

違法性の捉え方については，さらに，主観的違法性論と客観的違法性論の対立がある。**主観的違法性論**においては，法は行為者に対する命令であり（命令説），違法とは**命令規範**たる法規範への違反であるとする立場から，命令は，名宛人たるその内容を理解しそれに従って意思決定できる者の意思に向けられており，したがって，責任能力者のみが違法に行為できるとされる。これに対して，**客観的違法性論**は，法は禁止・命令規範すなわち（意思）**決定規範**を内包するが，名宛人たる万人に意思決定・当為（行うべからず，行うべし）を要請することの論理的前提として，何が正しいか，何が正しくないかを示すことすなわち**評価規範**が必要だとしている。そして，決定規範違反は受命者の理解力を前提とする責任に対応し，評価規範違反はこれを前提としない違法に対応するとの立場から，主観的違法性論は違法の問題と責任の問題とを混同している，と批判するのである。

このように，法を行為者に対する命令規範と理解する主観的違法性論によれば，違法に行為を行うことができない責任無能力者に対しては，攻撃者の行為の違法性を要件としている正当防衛は成立しないことになる。一方，違法に対応するのは評価規範違反であるとする客観的違法性論によれば，侵害行為者の責任能力の有無にかかわらず，正当防衛は可能となるのである。

(4)　主観的違法要素

　違法性の本質を語るに,現在では,客観的違法性論が通説となっており,これによると,客観的要素が違法要素であって,主観的要素は責任に属するとされる。しかし,一般にいわれる違法の客観性とは,違法評価の客観性をいうのであって,評価の対象のすべてが外部的・客観的なものであることを意味するのではなく,主観的要素もそれが違法性に影響を及ぼす限度で違法評価の対象となるとされている。したがって,客観的違法性論は,故意や目的などの主観的違法要素を構成要件の内容として評価の対象とすることと矛盾するものではない。客観的違法性論においては主観的違法要素は排除されるべきであるとする考えは,対象の評価である違法性の客観性と評価の対象である主観的要素とを混同したものであると批判されている。

　たとえば,通貨偽造罪を例にとれば,自分がカラーコピー機の上に置いたのが 1 万円札であり,ボタンを押すと同様の形状のものが印刷されるという客観的な事情を認識していても (故意の存在),それが学芸会用のもの,教材用のものであったりすれば,(通貨及証券模造取締法違反となりうるとしても) 刑法上の通貨偽造罪は成立しない。それは,流通におく,実際に商店等で使うという「行使の目的」が行為者に欠けるからである。このように刑法 148 条以下の各種の偽造罪においては,いずれも「行使の目的」が要件とされているが,この目的というものは,その存否が客観的には判断できない主観的な事情であり,その存在がまさに行為の違法性の存在と程度を決定しているのである。

　規範違反説によってたつ行為無価値論は,このような主観的違法要素を,まさに規範違反の存否・程度に影響を及ぼすものと理解し,目的犯における「目的」のみならず,故意・過失のほか,表現犯 (偽証罪) などにおける内心状態も広く主観的違法要素に含まれるとし,また,正当防衛における防衛の意思については,これを主観的正当化要素で

あると解している。これに対して，結果無価値論によれば，行為者の主観は，法益の侵害およびその危険性に影響を与える限度においてのみ，例外的に，主観的違法要素とされることになる。したがって，上記の通貨偽造罪における「行使の目的」のほか，未遂犯における既遂結果惹起の意思も，未遂犯の処罰根拠である結果発生の危険を基礎づけるものとして，例外的に主観的違法要素とされるにすぎない。たとえば，行為者Ａが，拳銃をＸに向けて構え，引き金に指を当てているという場面で，弾丸を発射して殺害しようとする意思がある場合には，それがない場合と比較して，生命に対する侵害の危険は飛躍的に高まり，このような意思が未遂犯の危険を基礎づけているというのである。しかしながら，この立場においては，たとえば正当防衛における「防衛の意思」は主観的正当化要素ではなく，したがって正当防衛の成立はあくまで客観的に判断されるべきことになる。ＡはＸを拳銃で殺害したが，実はＡは知らなかったが，ＸもＡをピストルで撃とうとしていた，という偶然防衛の事例（→ 118 頁）で，正当防衛に防衛の意思は不要とするこの立場では，Ａは客観的には正当防衛を行ったとして，不処罰となりえよう。これに対して，行為無価値論にたつ防衛の意思必要説によれば，基本的にＡの行為には主観的正当化要素が欠けるので，殺人罪が成立するということになるのである。

　判例は，大審院以来，一貫して正当防衛の成立には防衛の意思が必要であると解しており（大判昭和 11・12・7 刑集 15・1561 など），主観的違法要素，主観的正当化要素を違法性判断に広く取り入れている。

(5)　行為無価値論と結果無価値論

　1950 年代後半に，イギリスで，ハート・デブリン論争とよばれる論争が起こった。これは，成人同士の私的な同性愛と売春の非犯罪化を試みたある委員会報告を契機として，裁判官である保守的なデブリン卿が，刑法を用いて公衆道徳を保護すべきとする立場（リーガルモラリ

ズム）から，社会の構成員の多くが不道徳であると思っている行為を刑法をもって禁圧することは許されるとしたのに対して，リベラリストである H. L. A ハートがミルの侵害原理（「他人に害を加えないかぎり，個人の自由は制限されない」）に依拠して，公共道徳を刑法をもって擁護すべきではないとしたものである。この議論は，違法性を考えるうえで示唆的である。

1.　行為無価値論と結果無価値論

　ドイツをはじめ多くの国で処罰されていた，あるいは現在でも処罰されている，同性愛，近親相姦，売春，不倫（姦通），賭博，わいせつ物の頒布について，これらを不道徳な行為であるとして，刑罰をもって禁圧すべきであろうか。一方の考え方は，刑法は社会倫理秩序を保護するものである以上，これらを刑罰をもって禁じることは許されるとする。もう一つの考え方は，これらの行為がたとえ道徳に反するものであったとしても，法と道徳は区別されるべきであり，実際の被害者がいないかぎり（**被害者なき犯罪**），刑法の謙抑性から，刑罰をもって禁じることは行き過ぎであるとする。前者は，売春が横行すれば，性風俗が乱れ，性病を蔓延させる，賭博は勤労意欲を殺ぎ犯罪予備軍を量産する，わいせつ物の頒布は性犯罪の温床となる，などとしてこれらを処罰の対象とすべきとする。後者は，風俗というのはあくまで個人の価値観の集合であって，これに国家が介入すべきではなく，過度なパターナリズム（父親的温情主義）は個人の自由活動を阻害することになる，という。シェーマ化していえば，この前者の立場が行為無価値論的立場であり，後者の立場が結果無価値論的な立場であるということができよう。

　このように，行為無価値とは，その結果を惹起させた方法・態様，行為者の志向（故意・過失，目的，手段・方法）についての否定的な価値判断をいい，結果無価値とは，犯罪的「結果（『人が死ぬ』，『物がなくなる』といった一定の状態，事態）」の惹起についての否定的評価をいう。

行為無価値論は，結果と切り離されたその行為そのものが法的に非難されるとする考え方であり，結果無価値論は，違法とは，まさに法的に否認された外的状態の惹起そのもの（結果発生）をいい，これこそが非難の向けられる中心であるとするのである。

もっとも，わが国で行為無価値論という場合，結果の無価値と行為の無価値の両者をもって違法が基礎づけられるとする，あるいは，社会的相当性を逸脱した法益侵害を違法であるとする**違法二元論**（二元的行為無価値論）が多数説である。この違法二元論においては，結果無価値と行為無価値の両者がともに欠けているというのでなければ，違法性が阻却されるにはいたらない。しかし，一方，結果無価値が欠けていても行為無価値のみで違法性を基礎づけうるともされているのであり（結果無価値があって行為無価値がなければ，それは，正当化事由のある場合であるとされる），この点が違法二元論についての中心的な争点となっている。

なお，行為無価値論は，刑法を**行為規範**として理解して，違法性の判断は，行為時に認識しえた事情を基礎に一般人を基準とする**事前判断**であるとし，結果無価値論は，刑法を**裁判規範**と解して，違法性の判断は，行為後に明らかになった全事情を基礎とした**事後判断**であるとしているとするのが，通常の理解である。

2. 二つの立場の論拠

いわゆる「指つめ（手指の切断）」を本人の依頼によって行った行為について考えると，結果無価値論によれば，被害者が承諾し処分可能な法益の放棄をしている以上，そこに保護すべき法益はないため，その行為の違法は観念できず（**法益性欠如の原則**），したがって，行為者において傷害罪は成立しないのであり，これに対する行為無価値論の見解にたつと，「直接的に違法性を基礎づけるのに働くのではない他の要素（いうなれば，指つめ行為のもつ社会に対する衝撃）によって違法性阻却が限定され」てしまうことになる。他方，行為無価値論は，違

法性の本質とは「国家・社会的倫理規範に違反して, 法益に侵害または脅威を与えること」であると捉える立場から, 結果無価値的な観点のみで違法性の阻却が決せられるわけではなく, 公序良俗に反し, 社会倫理規範に反していれば承諾は無効となり, 構成要件に該当した行為の違法性は阻却されないことから, 結果として傷害罪が成立することになるとするのである。

3. 行為者の主観と違法性の程度

　結果無価値論と行為無価値論の相違は, 人の**意思**という主観的違法要素と違法性の関係にも反映される。たとえば, A は故意で X を殺害した, A は X に傷害を加えた結果死にいたらせた, A は X を過失によって死にいたらせた, A は, 自動車を運転中, 自殺を企てて道路に飛び出してきた X を無過失（不可抗力）で死にいたらせた, といった場合, 結果無価値論にたてば, 違法性は法益侵害およびその危険の有無ということになるので, 各事例においては, 基本的にいずれにも違法性の程度に決定的な差異は生じず, のちの責任段階において犯罪が個別化されることになる。

　一方, 判例の支持する行為無価値論においては, 結果無価値論のとる行為者の主観的認識の差のみをもって殺人罪から不可罰的行為まで個別化することについては合理的な説明が困難であるとの批判のもと, 行為者の主観によって責任非難のみならず違法性の程度も異なると考えるべきであるということになり, したがって殺人の違法性は傷害致死や過失致死の違法性よりも重いことになる。

　また, 結果無価値論が未遂犯の場合にのみ故意は違法要素であるとするのに対して, 行為無価値論は, 未遂犯にかぎらず既遂犯にあっても, 故意で行為をなした場合には社会に与える衝撃は強いと考え, そこに違法の要素を観念するのである。

(6)　可罰的違法性

　可罰的違法性の理論とは，形式的には構成要件に該当しているある行為について，当該行為には違法性を阻却する事由は存しないものの，しかし，その行為の違法性の量と質とは処罰に値する程度までには達していない，すなわち，その行為は処罰に値する程度の違法性を欠いているとして，犯罪の成立を否定することを認める理論をいう。

　この可罰的違法性については，つぎの二つの点で議論がある。一つは，**違法の相対性**の問題であり，もう一つは，**狭義の可罰的違法性**の問題である。前者の問題は，他の法領域で違法もしくは適法とされた行為は，刑法上も同様に違法もしくは適法とすべきであるかを問うものであり，いわゆる違法一元論によれば，「法秩序の統一性」（異なる法領域間において適法性・違法性が合致すること）という観点から，少なくとも民法など他の法領域で適法な行為は刑法上も適法とすべきということとなり，いわゆる違法多元論によれば，他の法領域で適法であっても，刑法上は違法とされる余地があることになる（なお，逆に他の法領域で違法であっても刑法上適法となりうることは，刑法の謙抑性から，いずれの立場もこれを肯定している）。

　狭義の可罰的違法性の問題は，形式的には刑法上の構成要件に該当し，かつ，何ら他の正当化事由に該当しない場合であっても，違法性が軽微であれば，実質的違法性に欠けるとして不処罰にできるかを問題とするものである。これを認めるなかでは，さらに，結果ないし行為態様に照らして，その行為の違法性が軽微であることから構成要件該当性を阻却すべきであるとされる類型（**絶対的軽微型**）と，その行為の手段・目的を考慮すれば（とりわけ労働争議行為の場合）処罰に値するほどの違法性はないという類型（**相対的軽微型**）に分けられる。

　可罰的違法性の理論に親和的な判例として，絶対的軽微型の判例としては，軽微な違法行為は犯罪とするにあたらないとした一厘事件（大

判明治 43・10・11 刑録 11・1620——政府に納入することなくわずかのたば
こを費消したという葉煙草専売法違反事件）や，たばこ買い置き事件（最
判昭和 32・3・28 刑集 11・3・1275——旅館の主人がたばこを買い置きして
客に小売価格で販売していたという旧たばこ専売法違反事件。なお，最決
昭 61・6・24 刑集 40・4・292（マジックホン試用事件）参照）などがある。

　相対的軽微型の判例としては，労働争議行為について労働法上違法
な行為であっても，刑法上の「可罰的」違法性を備えないことがある
ことを認めたものがある（全逓東京中郵事件。最大判昭和 41・10・26 刑
集 28・8・901）。なお，労働争議行為の際に行われた建造物侵入罪の違
法性が争われた最大判昭和 48・4・25 刑集 27・3・418（久留米駅事件）
は，可罰的違法性の理論に対して消極的な態度をとっているが，昭和
50 年代以降，とくに労働争議行為に関しては，判例はこの理論に消極
的な立場を堅持している（全逓名古屋中郵事件。最大判昭和 52・5・4 刑
集 31・3・182）。

【設問8】を考えてみよう

　【設問 8】については，主観的違法性論によれば，10 歳の X には責任
能力がない以上，違法に行為をすることはできない（X の行為は違法と
はならない。刑法 41 条参照。（→ 145 頁））。したがって，A は X に対し
て正当防衛を行うことができないことから，緊急避難によって対処せ
ざるを得ず，A のとりうる行為の可能性としては，X に反撃するので
はなく，それ以外の方法でゲームソフトを X の侵害から守ることが
考えられよう。これに対して，客観的違法性論によれば，X の行為は
客観的に違法であるから，あれこれの避難措置を考えることなく，即
座に，これに対して正当防衛が許されることになり，X がのばした手
をたたくぐらいのことは許されるということになろう。

　結論においてこのような差異が生じるなか，学説においては客観的
違法性論による帰結が妥当であるとされるが，しかし，客観的違法性
論を推し進めると，違法状態といったものが広く観念され，子どもの

行為どころか動物による侵害，さらには自然現象・天変地異（雷・地震）までもが違法という評価を加えられることになりかねないということにも留意する必要がある。

　このように，主観的違法性論によれば，正当防衛を行うことが許されない A の行為は緊急避難（不処罰）か過剰避難にあたるかが検討されることになるが，客観的違法性論によれば，A の行為は正当防衛（不処罰）として扱われることになるであろう。

第12章 III：違法論
——正当行為：法令行為, 正当業務行為, 被害者の承諾

殺人, 傷害, 逮捕監禁, 賭博も許される場合とは, いかなる場合か？
「ヴェニスの商人」シャイロックの手にする証文の効力は？ 客がふぐ
の毒を注文し, あえて食べて死亡した場合のふぐの毒の提供者の責任は。

【設問9】 　AとBは, 自動車事故を装った保険金詐欺を計画し,
停車中のBの自動車にAの自動車を故意に衝突させ, Bに軽傷を
負わせた。Aの罪責を論ぜよ。

III-2 　正当行為

　刑法35条に定める**正当行為**の趣旨は, ある行為が構成要件に該当し
ても, それが社会生活上正当なものとして許容される場合には, その
行為の違法性が阻却され, 処罰されないというものである。法令行為
および正当業務行為はもちろん, 法秩序全体の精神から適法と判断さ
れる行為についても, 広くその違法性を阻却することを認めている。

(1) 　法令行為

　法令行為とは, 直接に成文の法律, 命令, その他の規定にもとづいて,
権利または義務として行われる行為をいう。しかし, 法令が許容して
いるとしても, 当該行為が実質的に法令行為にあたるか否かは法の理
念に照らして検討されなければならない。法令行為の名のもとに無制
限に許容されるわけではないのである。

法令行為は、その内容に照らして、以下の四つの類型に分類される。

1. 職権・職務行為

法令の規定上、一定の公務員の職務権限とされている行為は、職権・職務行為として違法性が阻却される。たとえば、死刑・自由刑の執行、被疑者・被告人の逮捕・勾引・勾留は、それぞれ殺人罪や逮捕監禁罪の構成要件に該当していても、違法性が阻却されることになる。

2. 権利・義務行為

権利・義務行為とは、法令の規定上、ある者の権利・義務とされている行為をいい、たとえば、私人の現行犯人逮捕行為（刑事訴訟法212, 213条）、「教室から逃げ出した生徒をつかまえて連れ戻す」等の懲戒行為（学校教育法11条）などは、それが逮捕監禁罪などの構成要件に該当していても、正当化される。

3. 政策的理由から違法性が排除された行為

一定の政策的理由（財政上の理由など）から違法性が排除される行為がある。たとえば、競馬法により、勝馬投票券を販売しても賭博罪（刑法185条）や富くじ販売罪（刑法187条）は成立しない。

4. 法令によって注意的に適法性が明示された行為

理論上、違法性阻却事由が認められる行為について、とくに法令の規定を設けて、その方法や範囲などについて技術的な制限をおいたうえで、その適法性を明示し、併せて、その制限からの逸脱を防止しようとする場合があるが、その要件に従うかぎり、その行為の違法性は阻却される。たとえば、母体保護法（14条）による人工妊娠中絶は、一定の要件（医学的適応事由、倫理的適応事由など）を充たすかぎり、堕胎罪（刑法212条以下）の構成要件に該当しても、違法性は阻却されるのである。

(2) 正当業務行為

法令行為のように法令に直接の規定はなくとも、社会通念上正当な

ものと認められる業務行為は違法性が阻却される。業務が社会生活上正当なものであることと，行為がその業務の正当な範囲に属することが要件となる。たとえば，医療行為，格闘技が傷害罪に，弁護活動が名誉毀損罪の構成要件に該当しても，**正当業務行為**として正当化されるのである（取材活動と国家公務員法の秘密漏示罪に関する，最決昭和 53・5・31 刑集 32・3・457（外務省秘密漏洩事件）参照）。

(3)　労働争議行為

　労働者が**争議行為**を行うことは，刑法の構成要件に該当しても，憲法 28 条所定の権利の行使として違法性が阻却される。また，労働組合法 1 条 2 項は，一定の要件のもと，争議行為などに刑法 35 条の適用がある旨を注意的に規定している。労働争議行為については，以下の点が重要である。

　第一に，労働争議行為の正当性は，争議の目的と手段・方法との両面から考察し，法秩序全体の精神に照らして相当と目されるか否かにかかっている。具体的には，労働法上認められる正当な目的で，かつ，手段・方法が国家・社会的倫理規範に照らして相当であることが必要であり，その範囲内であれば，争議行為が，威力業務妨害罪や脅迫罪，強要罪などの構成要件に該当しても，違法性は阻却されることになる。

　第二に，争議行為とこれに付随して行われた構成要件該当行為とは区別されるべきであるが，後者の違法性を判断する際には，前者，すなわち争議行為の際に行われたことを勘案することができるとされている。

　第三に，公務員の争議行為は許されていないが，その違反が直ちに可罰的違法であるとはいえないのではないか，また，公共企業体などの職員や組合による法律に違反する争議行為が他の刑罰法規に触れた場合に労働組合法 1 条 2 項の適用があるかについては，判例に変遷があり，最高裁は，同項の適用はないとしている（→ 83 頁）。

(4)　被害者の承諾

　よく知られたシェークスピアの喜劇「ヴェニスの商人」では，ヴェニスに住む商人アントニオは，友人の結婚式のため悪名高いユダヤ人の金貸しシャイロックから金を借りるが，期日までにこれを返すことができず，そのため，シャイロックは貸したときの条件である「金が返せなければ，代わりに胸の肉１ポンドを渡す」ことをアントニオに迫る。証文の有効性を裁判官が認めたことから，シャイロックがまさに肉を切り取ろうとしたそのとき，しかし，裁判官は続けるのである。「たしかに肉を切り取ることは許す。しかし，一滴たりとも，証文には記載のない『血』を流してはならぬ」と。かくして，舞台下の観客は名裁判官の機知に大いに沸くという趣向になっている。

　1.　被害者の承諾

　「承諾をする者には不法はなしえない」との法諺（ほうげん）（法の格言やことわざ）があるように，被害者の承諾（同意）にもとづく行為は，一般に犯罪とはならないとされてきた。それは，被害者が自己の法益を放棄している以上，法によって保護するものがないからであり，この場合，原則としてその行為は不処罰とされるのである。

　被害者の承諾が犯罪の成否・刑の軽重に影響を与えるケースは，その形態によって，以下のような類型に分類することができる。まず，①承諾によって構成要件該当性が阻却される場合，たとえば住居侵入罪や窃盗罪などと，②違法性が阻却される場合，たとえば傷害罪（や器物損壊罪）とが区別されている。前者については，侵入や窃盗の概念につきいかなる理解にたとうとも，家人の承諾がある以上「侵入」にはあたらず，また，持ち主の承諾がある以上「窃盗」にはあたらないということがいえようが，一方，後者については，承諾があれば「傷害」にあたらない，とはいえず，したがって傷害と認められる行為であってもなおかつ，その違法性阻却が問題となるのである。そのほか，

③承諾があることで，刑の減軽にとどまる場合（202条，213条参照），④承諾があっても，可罰的違法性に影響を与えない場合（176条・177条各後段参照）があげられる。

　そして，被害者の承諾の問題は，違法性阻却が問題となる②の類型において，違法性の本質をいかに解するかに関わって激しく争われている。すなわち，被害者の承諾において違法性が阻却されることの根拠について，これを「保護法益の欠如」に求める結果無価値論と「社会的相当性」に見い出す行為無価値論とで，被害者の承諾の要件の理解を大きく異にするのである。以下では，②の類型のなかでもとりわけ問題となる，傷害罪を中心に検討していく。

　2．被害者の承諾の要件

　被害者の承諾が有効となる要件については，①承諾の内容が被害者にとって処分可能な個人的法益に関するものであること，②承諾能力を備えた者による真摯な承諾であること，の2点についてはほぼ争いはないが，承諾の方法，時期，効果については見解が分かれる。

　判例および行為無価値論的な立場は，さらに，③承諾はかならずしも明示的でなくても，すなわち黙示的であってもよいが，行為に先立って事前に外部に表明されている必要があり（**意思表示説**），④（主観的正当化要素として）行為者は被害者の承諾の存在を認識していなければならず（**認識必要説**），加えて，⑤承諾にもとづく行為自体が，その方法および程度において，国家・社会的倫理規範に照らして是認されるものであることが必要であるとする。これによれば，上述の指つめ行為や保険金詐取目的での傷害行為は，たとえ承諾にもとづいていても社会的相当性の範囲内にあるとはいえず，違法性を阻却しないことになる。

　これに対して結果無価値論的な立場では，③については，承諾の外部への表明は不要であり（**意思方向説**），④については，行為者は承諾の存在を認識することを要しない（**認識不要説**）とされており，事後に

（結果発生時の）承諾があれば足りることになる。この立場によれば，違法性の本質は法益侵害であり，被害者の承諾にあっては侵害されるべき法益が承諾により放棄され，欠如することから違法性が阻却されるのであって，行為無価値論におけるように公序良俗違反性が処罰の基礎づけにされることは許されないということになる。すなわち，後述の自動車事故詐欺事件のように，詐欺目的で共謀し自動車事故を仮装した場合には，詐欺罪の共犯と評価することでその行為全体の違法内容を評価し尽くすことができ，また，たとえ承諾があっても傷害の成立を肯定することができるとすれば，傷害罪の成否が，実は，傷害罪の成立要件とはおよそ無関係な詐欺目的の存在によって論じられることになり，さらに，詐欺の予備行為を傷害罪で処罰することになってしまう，というのである。結果無価値論からは，承諾があれば，いかなる傷害であっても，あるいは，承諾があっても殺人の違法性は否定されないとする刑法202条を根拠に，少なくとも，重大な傷害，とくに生命に危険のある傷害，「身体の枢要な部分や機能を永久的に失わせてしまう」などの傷害でなければ，法的に許容されることになる。

3. 両説の論拠

結果無価値論の立場から，同意傷害は被害者の承諾によって不可罰となるとする見解は，傷害罪には202条の承諾殺人罪に対応する規定はなく，承諾があっても傷害罪が成立するとなれば，承諾殺人罪でさえ刑の上限が7年であるのに比較して，その上限が15年となり刑の権衡を失することになること，同意傷害のなかでも重い形態に属すると考えられる同意堕胎（213条）については比較的刑が軽いこと（上限2年），そして個人における身体の処分についても自己決定権を尊重すべきであることなどをその根拠としている。

一方，承諾があっても違法性を阻却しない場合があるとする立場は，これに対して，刑の権衡を失するのではないかという批判については，承諾があった場合の傷害罪の刑の上限はたとえば承諾殺人罪の上限で

ある 7 年以下にするなど,刑を軽くすべきであることの根拠とはなっても不可罰とする根拠とはならないこと,実際上重要であるところの刑の下限(1 月の拘禁刑または 1 万円の罰金)はむしろ承諾殺人罪(下限 6 月)よりも傷害罪の方がかなり低く設定されていること,同意堕胎の刑が自己堕胎(上限 1 年)よりも重いのは,同意堕胎に含まれる程度の同意傷害でも当罰性という点で無視できないと考えているためであると解釈できること,などをその根拠としている。

　現在では,結果無価値論が,とりわけ,その根拠を**自己決定権**に求める見解が有力になりつつある状況である。とはいえ,生命に危険のある傷害については,パターナリズムの見地から,一般に承諾があっても可罰性が否定されることはないし,重大な傷害にかぎり違法であるとする説も有力である。しかし,同説は,その意図に反して,行為の目的(臓器移植などの医学上の必要性か,サディスティックな動機などか)を考慮せざるをえない点で説得力が減殺されるといわれており,また,いかなる同意傷害も被害者の承諾の対象であるとする説には,被害者を植物状態にいたらせる,あるいは人格に著しい変容をもたらすという結果を招いていても傷害罪は成立しないとするその結論に疑問が提起されている。

　4. 判　例

　最決昭和 55・11・13 刑集 34・6・396(自動車事故詐欺事件)は,被告人 A が,B と共謀して保険金をだまし取ろうと企て,交差点の赤信号で B 運転の自動車が停止し,その後ろに第三者 X 運転の自動車が信号待ちで一時停止した際,X の自動車後部に自車を衝突させる,二重追突の形態で B に傷害を負わせたという事案につき,「被害者が身体傷害を承諾したばあいに傷害罪が成立するか否かは,右承諾を得た動機,目的,身体傷害の手段,方法,損傷の部位,程度など諸般の事情を照らし合せて決すべきものであるが,本件のように,過失による自動車衝突事故であるかのように装い保険金を騙取(欺し取ること)する

目的をもって，被害者の承諾を得てその者に故意に自分の運転する自動車を衝突させて傷害を負わせたばあいには，右承諾は，保険金を騙取するという違法な目的に利用するために得られた違法なものであって，これによって当該傷害行為の違法性を阻却するものではないと解するのが相当である」として傷害罪の成立を肯定したものである。同判決は，（上記傍点部分において）「社会的相当性」を最高裁として初めて被害者の承諾の領域で論じた点に意義があるが，被害者の承諾があっても，その行為が社会的相当性の範囲を逸脱しているかぎり違法性を阻却するものではないとしているなど，行為無価値の立場といえよう（そのほか，同様の理由から違法性阻却を否定したものとして，指つめに関する仙台地石巻支判昭和62・2・18判時1249・145，医師免許を有しない被告人による，医療設備の整わない場所での豊胸手術に関する東京高判平成9・8・4高刑集50・2・130参照）。

(5)　危険の引き受け

　被害者の承諾は，過失犯においても問題となりうる。被害者が自己の法益が危険にさらされることを予見しながら，予測される危険を自己の危険として引き受けた，すなわち，結果発生の危険に自ら身をさらした場合には行為の違法性が阻却され，行為者の過失責任が否定されることがある。これを**危険の引き受け**という。千葉地判平成7・12・13判時1565・144（ダートトライアル事件）は，未舗装道路を自動車で走行し，所要時間を競うダートトライアルの練習中に指導者を死亡させたという事案につき，被害者において「直接的な原因となる転倒や衝突を予測しているのであれば，死亡などの結果発生の危険をも引き受けたものと認めうる……被害者の死亡の結果は……（この）危険の現実化というべき事態であり，また，社会的相当性を欠くものではないといえる」として，被告人の業務上過失致死傷罪の成立を否定した。同判決は，被害者の意思を重視し（被害者の自己決定権の尊重），あわせ

て，社会的相当性という観点から違法性を阻却したものである。

　法益侵害結果について承諾が許されるのと同様に，生命・身体に対して危険なスポーツなどにおいて，その危険についても承諾し，危険を引き受けることは可能であるといえよう。これまでも，格闘技など一定の危険を伴うスポーツ競技において法益の侵害が生じた場合に，その結果の発生が社会的相当性の範囲内のものであり，また，被害者が承諾していれば違法性が阻却されるとしてきたが，その根拠は，正当業務行為，被害者の承諾，許された危険に求めるのが通例であった。本判決は，同競技がアマチュアスポーツであって社会的有用性も高いとはいえず，しかも，被害者においても結果の発生を承諾していないことから，これまでの正当化論によるのではなく新たに「危険の引き受け」の法理で違法性を阻却した点で注目された。

　もっとも，危険の引き受けが正当化されるためには，その行為の社会的有用性・侵害される法益の価値，発生結果の蓋然性などが総合的に判断されるべきである。客の求めに応じて有毒なフグの肝を提供し客を死亡させた事案において被告人に過失を認めた最決昭和 55・4・18 刑集 34・3・149（坂東三津五郎事件）は，その一例であるということができる。

(6)　推定的承諾

　推定的承諾とは，現実には被害者の承諾はないが，かりに，被害者が当該事態を正しく認識したならば承諾したであろうと認められる場合に，その意思を推定して行われる行為についてはその違法性が阻却されるとする法理である。事故で意識を失い緊急搬送された患者につき，医師が治療行為を行うのも，また，煙の出ている隣家に消火目的で立ち入るのも，この原理で説明されるのである。推定的承諾の正当化の根拠については，被害者の承諾における根拠と対応して，**法益衡量説**と社会的相当性説に分かれている。

【設問9】を考えてみよう

　【設問 9】については，結果無価値論の立場にたてば，これは個人が処分可能な法益である身体の統合性（身体の完全性・無傷性）についての問題であり，しかも軽傷であれば個人の処分権の範囲内であって，したがって，Ｂが結果の発生を承諾している以上，Ａの傷害行為の違法性は存在しないことになる（なお，もちろんＢは不処罰である）。これに対して，行為無価値論の考え方からは，たとえ行為者において承諾があったとしても，承諾の目的は不正なものであり，傷害の態様も危険なものである以上，Ａの行為の違法性はＢの承諾によって阻却されず，また，パターナリズムの観点からも，このような危険な行為を放任すべきではないとされることになろう。

　ところで，冒頭のヴェニスの商人の事例である。違法性の本質をどのように理解するかが結論を分かつ分水嶺であるが，はたして，証文に「相応の血」についての記載が添えられていたとするならば，ヴェニスの商人の胸の肉１ポンドを借金のかたに切り取ることを，「物語」を台無しにすることを引き換えにして，裁判官は許したであろうか。

第13章 Ⅲ:違法論
—— 正当行為:錯誤にもとづく被害者の承諾,
治療行為,安楽死・尊厳死,自救行為,
義務の衝突,許された危険

心中する意思がないのにあるかのように装って相手を自殺させた場合,
殺人か自殺幇助か。

【設問 10】

ⓐ　A は素手で殴ることの承諾を X から得て,実際には,金属バットで X を殴打して,X に大怪我をさせた。A の罪責を論ぜよ。

ⓑ　B は,追死する意思がないにもかかわらず,追死すると欺いて心中を望む Y 女を自殺させた。B の罪責を論ぜよ。

ⓒ　C は,自分に吠えた Z の犬を痛めつけようと企て,電話で Z に右犬が子どもに噛み付いていると欺し,Z の承諾を取り付けて Z の犬を棒で打ち付け傷害を与えた。C の罪責を論ぜよ。

Ⅲ-2　正当行為

(7)　錯誤にもとづく被害者の承諾

1. 承諾についての錯誤

　被害者の承諾があれば,犯罪は成立しない。法益は,その主体が,自己実現の手段として自由にこれを処分できるからである。しかし,その承諾は,上述のように,自由かつ真摯なもの,自由な意思決定に

もとづくものでなければならない。錯誤にもとづく瑕疵（あやまり）ある承諾や強制されてなした承諾は，有効な承諾とはいえない。この点で，単に取り消しうるにすぎない私法上の錯誤と異なる。しかし，錯誤にもとづく承諾は，以下で示すようにかならずしもすべてが無効であるわけでないのである。そこで，承諾に被害者の錯誤が介在する場合の承諾の有効性とその範囲が問題となるのである。

2. 錯誤にもとづく承諾の有効性

錯誤にもとづく承諾の有効性について，学説は，**重大な錯誤説**，**法益関係的錯誤説**，そして**修正説**の三説に分かれている。重大な錯誤説は，重大な錯誤にもとづいてなされた承諾にあっては，そこに自由な意思決定が存在しないことを理由として無効であるとする。法益関係的錯誤説は，錯誤が法益の種類や程度や危険性に関係している（法益関係的錯誤がある）ときには，いかなる法益について放棄しているかを承諾者が了解していないのであるから，この場合にはその承諾は無効であるとする。

【設問10】ⓐの事例では，承諾の範囲・程度を誤認しているという意味で錯誤は重大であり，しかも，法益についても錯誤が認められる事例であるから，重大な錯誤説からはもちろん，法益関係的錯誤説からも，承諾は無効ということになろう。

では，ⓑの事例はどうか。重大な錯誤説によると，追死の意思がないのにこれを装って相手を誤信させて自殺するにいたらせる，いわゆる偽装心中事例の場合には，欺罔（あざむく行為）によって自殺者の意思決定の自由が本質的に奪われ，その承諾は死の意味を理解しない幼児や精神障害者の承諾と同じく重大な瑕疵ある意思にもとづくものであり無効と解すべきであるとして，行為者には殺人罪（の間接正犯）が成立するという（追死を装って相手を死亡させた偽装心中事件。最判昭和33・11・21刑集12・15・3519）。これに対して，法益関係的錯誤説によると，この場合，自殺者は死の意味については理解しており，死のうと

いう意思に錯誤があるのではなく，ただ，その動機に錯誤が介在したにすぎないと解されるため承諾は有効であり，したがって，殺人罪ではなく自殺関与罪（202条）が成立することになる。この見解の対立も，前者が行為無価値論，後者が結果無価値論にたつことによるものであり，わが国の従来の判例は重大な錯誤説の立場にたっている。

　たしかに欺罔によって錯誤におちいり，承諾の真摯性が否定される場合は少なくない。しかし，AがXに，支払い意思がないにもかかわらず，「殴らせてくれれば1000円支払う」と欺いて承諾を得てXを殴って逃げたという，いわゆる反対給付に関する錯誤の事例は，民法上の単なる債務不履行にすぎないのであって，錯誤は重要ではなく，Xの承諾は有効であると考えられる。これに対して，法益関係的錯誤が存する事例では，承諾は無効とせざるをえないのである。それでは，法益関係的錯誤がなければ，承諾はおしなべて有効であるとしてよいであろうか。たとえば，【設問10】ⓒについてはどうか。修正説は，基本的には法益関係的錯誤説にたちつつ，自由な意思にもとづいて法益を放棄したといえない場合には，法益関係的錯誤が存せずとも，なおその承諾は無効であるとする。これによると，ⓒの事例のように，緊急状態を仮装した場合には，欺罔にかかる事実は承諾に決定的な影響を及ぼし，脅迫や強要による承諾に類するとして，自由な意思決定にもとづく承諾とはいえないと解されている。

　錯誤にもとづく被害者の承諾の事例では，自由意思にもとづく真摯な承諾といえるのか，被害者の法益の要保護性が失われるのか否かが決定的な基準となるところ，重要でない錯誤の事例については承諾は有効であり，他方，法益関係的錯誤の事例や緊急状態の錯誤の場合については承諾は無効という点では見解の一致があり，これに対して，法益関係的錯誤の事例以外に，どこまで承諾を無効とする事例を認めるのか，違法性の本質の理解を反映して，見解が対立しているのである。偽装心中事件は，その典型例といえよう。

(8)　治療行為（医療行為）

　医療行為とは，治療・診断・予防の目的で行われる人の身体に対する医療上の措置をいうが，刑法では，治療目的による医的侵襲（医療的措置）がとくに問題となる。一般に，**治療行為**とは，①患者の承諾もしくは推定的承諾のもとに，②治療の目的で（医学的適応性），③医学上一般に承認されている手段・方法をもって（医術的正当性），患者の身体に対して，手術その他の侵襲をなすことをいうとされている。治療行為については，傷害罪の構成要件に該当するが違法性が阻却されるとの理解が一般的であるが，現在では，要件を充たす正当な医療行為であるかぎり構成要件該当性自体を否定すべきであるとする非傷害説も少数説ながら有力である。

　治療行為の違法性阻却の根拠については，被害者すなわち患者の(推定的）承諾，社会的相当性，健康の維持回復という優越的利益の保護，が考えられる。

　患者の承諾については，十分な説明を受けたうえでなされたものでなければならない（インフォームド・コンセント）。推定的なものを含め，患者の承諾なく行われた治療行為，あるいは，治療目的という主観的正当化要素が欠ける行為は専断的治療行為とされて，傷害罪の違法性が阻却されることはない（ただ，「承諾なく」とはいっても自殺を図った者に対する緊急治療は緊急避難として正当化されることになろう）。

(9)　安楽死・尊厳死

1.　安楽死

　安楽死とは，死に直面して耐え難い肉体的苦痛にあえぐ人を死に致す措置をいう。これには，生命の短縮なく苦痛を除去・緩和する**純粋安楽死**，苦痛の除去・緩和の派生的結果として生命の短縮を伴う**間接的安楽死**，安らかな死を迎えさせるため，すなわち，生命短縮を意図し

て延命治療をとらない**消極的安楽死**（治療中止），そして，作為により直接に死期を早める**積極的安楽死**とが区別されるところ，前 3 者については一般に違法ではないとされており，刑法上問題となるのは最後の積極的安楽死である。積極的安楽死については，そもそも患者の承諾がなければ殺人罪の成否が問われるところ，患者の承諾が存する場合には，第一義的には刑法 202 条後段の同意殺人罪の構成要件に該当するが，承諾の状況，そのなされようにより違法性が阻却されるかが問われているのである。

　積極的安楽死が許される根拠として，横浜地判平成 17・3・25 判タ 1185・114（川崎協同病院事件第 1 審判決）は，苦痛から免れるため他に代替手段がない場合には生命を犠牲にすることの選択も許されてよいという「緊急避難の法理」と，その選択を患者の自己決定に委ねるという「自己決定権」をあげている。

　学説では，①刑法 35 条を根拠として，あるいは超法規的違法性阻却事由として積極的安楽死の違法性が阻却されると理解する見解が多数説であるが，これに対して，②積極的安楽死はあくまで違法であり，期待可能性（→ 143 頁）がないとして，これを責任阻却事由とすべきであるとする見解，反対に，③生命に対する自己決定権を承認し，積極的安楽死を自殺権行使の援助として正当化する見解が存する。③の見解に対しては，憲法上「生きる権利」は認められているが「死ぬ権利」は存在しないであろうし，殺害による苦痛除去は規範論理的に矛盾するという批判が，②の見解に対しては，裁判所が期待可能性を理由とした責任阻却に対して消極的であることから，不処罰とすることに対する実効性が期待できないとの批判がある。そして，多数説である①の見解に対しても，いわゆる「ダム決壊効果」，「滑りやすい坂」（それぞれ，いったん許すと取り返しがつかない結果になることの比喩）の議論を引いて，自己決定の任意性の判断の困難さ，濫用のおそれ，終末医療のケアの充実がおろそかになること，医師の自己アイデンティティ

の喪失への懸念などが指摘され，さらに，いかなる理由があれ，生命を断絶することが違法でないとはいえない，などの批判が向けられている。

横浜地判平成7・3・28判時1530・28（東海大学事件判決）は，医師による末期患者に対する致死行為が積極的安楽死として許容される要件として，以下の4基準を示しており，この基準は一般に妥当なものであると評価されている。すなわち，①患者は耐えがたい肉体的苦痛（精神的苦痛は含まれない）に苦しんでいること，②患者は死が避けられず，その死期が迫っていること，③患者の肉体的苦痛を除去・緩和するために方法を尽くし他に代替手段がないこと，④生命の短縮を承諾する患者の明示の意思表示があること，である。

2．尊厳死

安楽死のなかで，医師などが，末期患者などに対し，人工呼吸器などを取り外すことで治療を中止し，人間としての尊厳を保ちつつ自然な死を迎えさせる行為（消極的安楽死，治療中止）を，とくに，**尊厳死**とよぶ。死期が切迫していることと患者の（推定的）意思（リビング・ウィル）を要件に違法性が阻却される，とされている。緩和医療の進歩に伴って，積極的安楽死が適法化されるための要件である耐えがたい苦痛というものが実際には生じえなくなってきていることから，現在では，安楽死から尊厳死へと議論の中心は移りつつあるといえよう。

尊厳死に関して，川崎協同病院事件第1審判決（前掲横浜地判平成17・3・25）は，治療中止を適法とする根拠として，「患者の自己決定」と「治療義務の限界」をあげており，最決平成21・12・7刑集63・11・1899（川崎協同病院事件最高裁決定）も基本的にこれを基本にしていると考えられている（『知の回廊　第109回『安楽死・尊厳死をめぐる法対応―終末期医療の現場から―』』https://www.youtube.com/watch?v=lejV7bkBZaA 参照）。

(10)　自救行為

　自救行為とは，自転車を盗まれた被害者が後日たまたま路上で自己の自転車をみつけ窃盗犯人から取り返すという事例のように，法益を侵害された者が，その回復を図るにあたって，国家の救済手段をまつ（俟つ（頼みとする））ときは，回復が事実上不可能かあるいはいちじるしく困難となる場合に，自力でその回復をはかる行為をいう（民事では「自力救済」という）。現行刑法は，自救行為について規定を設けていないが（もっとも，238条や盗犯等防止法1条1項1号の規定は，窃盗犯人から盗品を取り戻すという形態の自救行為を許容していると解することもできよう），通説は，国家による権利救済は万全とはいえないことから，正当防衛や緊急避難と性質を同じくする緊急行為の一つと捉えて，違法性阻却事由としている。もっとも，法益侵害の危険が差し迫っている正当防衛や緊急避難とは異なり，自救行為にあっては，法益侵害の危険が差し迫っているわけではなく，すでに法益が侵害されているのであって，そこに大きな相違があるといえよう。したがって，明文規定のない自救行為を広く認めることは，私人の実力行使を広く肯定することになり，法秩序を乱す危険があることから，自救行為は，社会的相当性を逸脱しない範囲内において肯定されることになる。

　自救行為の要件は，法益侵害状況としては，違法状態にある侵害に対して（侵害の違法性），国家による救済をまつ余裕がないこと（緊急性），主観的正当化要素として，自救の意思があること（権利保全目的），そして，手段・方法に関しては，自救行為自体に社会的相当性があること（手段の相当性），である（なお，補充性を必要とするか否かについては争いがある）。

　判例は，一般論としては自救行為が違法性阻却事由にあたりうることは認めている（最大判昭和24・5・18刑集3・6・772）が，具体的な適用にあっては，かなり慎重な立場にたっているといえよう（最判昭

30・11・11刑集 9・12・2438。増築を行う必要から自宅に突き出ていた隣家の玄関の庇(ひさし)を切り取った事例)。

(11) 義務の衝突

義務の衝突とは，両立不能な複数の法律上の義務が存在し，そのなかのあるものを履行するためには他の義務の履行を怠らざるを得ず，その不作為が犯罪構成要件に該当する場合をいう。たとえば，ボートが転覆し 2 人の子どもが溺れそうになっているが，父親は 1 人の子どもを救助することはできるが両方の子どもを救うことができず，一方を救助すれば他方をでき死させることになるといった場合である。

義務の衝突は，ある正なる利益を保護するために他の正なる利益を犠牲にせざるをえないという点で，緊急避難と性質を類似するものといえよう。ただ，緊急避難においては，危難に直面した者が危難を受忍するかぎり緊急避難の問題は生じないが，義務の衝突においては，行為者はいずれの義務をも履行すべきことを法的に要求されている点で，また，緊急避難は作為によって行われるのに対して，義務の衝突では不作為犯が問題となる点で，区別される。

義務の衝突の事例では，それぞれの義務の具体的内容を明らかにしたうえで価値を比較衡量し，より高い義務を履行するために低い義務の履行を怠ったという場合のほか，両者の義務が同程度の場合にも，緊急避難の場合と同様に，違法性の阻却を認めてよいであろう（大規模災害時などにおいて，医師が重症の患者の治療を先行させ，軽傷の患者の治療をあとにまわす行為（トリアージ：治療の優先割り合て）が許容されるのも同様の理由によっている）。より高い義務を放置して低い義務を履行した場合には，違法性は阻却されず，せいぜい期待可能性を欠くとして責任阻却が考えられるにすぎない。

❖ナチス安楽死事例と義務の衝突

義務の衝突の事例として，ナチスの安楽死事例がある。ナチスの安楽死政

策は，優生学思想にもとづいて精神病患者らを死亡させるものであったが，その施策にもとづいて，患者を選定しガス室へ送ることの任を担当した精神病院の医師のなかには，それを拒めば他のナチスの党員が代わりにその作業を指揮することとなり，そうなれば入院患者の全員が殺害されてしまうであろうことをおそれ，せめて何人かでも救出したいとの思いから，選出すべき対象者の数から一部の者を差し引いて報告し，多数の患者を殺処分の犠牲になることから救出したという。戦後，当該事案は，殺人幇助として起訴され，義務の衝突の事例として違法性が阻却されるかが争点となったが，判決では，違法性阻却事由も責任阻却事由も認めず，ただ，一身的処罰阻却事由を認めたとされている。

なお，今日，頻発する大地震による大規模災害における救助・救援の場面や，コロナ禍での人工呼吸器等の医療機器の提供をめぐって，義務の衝突の問題に再び注目が集まっている。

(12)　許された危険

許された危険とは，法益侵害の危険を伴う鉱工業（鉱山労働），高速度交通，医療行為などにつき，その社会的有用性を根拠に，法益侵害の結果が発生した場合に一定の範囲でこれを許容することをいう。高速度交通などは，たとえ人の生命身体に対して危険であったとしても，それなしでは現代社会は成り立たないことから，一定の範囲内にある場合には違法性を阻却しようとするのである。

許された危険については，社会的相当性の範囲内で許容されるとする説と，行為の有用性・必要性と法益侵害の危険性とを比較衡量し，前者が優越する場合に危険が許されるとする説に分かれている。いずれの立場にたっても，その行為の社会的有用性・必要性，予想される危険の蓋然性，侵害される法益の性質，結果回避のためにとられた措置の相当性などを総合して違法性阻却が決せられることになる。また，体系的地位に関しては，違法性が阻却されるとする説と，因果関係が欠けるとする説に分かれる。なお，許された危険は，過失犯の事例に限られないが，故意犯の場合には，被害者の承諾が存することなど，正当化のための要件が厳格になるとされている。

　過失犯は，結果を予見しえたにもかかわらず結果の回避をしなかった場合に成立するが，行為者において結果発生の予見があったとしても，結果を引き起こす行為を躊躇すべきではない場合がある。たとえば，医療行為において，医師が手術によって死の結果を予見したとしても，医師には手術の成功に向けて最善の努力をするに他はないのであり，この場合に予見したとおり患者が死亡しても，医師に過失責任が問われることはない。このような過失責任を限定するのに作用するのが「許された危険の法理」（→ 203 頁）であり，上述の危険の引き受け（信頼の原則→ 201 頁）も，この許された危険の法理を具体化した一場合ということができる。そして，この法理は，新過失論（→ 190 頁）の基礎をなしているのである。

【設問10】を考えてみよう

　【設問 10】の@については法益関係的錯誤が存する事案であり，©については，承諾が強要されており自由な意思決定にもとづいていないことから，いずれの説からも傷害罪および動物傷害罪が成立し，ⓑについては，法益関係的錯誤説からは承諾が有効とされ 202 条の自殺関与罪が成立し，重大な錯誤説からは承諾は無効となり殺人罪が成立することになる。

第14章 III：違法論
——正当防衛論：正当化原理と要件

蚊や犬に対して正当防衛は可能か。

【設問 11】　居酒屋で酒を飲んでいた A は，近くのテーブルで酒を飲んでいた X と連れの Y 女に対して「ばかやろう」などと侮辱的な言葉を繰り返していたところ，発言をやめさせ謝罪させようと X が近づいてきて「いい加減にしろ」と A の肩をつかんだので，これに対して X の顔面を拳で数回殴打して傷害を加えた。A の罪責を論ぜよ。

III-3-1　正当防衛の意義

　法治国家にあっては，他者からの侵害に対しては，個人の実力行使によるのではなく，まずは国家機関の法定の手続きによって対処すべきであるが，正当防衛は，この国家による救済をまつことなく，私人の実力行使として，本来，例外的に許されるものである。それゆえ，かつては，生命に対する侵害行為に対してのみ認められてきたが，次第にその適用範囲は拡大し，身体，自由，財産を不正な侵害から保護するための他者への加害行為についても肯定されるようになってきた（最判平成 21・7・16 刑集 63・6・711 は，財産的権利（建物の賃貸権など）に対する正当防衛を肯定している）。

III-3-2 正当化原理

　正当防衛が正当化される理由づけはさまざまであるが，かつては自然法論的立場から，不正な侵害に対し**正当防衛**を行うことは人間の本性であるとされ，あるいは，社会契約説の立場から，不正な攻撃が加えられ法が機能しないときには自然状態に戻り，自ら救済できるのである，と説明された。わが国では，すでに述べたように，違法性の本質を結果無価値論と行為無価値論の二元論において捉える考え方が多数説であり，正当防衛の正当化の根拠づけについては，現在では，自己保全の利益のほか，これに加えて，正当防衛は法律を超えた前国家的な根源を有すると理解して，「正（正義）は不正に譲歩する必要はない」とする**法確証の原理**を掲げるのが一般的となっている。すなわち，正当防衛を正当とせしめるのは，まず，緊急状態においては国家による救済をまつ余裕がないことから，個人の権利として，あるいは人間の自己保存本能の現れとして正当防衛が許容される，という個人の利益を基礎にした原理であり，つぎに，法秩序が，不正な侵害を受けても，動揺することなく毅然としてそこに存在することを示すという，社会秩序という超個人的な利益を基礎にした原理である（後者では，**法確証の利益**，すなわち，法秩序が安定していることを証明し一般予防に資する利益を重視する）。

　他方，結果無価値論の立場から，正当防衛は，防衛に必要な限度で攻撃者側の法益の要保護性が欠如する（**法益性の欠如説**）として，あるいは，その法益の価値が減少することにおいて正当化される（**優越的利益説**）として説明されることもある。

III-3-3　正当防衛の要件

　刑法 36 条 1 項に掲げる正当防衛の要件は，まず，「急迫不正の侵害に対して」なされるものでなければならないということである。

(1)　「急迫」

　急迫とは，客観的に法益侵害の危険が切迫していることをいい，侵害が現に存在していることを要するものではない。急迫性が要求されるので，将来の侵害を予想して先んじて防衛行為をなすことはできず，また，他方で，過去の侵害に対しても正当防衛は許されない。それゆえ，侵害行為が継続していれば急迫とはいえるが，それが終了した後の復讐などの反撃行為は防衛行為とはならない。窃盗罪の成立後，被害者が犯行の現場またはその付近で犯人から盗品を取り返す行為については，より厳格な要件を備えた自救行為の問題となる。

　このように，その原則として，まず，過去や将来の侵害に対する正当防衛は認められない。したがって，対立抗争中の暴力団の組員による仕返しが確実だからといって，先制攻撃をしかけることは正当防衛にはあたらない。しかし，とはいえ，原則のその 2 として，相手方の侵害が予期されている場合であっても，そのことからただちに急迫性が失われるものではない（最判昭和 46・11・16 刑集 25・8・996）。

　では，予期された侵害の機会を利用して積極的に相手方に加害行為を行う意思で侵害に臨んだときはどうであろうか。判例は，このような場合にまで正当防衛を認めるべきではないとしている。すなわち，最決昭和 52・7・21 刑集 31・4・747 は，過激な学生運動の甲派に属する学生 A は，同様の学生運動乙派から攻撃を受けこれを撃退したが，再度の攻撃のあることを予期して鉄パイプなどを準備し，再度の攻撃をしてきた乙派の学生 X に対して鉄パイプなどで暴行を加えたとい

う事案に，刑法36条における侵害の急迫性は，当然またはほとんど確実に侵害が予期されているというだけで失われるものではないとして，先の原則その2を確認しつつ，それに引き続いて，しかし，その機会を利用し積極的に相手に対して加害行為をする意思で侵害に臨んだときは，もはや急迫性の要件を充たさない，としている。

　ところで，本決定は，積極的な加害意思があれば急迫性は否定されるとし，前掲最決昭和46・11・16は積極的な加害行為があれば防衛の意思が否定されるとして，いずれも，そのような場合には正当防衛とはならないとしている。これに関しては，急迫性にかかる原則の3として，侵害を受ける前，すなわち反撃行為以前の積極的加害意思は急迫性を否定する方向にはたらき，侵害時，すなわち反撃行為時の積極的加害意思は，防衛の意思を否定する方向にはたらくということができよう。すなわち，反撃行為に及ぶ以前から「相手を徹底的にやっつけてやろう」という心理状態をもつゆとりがあれば，差し迫った危険を認めるべき状況にないと認められることから急迫性が欠け（そのような状態であれば他にとるべき方法を選択する十分な余裕があり，むしろ国家による救済をまつことが可能となろう），これに対して，意外な侵害に遭遇した時点で，これに乗じて「相手を徹底的にやっつけてやろう」という意思で行えば，防衛の意思が欠けると理解してよいということになるのである。

　近時，最決平成29・4・26刑集71・4・275は，「侵害の急迫性の要件については，対抗行為に先行する事情を含めた行為全般の状況に照らして検討すべきであり，……行為者と相手方との従前の関係，予期された侵害の内容…侵害回避の容易性，侵害場所に出向く必要性，対抗行為の準備の状況（など）……を考慮し，緊急状況の下で公的機関による法的保護を求めることが期待できないときに私人による対抗行為を許容した刑法36条の趣旨に照らし許容されるものとはいえない場合には」急迫性は否定される旨を判示した。客観的事情を中心とす

る考慮要素を総合考慮して急迫性の肯否を判断するという，これまでの判例を基礎にしつつも，より包括的な，裁判員裁判を意識したわかりやすい判断方法を示しているといえよう。

(2)　「不正」

　不正とは，違法であることである。正当防衛は「不正対正」の構図にあり，「不正に対して正（正義）」は譲歩することはないとの原理にたつのであるから，この点で，「正対正」の緊急避難の場合と大いに異なる。

　ところで，主観的違法性説によれば，責任無能力者の行為は違法となりえず，責任能力者の故意・過失行為のみが違法，すなわち不正となるのであるが，客観的違法性説の立場からは，責任無能力者の行為であっても違法・不正となりうる。同説でいう「不正」には，刑法上の違法のみならず，私法上の違法も，行政法上の違法も含まれ，それはまた，（過失による住居侵入など）可罰的違法性を具備する必要もない。したがって，違法性が阻却される正当防衛行為に対しては正当防衛を行うことはできず，緊急避難の性質を違法性阻却としてとらえた場合には，緊急避難行為に対しても正当防衛を行うことはできないのである。もっとも，債務不履行のような民事上の紛争にあっては，たしかに（民法上は）違法であっても「不正な侵害」にはあたらず，また「急迫性」が欠けることになろう。

　また，侵害は有責であるか否かを問わない。客観的違法性説の立場からは，自然現象や動物による侵害も違法となりうるので，観念的には，地震や雷に対しても，正当防衛は可能となる（雷に正当防衛を試みることも理論上は可能である）。とはいえ，以下の対物防衛で示すように，人の行為以外については，「正」「不正」の評価の対象とならないと考えることが妥当であるとされている。

(3)　「侵害」

　侵害とは，他人の権利に対して実害またはその危険を与えることをいう。作為，不作為，故意，過失を問わない。もっとも，それが人の行為に由来することを必要とするかについては，争いがある。これは，いわゆる対物防衛を肯定するか否かの問題をめぐって展開される議論である。

　1.　対物防衛

　対物防衛に関して，**肯定説**は，客観的違法性説を基礎として，人の行為に由来しない自然界の事象であっても，法秩序の見地から容認しえないものは違法な侵害と認められることを根拠とする。**準正当防衛説**は，民法においては，（防御的）緊急避難について，「損害賠償の責任を負わない」（民法 720 条 2 項）として，これを緊急避難ではなく正当防衛と同様に扱っていることを根拠として，対物防衛に関しても，正当防衛に準じた扱いをするとしている。**否定説**は，（客観的違法性説からも）侵害とは侵害「行為」，すなわち人の行為を指称すると理解されることから，人以外のものによる侵害というものはありえず，したがって，対物防衛は認められないとする（なお，たとえば，蚊に刺されそうになったのでこれを叩いて潰したとしても，蚊に所有者がいないかぎり，何らの犯罪構成要件にも該当しないので，刑法的には正当防衛を論じる前提を欠くことになる）。

　さて，対物防衛については，上記のように学説は分かれているが，（動）物による法益侵害の危険が発生する事例を子細にみてみると，その背後には，その所有者（飼い主）の行為を観念することができる場合が少なくない。すなわち，たとえば，飼い犬を故意にけしかけた場合（故意作為犯），過失によって侵害に向かわせた場合（過失作為犯），侵害に向かうことを止めなかった場合（故意不作為犯），過失によって危険の発生を防止しなかった場合（過失不作為犯，忘却犯），である。そ

のなかでも，犬を鎖でつながずにおいたところ，その犬が公道に出て人に襲いかかったという事例のような過失不作為犯の場合が（動）物による危険発生の典型的な例であるが，ここでは（動）物による法益侵害の発生の背後に所有者の（過失）行為が伏在していることから，その（動）物は所有者の手（行為）の延長上にあるものとして考えることができるのであり，したがって（動）物に対して，正当防衛が許されることになるのである。そのほか考えられるのは，地震などのため，所有者の行為によらずに犬が鎖から放たれ，人に襲ってきたという事例などであるが，たしかにここでは犬の襲撃に対して正当防衛を行うことはできないが，犬の攻撃の速さと危険性に照らし，また，法益の権衡の点からいっても，緊急避難の要件の充足は容易に認められるであろうから，それほどの不都合はないであろう。

　問題は，所有者以外の者がその犬を使って攻撃をしかけるように，侵害者が第三者の所有物を使用する場合である。この場合には，緊急避難とみなしうるという考え方が有力であるが，この場合にも，防衛行為者にとっては急迫不正な侵害であることに変わりはなく，その（動）物による侵害は攻撃者の行為の一部であることから，これに対しても正当防衛は可能であると解することもできる。

　以上の検討から，対物防衛については諸説があるが，法確証の利益を正当防衛論の重要な根拠とした場合には，防衛行為は人の行為に対してのみ認められると理解すべきで，否定説をもって妥当であると解されている。風車に立ち向かって行って破れたドン・キホーテが今度は雷に戦いを挑むという行為が，法確証に資するとはいえないからである。

　2.　自招侵害（挑発防衛：自ら招いた正当防衛状況）

　「急迫不正の侵害」については，自招侵害が問題となる。**自招侵害と**は，相手を挑発するように，防衛者自身の行為が不正の侵害の原因となり正当防衛状況を作り出すことをいう。正当防衛を口実として相手

方への反撃を加えるこのような自招侵害にあって，正当防衛の要件として違法性が阻却されるかについては，意図的な挑発行為の場合には正当防衛も過剰防衛も否定され，意図まではしていないとしても，自招侵害が故意的，過失的な場合には，正当防衛の要件である「相当性」の範囲に制限が課されるとするのが有力な見解である。

　自招侵害に関して，学説では，これを36条の要件論に解消して，①急迫性が欠けるとする説，②防衛の意思が欠けるとする説や，③36条の文言を越えた外在的制約として，社会的相当性が欠如するとする説，④「反撃行為」自体は正当防衛として認められるが，それを違法に利用した攻撃とみられる場合には，その行為の法的性質に従って罪責をなお問いうるとする説（防衛行為の原因となった挑発行為が違法であるとする**原因において違法な行為**の理論）などがある。

　自招侵害にあっては挑発行為そのものが，暴行罪，名誉毀損罪，侮辱罪などに相当する相手に対しての一種の攻撃とみなすことができるという事例も少なくない。その場合，相手側からの侵害行為に多少の行き過ぎがあっても，「攻撃」を排除しようとする相手側の意図のかぎりでは当該行為を正当防衛としてみることもできるのであって，それに対して挑発者は正当防衛で応じることはできないことになる。いわれのない嘲笑を受けた者が，さらなる嘲笑による侮辱を阻止するために挑発者に詰め寄って威力に頼んでこれを制圧するということは許されるからである。しかし，その攻撃が挑発をはるかに凌駕し，たとえば，嘲笑に対して直ちにナイフで斬りかかるような行為に対しては，法秩序は「自己に非がある以上斬られることを甘受せよ」と命じることはしないのであって，このような場合には，ナイフによる攻撃をたとえばパイプ椅子でもって防衛することは可能となるのである。もちろん，だからといって，挑発行為によって成立した犯罪が不問に付されるわけではない。

　判例では，意図的な挑発の場合には正当防衛の成立は否定されるが

（過剰防衛も同様），故意的ないし過失的な挑発の場合には，急迫不正な侵害や防衛の意思の存否，あるいは相当性の存否が問題となり，その成立範囲が制限されることはあっても，正当防衛はかならずしも否定されてはいないようである。大阪高判平成 12・6・22 判タ 1067・276 は，A が酒に酔った X に対して椅子を蹴り倒すなどの挑発行為をしたところ，A の予期に反して X が背後から殴りかかってきたので，その顔面を突いて X を転倒させ死亡にいたらせたという傷害致死の事案につき，過剰防衛の成立を肯定した。急迫性も防衛の意思も肯定されたが，当初の挑発行為を理由として，反撃行為の相当性が認められる範囲がより限定されたものと考えられている。

　近時，最決平成 20・5・20 刑集 62・6・1786（ラリアット事件）は，A と X が路上で言い争いとなり，A がいきなり X のほほを手拳（握りこぶし）で 1 回殴って走って立ち去ったので，X は，自転車に乗って A を追いかけ，約 60 メートル進んだ歩道上で，後方から A の背中の上部または首付近を右腕で強く殴打したところ，それによって A は前方に倒れたが，起き上がり，護身用に携帯していた特殊警棒で X の顔面などを数回殴打して X に傷害を負わせたという事案につき，最高裁は，X の腕による攻撃は，A の暴行に触発された，その直後における近接した場所での一連，一体の事態ということができ，A は不正な行為により自ら侵害を招いたものといえるから，X の傷害行為は「反撃行為に出ることが正当とされる状況」における行為ではないとして，A の行為につき正当防衛の成立を否定している。本判決は，自招侵害の事例を，これまでの「急迫性」要件による解決ではなく，裁判員裁判を意識して，正当防衛が認められるような状況にあったか否かという判断枠組みで検討したものといえよう。

　3．喧嘩と正当防衛

　喧嘩とは，闘争者双方が挑発し，攻撃と防御を繰り返す一連の闘争行為をいい，これをある場面ある場面で区切ってみると，一方が攻撃

し他方が防御しているようにみえるが，一連の闘争行為を全体的に観察すると，そこに正当防衛という観念を入れることはできない。大審院もこのように解して「我が国において古来『喧嘩両成敗』の格言があるとおり，いずれの行為も違法性を阻却しない」としてきた（大判昭和7・1・25刑集11・1）。もっとも，自招侵害で述べたように，挑発行為ではあっても，相手の侵害行為が社会的相当性の範囲を超えているような場合には，正当防衛を肯定しうる。比喩的に言えば，「武器対等」として，すなわち相互が使用する手段が同等であれば，そこには正当防衛を容れる余地はなく，互いに暴行傷害を行っているということになるが，この武器対等状況が破れた場合，たとえば，素手で戦っていたところ，一方が急に凶器を持ち出したような場合には，他方に対して「不正な行為を開始したことについて自己に非がある以上，刺されることを甘受せよ」とはいえないので，その場合には，全体的に考察して，新たな急迫不正の侵害が存することを肯定してよいのである。最高裁も先の判例の立場から離れて，「闘争の全般から見てその行為が法律秩序に反するものである限り」においては正当防衛は成立しないとの留保を設け，そのかぎりで正当防衛が認められる余地を残し，さらに最判昭和32・1・22刑集11・1・31は，被害者が他の者に因縁をつけているので被告人が仲裁に入ったところ，かえって被告人に暴行を加えてきたので，激高して反撃を加えて死亡させた，という喧嘩闘争においても，全体的に考察すれば正当防衛を認めることができる場合があるとしたのである。

【設問11】を考えてみよう

　【設問11】では，Ｘの攻撃はＡの不正な行為に触発されたものであって，Ａが自ら招いたものであること，また，侮辱的な発言を繰り返すＡに対して発言を阻止するためにＸが肩をつかむ程度のことはＡが自ら侵害を招いた行為（招致行為）の程度を大きく超えるものではないこと，さらに，Ｘの攻撃はＡの違法な行為と時間的・場所的に近接し

た一連一体のものであることから，判例によれば，A においては正当
防衛状況になかったことになる。したがって，A は X に対して正当
防衛はできないことになる。

第15章 III：違法論
——正当防衛論：過剰防衛，誤想防衛

相手を銃で射殺したところが，実は相手もこちらを同じように撃とうとしていたところであった。この場合，正当防衛は成立するか？ リンゴ泥棒の子どもに向けた威嚇射撃は正当防衛となるか？ 暴漢にからまれている女性を助けようと空手の有段者が割って入り空手の荒技を使って男を倒したら，実は暴漢だと思っていたのは酔った女性を介抱していたその夫であったという場合はどうか？

【設問12】 祭りの会場でXと喧嘩になったAは，Xがそばにあったパイプ椅子を投げつけてきたので，これを避けながら，体勢を崩したXの顔面を殴打したところ，Xは転倒し後頭部を地面に打ち付け，倒れたまま意識を失ったように動かなくなった（第一暴行）。それをみたAは，Xの状況を十分に認識しつつ，憤激のあまり，悪態をつきながら，Xの腹部を足で蹴るなどの暴行を加えて（第二暴行）傷害を負わせた。その後，Xは病院に搬送されたが，第一暴行に起因するクモ膜下出血によって死亡した。Aの罪責を論ぜよ。

III-3-3 正当防衛の要件

「急迫不正の侵害に対して」という第一の要件に加えて，つぎに，正当防衛は，自己または他人の権利を防衛するために，やむを得ずになした行為でなければならない。

(4)　「自己または他人の権利」

　ここにいう「権利」とは，かならずしも法律上の権利として承認されているものに限らず，ひろく法律上保護されている利益，すなわち「法益」を意味する。条文に明記されているように，他人の権利も正当防衛の対象となるが（**緊急救助**），そこでいう「他人」とは，自然人のみならず法人その他の団体をも含む。「権利」には個人的な法益のみならず，国家的法益ないし社会的法益も含まれるとされるが，これらの法益を保全するための正当防衛は，例外的な場合にのみ許されると解されている（最判昭和 24・8・18 刑集 3・9・1465）。公共的法益についても正当防衛を肯定する見解によると，公務執行妨害罪や公然わいせつ罪（社会的法益），あるいは収賄罪（国家的法益）においても正当防衛が可能となることになる。

(5)　「防衛」行為

　正当防衛行為は，権利を防衛するのに適したものでなければならず，危険源である侵害者に向けられた反撃に限られる。このように，防衛行為は，その性質上，危険にさらされている法益を侵害行為から防衛するための行為，結果の発生に向かう因果の流れを切断する行為でなければならない。したがって，たとえば，乳児に授乳しないで餓死させようとしている母親を殺害しても乳児を救うことにはならないから，当該殺害行為は正当防衛にも，過剰防衛にもあたらない。

　防衛行為が侵害者以外の第三者に向けられ，第三者の法益を侵害した場合には，正当防衛は成立せず，「現在の危難を避けるため，やむを得ずにした行為」であるとして緊急避難となりうる。もっとも，学説では，このような理解のほか，防衛行為が第三者に向けられた場合につき，主観的に正当防衛だと認識して行っていることから誤想防衛（→125 頁）と解する説（大阪高判平成 14・9・4 判タ 1114・293 参照）や，行

為時の行為に相当性があればたまたま第三者の法益が害されたとして
も正当防衛が成立すると解する説も有力である。

　なお,「他人の物をもってする攻撃に対する防衛」と,「他人の物を
もってする防衛」とでは,扱いを異にする。X が Y の傘をもって A
に殴りかかってきたという前者の場合,Y の傘の損壊については正当
防衛が問題となるのに対して (→ 110 頁),X が A に投石をしたので A
は Y の傘でわが身を防衛したという後者の場合,Y の傘の損壊につ
いては緊急避難が問題となる。

(6) 「防衛の意思」の要否

1. 防衛の意思と偶然防衛

　正当防衛の成立に防衛の意思を必要とするかについては,争いがあ
る。この問題は,正当防衛の状況にあることを意識せずに行為したと
ころ,偶然に正当防衛にあたる行為をしていたという偶然防衛の扱い
において顕在化する。たとえば,猟師 A は宿敵の猟師 X を山中で発
見し,殺人の故意で X に向けて猟銃を撃ち X を殺害したが,A が弾
を発射したとき,実は X も A を殺害すべく猟銃を撃とうとしていた
という事例において,A の罪責は,正当防衛の成立に防衛の意思を要
すると考えるか否かによって異なってくるのである。

　まず,行為無価値論の立場にたつ**防衛の意思必要説** (判例・多数説) に
よれば,A の行為は殺人既遂罪にあたるとされている。というのも,
防衛の意思は主観的正当化要素であり,侵害状況を認識していなかっ
た A にそれが欠ける以上,偶然防衛は正当化されることはなく,また,
刑法 36 条には文理上,防衛する「ため」という文言があり,これは防
衛の意思を必要とする趣旨を表しているものと解すべきであるからで
ある。

　これに対して,**防衛の意思不要説**は,結果無価値論の立場から,X の
行為は不可罰であるとする。というのも,適法か違法かは客観的に決

められるべきであり, 「防衛の意思」は主観的正当化要素ではないこと, 正当防衛は反射的に行われることがあり, 防衛の意思必要説にたつと, 正当防衛の成立範囲が制限されることになること, また, 過失による正当防衛, すなわち, A は自動車事故で X に怪我をさせたが, 実は, X はまさにそのとき他人の家に放火をなそうとしていた, といった事例において, 正当化が否定されてしまうことなどを根拠とするのである。この立場では, 防衛する「ため」とは, 客観的にみて防衛の効果があることを意味すると理解されている。

　なお, 現在では, 必要説からも不要説からも, 上述の猟師 A には殺人未遂罪を肯定しようとする理論が提唱されている。すなわち, 必要説においては, 違法二元論を根拠に, 行為無価値は残るが結果無価値が欠けることから, 不要説においては, 一般人の立場から当該行為をみると法益侵害の危険性があることから, それぞれ未遂が成立するというのである。

　2. 防衛の意思の内容

　防衛の意思の問題において重要なのは, 防衛の意思の内容をいかに理解するかである。防衛の意思を必要とする立場は, その内容を本来の「防衛の意図・動機」から抽象化して, 「急迫不正の侵害を意識しつつこれを避けようとする単純な心理状態」を指すとしており, また, 「防衛の認識」ないし「正当防衛状況に対応する意識」で足りると理解している。

　一貫して防衛の意思を必要としてきた判例においても, 以前は, 「憤激して」反撃した場合には防衛の意思が否定されるとしてきたところ, 前掲最判昭和 46・11・16 は, 刑法 36 条の防衛行為は, 防衛の意思をもってなされることが必要であるが, 相手の加害行為に対し憤激または逆上して反撃を加えたからといって, ただちに防衛の意思を欠くものとすべきではないとし, また, 最判昭和 50・11・28 刑集 29・10・983 は, 「防衛の意思と攻撃の意思とが併存している場合の行為は, 防衛の

意思を欠くものではない」とした。このように判例における防衛の意思の内容は次第に希薄化され，防衛行為者において不正な侵害が加えられているということの認識さえあれば，それに対応する意識（防衛する意図）はわずかであっても防衛の意思は肯定されるとするのである。ただ，「防衛の意思」は「防衛の認識」で足りるとすると，このような理解は不要説にわずかながら接近することになる。

(7)　防衛行為の相当性

正当防衛が肯定されるためには，権利を防衛するために「やむを得ずにした行為」でなければならない。これを**防衛行為の（広義の）相当性**といい，相当性が欠ければ過剰防衛として，任意的（裁量的）な刑の減軽・免除（減免）の対象となる。防衛行為の相当性が認められるためには，必要性（**防衛行為の必要性**）と相当性（**狭義の相当性ないし防衛手段としての相当性**：防衛手段として必要最小限度のもの）を備えていなければならない。

「やむを得ずにした」という文言は，後述する緊急避難（刑法37条）においても用いられているが，しかし，正当防衛は「不正対正」の関係であり，法確証の原理からも，防衛行為者に，可能であれば，「まずはいったん退避して官憲の保護を求める」といった退避義務が課されているわけではない。そこで正当防衛における「やむを得ずにした行為」の相当性は，緊急避難における「やむを得ずにした行為」の解釈とは異なり，厳格な意味での補充性は要件とされていないのである。

1.　必要性

必要性は，侵害を防ぐために必要な行為であることを意味し，緊急避難でいわれるような補充性を内容とするものでも，また，必要不可欠であることをいうのでもなく，防衛の手段として適していれば足りると解されている。最判昭和44・12・4刑集23・12・1573は，左手の指をねじ上げられたので，相手の胸を突き飛ばしたところ，相手が転

倒し傷害を負ったという事案に正当防衛を認めつつ，防衛行為の「必要最小限度」性とはかかる趣旨である旨を確認している。

2. 相当性

正当防衛における手段の相当性は，当該具体的事態のもとにおいて，社会通念上，防衛行為として妥当性を認めうるものでなければならず，また，それで足りるとされている（前掲最判昭和 24・8・18）。防衛行為の相当性には，違法二元論からは，①防衛行為によって保全すべき法益と，防衛行為によって侵害された法益との比較衡量（法益衡量・結果無価値的観点）と，②防衛行為による侵害者に対する加害の態様（社会的相当性・行為無価値的観点）という二つの側面がある。

相当性判断につき重要なのは，第一に，相当性が認められるためには，（緩やかな）法益の権衡を必要とするということである。法益の比較の順番の目安は，37 条の緊急避難の規定にあるように，生命，身体，自由，財産という並び（価値の序列）が参考となる。もっとも，正当防衛においては，緊急避難と異なり厳格な意味での法益の権衡は必要ではない（前掲最判昭和 44・12・4 参照）。財物を盗もうとする窃盗犯人に対して，暴行を加えることも相当性の範囲として許されうる。しかし，防衛行為によって生じた結果が侵害されようとした法益と比べて大きく権衡を逸する場合には相当性は否定され，せいぜい過剰防衛が認められるにとどまることになる。近所の子どもが自宅の庭のリンゴの木からリンゴをもぎ取ろうとしているとき，たとえ正当防衛の他の要件が充足されていたとしても，その子どもに向けて猟銃を撃つことは，威嚇目的であっても許容されるものではない。

第二に，相当性判断の構造である。相当性判断は，法益の権衡と侵害者に対する加害態様という二つの方向から行われる。具体的には，保全法益の性質，侵害された法益の回復の可能性・容易性，反撃行為の態様やその激しさ，侵害を排除するためにとることのできた他の防衛手段の存否などを判断の基礎において，通常人の合理的な判断に

よって選択されうる行為（社会的相当行為）であったか否かで決せられることになる（事前判断）。その際注意すべきは，相当性の判断は，反撃行為によって発生した結果（「結果の相当性」）のみならず，むしろ，とられた反撃行為の内容（「手段の相当性」）を重要な対象としているということである。判例も，もっぱら，防衛行為の態様が適切であったか否かという観点から防衛行為の相当性を判断している（上述のリンゴ窃盗事例参照）。

　したがって，基本的には，武器対等の原則のもと，素手に対しては素手で応戦すべきところ，凶器をもって反撃したような場合には，相当性が否定される方向に判断が傾くのであろうが，この原則を充足するか否かの判断は，実質的・規範的になされるのである。

　相当性に関する判例をみれば，大判昭和3・6・19新聞2891・14は，わずか豆腐数丁の財産的利益を防衛するために人命を害するのは防衛の程度を超えたものであるとしたが，最判昭和26・3・9刑集5・4・500は，凶暴かつ屈強そうなXが棒をもって襲ってきたので，その棒を奪い取ったところ，その後なおも組みつく気勢を示したので，その棒でXの頭部に反撃を加えて死にいたらしめた，という事案に正当防衛の成立を肯定しており，また，最判平成元・11・13刑集43・10・823は，年齢も若く体力にも優れたXが，「お前，殴られたいのか」といって手拳を前に突き出し，足を蹴り上げる動作をしながら目前に迫ってきたので，これに対して殺傷能力のある菜切包丁を携えて脅迫したAの行為は，防衛手段としての相当性を超えたものとはいえないとしている。いずれも，武器対等原則を実質的に判断したものである。

　第三に，反撃行為が侵害法益の防衛にとって相当な行為であれば，たとえ結果的には侵害排除に失敗し法益の保護に資することはなくとも正当防衛は成立する，ということである。法確証の利益という視点からいえば，防衛行為はなされたが法益保全にはいたらなかった，たとえば，侵害者に対する攻撃が功奏しなかった場合にも法秩序の維持

に資するものであるから, 正当防衛として当該行為の違法性は阻却されるのである。

III-3-4　過剰防衛

　過剰防衛とは, 急迫不正の侵害に対して反撃行為を加えたが, その反撃行為が防衛の程度を超えた場合をいう (36条2項)。したがって, 過剰防衛は, 正当防衛を前提としている。過剰防衛にあっては, 正当防衛の要件の外にあることから違法性は阻却されることはないが, 情状によりその刑が任意的に減軽され, または, 免除されうる。

　過剰防衛の刑の任意的減免の根拠については, **違法減少説**, **違法・責任減少説**, そして, **責任減少説**とがある。過剰防衛の場合には, 緊急状態における行為であるという意味において責任が減少するのはもちろんのことながら, 反撃行為が過剰にわたったとしても, 違法性は, 本来, その過剰部分についてのみ認められるとすべきであるとして違法・責任減少説が有力である。

　過剰防衛については, まず, その類型として, 侵害に対する防衛の手段・結果が不均衡である場合 (相当性の逸脱) と, 他にとることができる防衛手段が存在する場合 (補充性の逸脱) とを区別すべきである。素手の攻撃に対して刃物で傷害をする, 自転車泥棒に対して傷害を加えて死亡させるというのが前者の例であり, 通常であれば注意すれば事が足りるであろう万引き犯にいきなり殴りかかるというのが, 後者の例である。

　また, 過剰防衛には, 必要性と相当性が「防衛の程度を超えた」質的過剰の類型と, 急迫不正の侵害が去ったにもかかわらず反撃行為を加えたことが「防衛の程度を超えた」量的過剰の類型がある。前者は上記の手段・結果の不均衡の場合であり, 後者は「急迫不正の侵害」

要件の逸脱の場合である。後者について 36 条 2 項の適用を認めるかについては異論もあるが，多数説はこれを肯定している。

　なお，過剰防衛については，過剰性の認識がある故意の過剰防衛に限ってこれを認めるとする見解と，故意の過剰防衛のほかに，過剰性の認識を欠く過失の過剰防衛についても認める見解がある。前者の見解は，過失による場合は過剰防衛ではなく誤想防衛の一場合であるとの理解による。

　近時の注目すべき判例を紹介しておきたい（その一つとして，前掲最決平成 20・5・20 参照）。【設問 12】の事例のモデルである最決平成 20・6・25 刑集 62・6・1859（灰皿投げ付け事件）は，灰皿を投げ付けるという X の急迫不正な攻撃に対し，正当防衛にあたる顔面殴打行為を加えて（第一暴行），同人を転倒させた A が，これと時間的，場所的に連続して X の腹部に足蹴り行為を加えて（第二暴行）傷害を負わせ，その後 X を死亡させたが，死因は第一暴行によるものであった，という事例である。最高裁は，第二行為の時点で X が A に対して更なる侵害行為に出る可能性のないことを A が認識したうえ，（防衛の意思ではなく，）もっぱら攻撃の意思にもとづき相当に激しい態様の第二暴行を加えたなどの本件事実関係のもとでは，第一暴行と第二暴行の間には断絶があって，急迫不正の侵害に対して反撃を継続するうちに，その反撃が量的に過剰になったものとは認められず，両暴行を全体的に考察して一個の過剰防衛の成立を認めるのは相当ではないとして，第一暴行に傷害致死罪を認めてこれを正当防衛とし，第二暴行には別個に傷害罪の成立を肯定した。正当防衛である第一暴行から死という結果が生じていることが明らかであり，また，第二暴行の前に侵害の継続性が消滅しているという本件に特殊な事実関係のもとでの判断であるとみることができよう。というのも，一般に，複数の反撃行為による防衛行為の事例においては，原則としては，反撃行為を分断するのではなく，行為を全体として評価して，正当防衛の要件を検討すべきで

あるからである。たとえば，上記判例の直後の最決平成 21・2・24 刑集 63・2・1 は，折りたたみ机を攻撃者に投げつけ，同人が倒れたところをその顔面を殴打し傷害を負わせた事案において，単独で評価すれば防衛手段としての相当性が認められる当初の暴行のみから傷害が生じたとしても，同暴行とその後の防衛の程度を超えた暴行とが一連一体のものであり，同一の防衛の意思にもとづく一個の行為と認めることができるので，全体的に考察して一個の過剰防衛としての傷害罪の成立を認めるのが相当であるとしている。

III-3-5　誤想防衛

　誤想防衛とは，一般に正当防衛の要件に該当する事実が存在しないのにこれが存在すると思って行為した場合をいう。典型的なのは，急迫・不正の侵害がないのに，これがあると誤信して防衛行為を行った場合の類型（**急迫性の誤信**），たとえば，後ろから付いて来る X を痴漢だと思い込み，手持ちのバックでその顔面を殴打したところ，実は X は痴漢ではなかったというような事例である。さらに，これに加えて，急迫・不正の侵害に対して，相当な防衛行為をするつもりで不相当な行為を行った場合の類型（**相当性の誤信**），たとえば，Y から攻撃を受けてとっさに手にした棒様のもので反撃を加えたところ，手にしていたのは棒ではなく包丁であり，相手に大怪我をさせたというような事例も誤想防衛に含まれる。いずれの類型も，正当防衛の要件を具備しないことから違法性は阻却されない。

　誤想防衛の法的処理については，誤想防衛を事実の錯誤（違法性阻却事由の錯誤）と理解する判例・多数説によれば，違法性を基礎づける事実の認識が欠け，故意が阻却されることになるが（誤信したことに過失があれば，過失犯となる），これに対して，誤想防衛を違法性の錯誤（→

179頁）と解する説によれば，違法性の錯誤に関する各学説に従って処理されることになる。

III-3-6 誤想過剰防衛

　誤想過剰防衛とは，上記誤想防衛の「急迫性の誤信」と「相当性の逸脱」とが重なった場合，すなわち，急迫不正の侵害がないのにこれがあるものと誤信して防衛行為を行ったが，それが行為者の誤想した侵害に対する防衛としては過剰であった場合をいう。この誤想過剰防衛には，多数説である**二分説**によれば，防衛行為の過剰性の認識・認容のある場合（本来の誤想過剰防衛。故意の誤想過剰防衛）とこれのない場合（いわば，誤想誤想防衛。過失の誤想過剰防衛）とが存する。前者にあっては，違法な事実についての認識がある以上，発生した結果に対する故意犯が成立し，また，過剰防衛の任意的減免の趣旨に関する多数説である**責任減少説**からは，行為者にあっては，急迫不正な侵害を誤想したことから恐怖，狼狽，動揺などの異常な心理状態にあったとして，36条2項の適用ないし準用（類推適用）が認められることになる。

　後者にあっては，違法な事実についての認識がない以上，過失犯の成立が問題となり（事実の錯誤説），（違法・）責任減少説によれば，故意の誤想過剰防衛と同様に，36条2項の適用・準用が肯定されることになる。

　なお，いずれの場合においても，侵害を誤想したことに過失がある場合に，刑の免除まで認めてよいかについては議論があるが，誤想防衛において過失があれば過失犯が成立するとされることから，それとの均衡上，36条2項を適用しても刑の免除を肯定すべきではないとする説が有力である。

　故意の誤想過剰防衛について, 判例は, 36 条 2 項によって処断すべきとしている。最決昭和 62・3・26 刑集 41・2・182 (英国騎士道事件)は, 空手の有段者である A が, 路上で X 男が Y 女を介抱しているのを暴行を加えているものと誤解し, かつ, 近寄っていった A に殴りかかってくるものと誤信して, 空手の回し蹴りを X の顔面付近に当てて転倒させ死亡させたという傷害致死の事案に, A は急迫不正の侵害を誤想し, また, 誤想したとおりの急迫不正の侵害があったとしても, その反撃行為は防衛手段としての相当性を逸脱しており, したがって誤想過剰防衛にあたるとして, 刑法 36 条 2 項により刑を減軽した (なお, 最決昭和 41・7・7 刑集 20・6・554 参照)。

　なお, 盗犯等防止法は, 正当防衛の要件に重大な特則を設け, 盗犯者, 侵入者に対する広範な正当防衛などを認めている。

【設問12】を考えてみよう

　【設問 12】では, 本文中で検討したことからすでに明らかなように, A には, 全体として 1 個の過剰防衛としての傷害致死罪が成立するのではなく, 傷害致死罪にあたる第一行為については正当防衛が成立し, 第二行為については, 単なる傷害罪が成立することになる。

第16章 III：違法論
——緊急避難：過剰避難, 誤想避難

> 一片の板にしがみついている漂流者がその板を頼ろうとする他の漂流者をつき放すことは許されるか。ハイジャックされた 100 人乗りの旅客機が 500 人が現在するビルに衝突しようとしていたとき, その旅客機を洋上で撃墜することは許されるか。

【設問 13】　振り込め詐欺グループのリーダー A は, だましとった金を持ち逃げした出し子の B に制裁を加えようと, 手下の C に対して B を痛めつけるように命じた。C が躊躇していると, A は「おまえがやらないならば, おまえも同罪だ」といって, 他の者とともに C に対して危害を加えようとしたので, C はやむを得ず B に向かっていき手拳で暴行を加えたところ, B は, 近くにあったゴルフクラブで C を殴り付けて傷害を与え, 逃走した。B と C の罪責を論ぜよ。

III-4-1　緊急避難の意義

(1)　はじめに

　刑法 37 条に定められる緊急避難は, 緊急・絶対状況のもとで他人の正当な利益を侵害する行為であり, 違法性が阻却される。哲学・思想や倫理の世界において応々にして解答に窮する事例を提供してきたテーマである緊急避難の問題は, 刑法学の領域でも解決の困難な問い

を提示している。問題となる事例をいくつかあげてみよう。

【事例⑦】[板堰損壊事件]　A は，豪雨で 20 数反の水田が湛水（水をたたえること）し稲苗が全滅するおそれがあったので，X 所有の板堰を破壊し排水した（器物損壊罪（261 条））。

【事例④】[トラック事例]　A は，道幅いっぱいに乱暴な運転でこちらに疾走してくるトラックに接触する危険を感じて，道路に接する B 方の生け垣を壊して，B 方の庭に立ち入った（住居侵入罪（130 条）と器物損壊罪）。

【事例⑦】[緊急採血事例]　航空機内で X が負傷し，緊急輸血が必要であると判断した，機内に乗り合わせていた医師 A と看護師 B は，血液型を同じくしつつも，採血を拒否する Y から強制的に血液を採取し，これを X に輸血してその生命を救助した（傷害罪（204 条））。

【事例⑨】[傘事例]　ブランド物の高額な新調スーツを着ていた A は，突然の雨に窮して，たまたま通りかかった普段着姿の X から傘を奪い取った（窃盗罪（235 条））。

【事例⑦】[カルネアデス（ギリシャの哲学者）の板事例]　船が難破し，遭難者の A が一片の板につかまっていたところ，あとから泳いできた遭難者 X が同じくつかまろうとしたが，板には 1 人分の浮力しかなかったため，A は X を押し返し，X を溺れさせた（殺人罪（199 条））。

【事例⑦′】船が難破した状況で，A と X は同時に一片の板に到着したが，A が X を押し返し，X を溺れさせた。

【事例⑩】[ボート漂流事例]　遭難しボートで漂流していた A は，食べ物がなくなったことから，同じボートにいた X を殺害し，その肉によって飢えをしのいだ（殺人罪，死体損壊罪（190 条））。

【事例⑪】[ハイジャック事例]　ハイジャックされた 100 人乗りの旅客機が 500 人が現在するビルに衝突しようとしていたとき，

その寸前で，A はその旅客機を洋上で撃墜した（殺人罪）。

　【事例㋑】[転轍手事例]　電車が暴走し軌道上で作業している5人をはねそうになったので，転轍手（線路のポイント切り替えを担当する者）A はポイントを切り替えて，X が1人で作業する方に電車を誘導し，X を死亡させた（殺人罪）。

(2)　正当防衛と緊急避難の異同

　正当防衛や緊急避難などの緊急行為は，緊急状態において，法による本来の救済を求めることができないときに，例外的に許されるものである。正当防衛における「急迫性」，緊急避難における「現在性」がそれぞれにおける，第一の，かつ中核の要件とされているのはかかる理由によっている。また，このような例外規定であればこそ，いずれの事例でも補充性の原則と，法益の権衡の原則が充たされることが求められる。そして，「不正の侵害」を行う者の法益の要保護性が法的に否定ないし減弱されている正当防衛に比して，「正対正」の関係にある緊急避難では，補充性の原則ならびに法益権衡の原則の要件は，より厳格に解されているのである。

Ⅲ-4-2　緊急避難の法的性質

　緊急避難の法的性質については，違法性阻却説，責任阻却説のほか，二分説などが主張されている。

　違法性阻却説は，違法性阻却の性質を優越的利益の保護とする立場から，緊急状態においては，侵害法益を最小限に抑えつつ大きな法益を保全するため小さな法益を犠牲にすることは法的に許されるとする。現在のわが国の多数説の立場である。

　責任阻却説は，緊急避難は，正当な第三者の法益を侵害する点で違

法であるが，緊急状況のもとで危険の受忍を避難行為者に求めること
はできない，すなわち，避難行為者には適法行為の期待可能性（→ 143
頁）はないということを不処罰の根拠としている。しかし，この説に
は以下のような批判がある。第一に，この見解にたつと緊急避難行為
は違法であることになるため，これに対して正当防衛が可能となるこ
とになり不合理であろう（Ａは自動車にひかれそうになったのでＢに勧
められてＣの家の庭に侵入しようとしたという場合，Ｃが腕ずくでＡの侵
入を拒んでも防衛行為として適法と評価されうることになる）。第二に，
共犯の成立に関する要素従属性に関し制限従属性説（→ 257 頁）をと
ると，緊急避難行為は違法なので，この正犯行為に対して教唆犯や幇
助犯が成立することになる（上の例では，Ａに避難を勧めたＢに共犯が
成立することになる）。

　二分説は，緊急避難には違法性阻却の事例と責任阻却の事例の双方
が含まれていると理解する。この二分説は，さらに，保全法益と被侵
害法益が同等であれば責任阻却とし，それ以外の場合には違法性阻却
とする説をはじめ，学説は多岐に分かれている。二分説に対しては，
同一条文に性格を異にする二つの犯罪阻却事由があることを認めるこ
とになる点に条文解釈上の難点が残り，また，責任阻却を認めるかぎ
りでは，先の責任阻却説に対して加えた批判がここでもあてはまると
されている。

III-4-3　緊急避難の要件

(1)　自己または他人の生命，身体，自由または財産に対する現在の危難

1. 危難の対象

37 条 1 項にあげられた法益は制限列挙ではなく，同項は**例示規定で**

あり，名誉や貞操を守るためでも緊急避難は認められる（被告人に有利な類推解釈）。病者を病院に搬送するための違法駐車など，国家的・社会的法益に対する超法規的緊急避難も，極めて限定された範囲ではあるが，認められる。

2.「現在」

「現在」とは，正当防衛にいう「急迫」と同義であり，法益侵害の状態が現に存在するか，あるいは，その危険が間近に切迫していることをいう。村所有の吊り橋が腐朽し，馬車での通行に危険を生じていたことから，ダイナマイトで橋を爆破したという吊り橋事件（最判昭和35・2・4刑集14・1・61）では，「直接切迫した危険」はなかったとして，緊急避難も過剰避難も否定された（なお，後掲東京高判昭和57・11・29刑月14・11=12・804参照）。

3.「危難」

「危難」とは，法益に対する実害または危険のある状態をいう。危難の存在の判断は，客観的かつ事前の判断である。

危難の発生源に制限はなく，自然現象，動物の動作による場合，あるいは社会状況（災害時の急激な物資不足など）から発生する場合でもかまわない。上述の【事例⑦】板堰損壊事件における湛水などはその例であるが，このほか社会的関係では政治亡命のための不法入国も緊急避難として認められよう。この点では，正当防衛にいう侵害の発生源よりも広いことになる。

適法行為からの避難や当人の承諾がある（治療行為に対する患者の承諾がある）場合には，「現在の危難」とはいえない。たとえば，法にもとづく死刑執行が行われる際には，死刑囚には甘受義務があり，また，そのかぎりで生命の保護価値が否定されているから，緊急避難をもって対抗することはできない。なお，後述の強要による緊急避難のように，「現在の危難」は違法行為によるものであっても差し支えない。

4. 自招危難

　みずから危難を招いた場合，すなわち自招危難に対して緊急避難は認められるか。自招危難には，自分自身に対して危難を生じさせた場合と，他人に対して生じさせた場合が考えられるが，いずれについても，①故意や過失によって生じた自招危難状態は「危難」にあたらない，あるいは，過失の場合には肯定できるが，故意の場合には否定されるとする説，②他の要件を具備していることを前提に，相当性の見地から具体的に検討して決するとする説，③原因において違法な行為の理論を用いて，結果行為については緊急避難を肯定し，原因行為については犯罪の成立を肯定する説とに見解は分かれている。緊急避難を認めるためには，個々具体的な事情をそれぞれ比較しつつ，実質的な視点から違法性の本質である社会的相当性の存否を総合的に判断すべきであるから，②説に従って，自招行為と避難行為を全体的に観察して，緊急避難の成立を論じるべきであろう。

　偶然的な事情や過失による場合にはもちろん，故意による自招の場合であっても，たとえば，居酒屋で酔客に罵声を浴びせかけたところ，酔客がナイフで斬りかかってきたような「当初の予想をはるかに超えた侵害」の場合には，その居酒屋の「物」を犠牲にして防御し，また，その居酒屋の居住部分に立ち入ることも許されるであろう。このような理解は，自招侵害におけるのと同様である。大判大正13・12・12刑集3・867は，事故を避けるために行った無理な追い越しによって人身事故を発生させた事案につき，②説の立場から，緊急避難の成立を否定している。

(2)　補充性の原則

　緊急避難が成立するためには，その避難行為が社会的に相当なものでなければならない。そのためには，その行為が「やむを得ずにした」もの，その危難を避けるための唯一の方法であって，他にとるべき方

法がなかったこと，すなわち，**補充性の原則**を充たしていることが必要である。

避難の意思を要するか否かについては，正当防衛と同様に，必要説と不要説の間に対立があるが，正当防衛において論じたところと同様の理由により，必要説が支持されるべきである。これに関して，過失行為についても避難行為を認めうるかについては，緊急状態を認識しているかぎり，とっさの避難行為が過失行為でありうるので，肯定してよいであろう（緊急状態を認識していない場合には，必要説からは緊急避難は認められない）。自動車の正面衝突を避けるためにとっさに左にハンドルを切ったため後続のバイクと接触し，その運転手を傷害したような場合である。

なお，危難にさらされた法益を保護するのに最も適した手段でなければならず，したがって，複数の手段があるのであれば，最も被害が少ないものを選ばなければならない。救急患者を病院に搬送するために一時的に駐車違反を行うことは許されるであろうが，救急患者を病院に連れて行くために無免許運転をすることは，かえって危難を増大させかねず，通常は，法益の権衡性も補充性も欠き，せいぜい後述の過剰避難（→138頁）が認められるにすぎないであろう。

(3) 法益権衡の原則

緊急避難が成立するためには，「避難行為によって生じた害が，避けようとした害の程度を超えないこと」，すなわち，**法益権衡の原則**を充たしていることが必要であり，この判断は事前判断である。緊急避難の正当化の根拠である，緊急状況における社会全体の利益の維持・保全という観点からの要請である。

価値の序列は，上述のように，刑法37条に記載の順が一応の目安になろうが，「蚊が多い」，「雹が降ってきた」からといって，容易に他人の家に侵入することはできないように，個々の事例において相対的

であり, 具体的な衡量が必要である。

(4)　業務上特別の義務ある者には緊急避難の規定は適用されない

　自衛官, 警察官, 消防職員, 水防団員, 船長, 海員, 医師, 看護師など, その業務の性質上, 一定の危険に身をさらすべき義務を有する者については, 緊急避難の規定が適用されないとされている (37 条 2 項)。しかし, 他人の住居への避難を許さず, 警察官であるから強盗犯人に殺害されよ, 消防職員であるから焼死せよ, と法秩序が命じることはない。したがって, この規定は, 上述の者に対しては, 適用が制限される旨を規定していると解すべきであろう。

Ⅲ-4-4　事例の検討

(1)　非同等法益の場合

　緊急避難の成否が問題となる諸事例を, 違法性阻却説の立場から検討してみよう。

　【事例㋐】の板堰損壊事件 (大判昭和 8・11・30 刑集 12・2160) でも, 【事例㋑】のトラック事例でも, 行為者の行為はそれぞれ器物損壊罪や住居侵入罪の構成要件に該当するが, 補充性も法益権衡の原則も充たすので, 緊急避難とすることに問題はないであろう。なお, 板堰の所有者や住居権者は, 侵害を全面的に受け入れる必要はないのであるから, これに緊急避難行為をもって対抗することは可能である。

　【事例㋒】の緊急採血事例については, 他人の生命を救うためとはいえ第三者から強制的に採血や臓器摘出を行うということは, 形式的には緊急避難の要件を充足してもなお否定されるべきであるとする見解と, 生命という法益に照らして緊急避難を肯定する見解とに分かれる。

具体的事案において，採血行為が，拷問行為のように，人間の尊厳や人格を否定する態様のものであると考えるかどうかが分水嶺となろう。

　手段の相当性は，財産権の侵害の場合にも問題となりうる。トラックの水はねから自分のスーツを守るため，誰かの傘を借りることは正当化されるであろうが，【事例㋔】の傘事例においては，自己のスーツを雨から守るために他人から傘を奪い取るという行為態様に照らせば，緊急避難の要件である相当性が欠けるといえよう。

(2)　生命対生命の事例

　危難にさらされた法益と避難行為によって侵害される法益が「生命対生命」（ないしこれに準ずる法益）の対立の事例では，事案の解決は，一層困難である。

　【事例㋕】のカルネアデスの板事例では，一般に，Aの行為は法的には緊急避難として正当化されるとされている。そして【事例㋕′】の場合も同様に評価されるであろう。この場合には，AもXもともに危難状態にあり（危難共有型），2人のうちのいずれか一方しか助からないとすれば，互いに状況は同一であるので，いずれが勝ち残っても，その者を法的には非難できないのである（これに対して，【事例㋕】において，XがAの板を奪い取ること，すなわち，自己の危難をAに転嫁してAを危険にさらすこと（危難転嫁型）については，正当化は容易ではなかろう）。もちろん，Aに緊急避難が成立した場合，その行為は違法ではないとしても，それは，Xに死を甘受せよ，ということを意味するものではない。Xもまた，緊急避難行為をもって対抗しうるからである。

　【事例㋖】のボート漂流の例については，1884年のイギリスのミニョネット号事件が有名である。これは，ヨットが遭難し，救命ボートで漂流していたAら3名は，食糧が底を尽いたことから，同じボートにいた衰弱して家族のいない17歳のXを殺害し，その血と肉によって生きながらえたというものであるが，この事例も，同様に危難共有型

であり，危難を新たに第三者に転嫁するものではないから，緊急避難が成立し，違法性が阻却されるとしてよいであろう（同事件では，生還した3名については，緊急避難の主張が退けられ，謀殺罪として死刑の宣告を受けたが，その後，恩赦によって減刑されたといわれている）。

　【事例㋖】のハイジャック事例はどうか。旅客機の100人の乗客と狙われているビルの500人の現在者とは危難を共有しており，緊急避難を肯定することができよう（ドイツでは，航空法によって洋上におけるこのような撃墜行為を許容する法律が制定されたが，ドイツ連邦憲法裁判所は，2006年に，たとえテロ攻撃に対する防衛であっても，乗客・乗務員の生存権を故意に侵害することは人間の尊厳に反し，許されないとして，その規定を違憲であるとした）。なお，ビルに10人しか居合わせない場合であっても，合計110人の死を回避するために航空機を打ち落とすことも正当化される余地はあろう。ロック・クライミングで遭難したAが，頭上でザイルが切れそうになったため，足下のザイルを切って下にいるXとYを転落死させた場合（ザイル事例）も同様である。

　【事例㋗】の転轍手事例では，Xは同様に危難状況にあったかが問題となるが，これを肯定して，ここでも緊急避難が肯定できるであろう。Xにおける犠牲は，すでに発生している危険を回避するにあたって発生する不可避的な帰結とみることができるからである。5人を救うために1人の生命が失われたことは，やはり極限状態においてはやむを得ないこととして法的な非難は止むであろう。

　ただ，5人を救うためとはいえ，人間の尊厳を否定した生命の侵害は許されないはずである。たとえば，同事例をすこし変えて，Aが近くを歩いているZを線路上に留め置くことで電車を止めて乗客を救うということは，相当性を欠いた危難の転嫁であって，緊急避難たりえないであろう。この場合には，危険状況にない（全く関わりのない第三者である）Zの生命を手段に貶（おとし）めることは，人間の尊厳に反する行為にあたると説明しえよう。

　最後に，他の方法では回避できない現在の危難をもって違法行為を行うことを強要される「強要緊急避難」の事例はどうか。具体的には，AはBにXの殺害を命じ，Bはやむを得ずこれを実行しようとした場合であるが，オウム真理教集団リンチ殺人事件判決では，生命に関する現在の危難は存在しないが，（その可能性と）自由に関する現在の危難は認められるとされ（「危難」の相対化は一般に認められている），また，避難行為の補充性，相当性も認められるが，しかし，法益の権衡を失しているので過剰避難であるとされた。生命に対する危難の現在性を否定し，自由に対するそれを認め，しかし，避難の程度を逸脱したとして，過剰避難の成立を肯定したのである（東京地判平成8・6・26判時1578・39）。

III-4-5 　過剰避難，誤想避難，誤想過剰避難

　「過剰避難」とは，避難行為がその程度を超えた場合をいう（37条1項ただし書）。「その程度を超えた」過剰防衛には，法益の権衡を失した場合のほか，争いもあるが，補充性の程度を越えた場合も含まれる。

　過剰避難は，緊急避難を前提とする。また，過剰避難は，過剰防衛と同様に，違法・責任減少の場合であるといえよう。

　判例においては，吊り橋事件（前掲最判昭和35・2・4）や病人を搬送するための無免許運転事件（東京高判昭和46・5・24東時22・5・182）では緊急避難も過剰避難も否定され，鎌を手にした弟の暴行から生命，身体を守るため酒気帯び運転をしたという事例では，途中までは緊急避難であるとはいえても，市街地の警察署まで運転を継続し助けを求めた行為には補充性が欠け，酒気帯び運転につき（量的）過剰避難が成立するとしている（前掲東京高判昭和57・11・29）。

　誤想避難および誤想過剰避難の意義は，誤想防衛および誤想過剰防

衛に対応する。誤想避難には故意が阻却され，過失犯の成否が検討されること，誤想過剰避難には故意の誤想過剰避難（大阪簡判昭和 60・12・11 判時 1204・61）と過失の誤想過剰避難があり，前者には刑法 37 条 1 項ただし書の適用があること，後者にあっては，成立する過失犯の刑よりも軽く処断することができない点でも，誤想防衛および誤想過剰防衛と同様である。

【設問13】を考えてみよう

【設問 13】は，強要緊急避難の事例である。C が B に暴行を加えた行為は，実際に暴行（の危険）を手段として強要された結果なしたものであり，自分の身体への攻撃を回避するためになされた強要緊急避難行為ということができる。では，C に対して反撃した B の暴行についてはどうか。その結論は，緊急避難の法的性質の解釈に依存する。違法性阻却説は，C の行為は緊急避難として適法であり，B はこれに対しては同じく緊急避難行為でしか対抗できないとしてきた。これに対して，二分説は，生命・身体保護の理念からすると，生命・身体が緊急避難として「適法」に奪われることを承認してはならず，「ふりかかった運命を甘受せず」自己の生命・身体を保全するために無関係の B の生命・身体を犠牲にしようとする場合には，B の側に正当防衛権を認めないことは不当であるとする。同じような理由から，責任阻却説は，C の避難行為には期待可能性が欠ける（すなわち，違法性はある）からこれに対して B は正当防衛が可能であるとする。したがって，B の C に対する行為は，違法性阻却説によれば，法益権衡の原則が欠けて過剰避難となるか，加害行為が危険源自体の法益に向けられる防御的緊急避難の概念を認め（なお，無関係の第三者に向けられる場合を攻撃的緊急避難という），要件を緩和して正当化される余地があるのに対して，他説によれば，正当防衛が成立しうることになる。

IV 責任論

第17章 IV：責任論
——責任主義, 責任の本質, 責任能力, 原因において自由な行為

> 泥酔したうえで人を殺害しようと考えてこれをなしとげた場合に, 犯罪は不成立となるか。

【設問 14】　A は, これまで, 飲酒すると暴力を振るうことがあり, 自らもそれを自覚していたが, 仕事で失敗しむしゃくしゃしていたことから, 酔って暴れたらそれも仕方ないと思いながら居酒屋で酒を飲み始めたが, その後大量に飲酒し心神喪失状態に陥った。その後, 居酒屋を出てふらふらしていたところへたまたま通りかかったタクシーに乗り込み, 行き先を尋ねられた A は, タクシー運転手 X のネクタイを引っ張るなどの暴行を加え現金を要求したが, X は A を突き放して車外に出て警察に通報したため A は逮捕されるにいたった。A の罪責を論ぜよ。

IV-1-1　責任の意義

(1)　責任とは何か——責任主義と責任の意義

　責任とは, 犯罪行為について, その行為者を非難することができる

ことをいう。行為者において非難可能性, すなわち, 責任がなければ, 行為者を処罰することはできない。「責任なければ刑罰なし」という**責任主義**（原則）は近代刑法における基本原則の一つであり, 犯罪行為を行為者個人の責任に帰することができることを犯罪成立の基本要件とするものである。

　近代刑法以前においては, 結果を生じさせた以上は責任を負わせる, 客観的な法益侵害があれば行為者の主観にかかわらず処罰するとの**ヴェルサリ原則**とよばれる結果責任主義が一般的であった。また, 一般予防の観点から, 結果を惹起した個人を超えて一定の人的範囲にも責任を課すべきであるとの考え方もあるが, これは, 行為者のみならずその職制上の関係者も連帯して責任を負う連座制や, その親族まで罪に問われる縁座制などの団体責任として知られている。

　これに対して, 近代刑法においては, 結果が発生した以上行為者に責めを負わせるという結果責任論から, 犯罪が成立し行為者に刑罰を科すためには, 行為者に**責任能力**, すなわち, 刑法の規範を理解し, 行為の違法性を識別し, それに従って行動することのできる能力が存することが必要であり, これに加えて, 行為者に, 少なくとも故意, または過失（特別に規定がある場合）が存したことを要件とするとしている心理的責任論への転換がみられ, また, 刑罰の主体は犯罪を犯した個人のみであり（個人責任論）, 他人が犯した犯罪については責任を負わないとされて, 現在では, 公職選挙法での連座制などをのぞき, 団体責任の観念は否定されている。心理的責任論については, さらに, 期待可能性をも要件とする規範的責任論への展開がみられるところである。

　責任主義に関しては結果的加重犯が問題となるが, 現在の通説は, 後述のように重い結果の発生につき過失を要求することでこれを責任主義に合致させようとしている。また, 上述の連座制については, 制度の趣旨に照らして, 今日の判例・学説上その合憲性が肯定されている。さらに, 現実の違反行為者たる従業員とその事業主（法人・自然人）

をもあわせて処罰する両罰規定などの法人処罰規定は，個人責任の原則に反しないかが問われるが，事業主は従業員に対する選任・監督責任を根拠として処罰されるのであり，右原則に違反しないとされている。

なお，責任主義は，広義においては，「責任に応じた刑罰」をも意味し，これを**量刑責任**という（→320頁）。改正刑法草案48条1項は「刑は，犯人の責任に応じて量定しなければならない」と規定している。

(2)　責任の本質

1.　道義的責任論と社会的責任論

責任の本質について，**道義的責任論**は，非決定論の立場から，行為者が自由意思による行為・結果について道義的に非難されうることであると理解する。他方，**社会的責任論**は，決定論の立場から，社会的に危険性を有する行為者が，社会防衛としての刑罰を受けるべき法的地位にあることであると理解する。

2.　行為責任論・性格責任論・人格（形成）責任論

行為責任論は，個々の犯罪行為に向けられた行為者の意思を責任非難の根拠とする。これは，個別行為責任論・意思責任論ともよばれ，道義的責任論と結びつく。この説に対しては，責任の基礎は明瞭であるが，帰責主体としての行為者のもつ意味が勘案されていないとする批判があるものの，責任の基本的な理解としては妥当であると評されている。

性格責任論は，行為者の危険な性格を責任の基礎とし，社会からの防衛処分を講ぜられるべき地位を責任と理解する。これは，社会的責任論に結びつく。この説に対しては，行為者の主体性や責任における非難の意味を没却するものであるとの批判が加えられている。

人格（形成）責任論は，行為責任論の立場にたちつつも，当の行為だけではなく，その背後にある人格，すなわち，みずから主体的に形成した行為者の人格をも責任の基礎とする。この説に対しては，人格形

成の判断は困難である，行為の基礎となった潜在的人格にまで立ち入るべきでないとの批判が加えられている。

　3．心理的責任論・規範的責任論・実質的責任論

　心理的責任論は，責任の実体を行為者の心理的関係と解し，その心理的関係を二つの責任形式，すなわち，犯罪事実の認識（表象）を意味する故意と，その可能性を内容とする過失に分け，責任を問うには，責任能力のほか，これらが必要であるとする。

　規範的責任論は，責任は非難可能性である以上，責任能力および故意・過失の存在だけではなく，行為時に行為者に適法行為を行うことの期待可能性が存することを要求する。すなわち，行為者に対して非難を加えるには，行為の際に「事情の正常性」（悪しき行為を行わざるをえないような状況がないこと）があり，行為者が犯罪行為を行わずに他の適法行為を行うことが期待しえたという状態が存在したことが必要であるとするのである。これが期待できないときには，責任が阻却されることになる。この理論を**期待可能性の理論**という（ドイツの暴れ馬事件で，裁判所は，悪癖をもった馬をそれと知りつつ使用して通行人に怪我をさせた御者を，雇い主の命令に職とパンを賭して反することはできないとして，無罪とした）。

　実質的責任論は，社会的責任論，規範的責任論を基礎としつつ，責任の内容は，刑罰を科す実質的意義，すなわち犯罪の一般予防と犯罪者の社会復帰にとっての刑罰の必要性をいうとする。

Ⅳ-1-2　責任能力

(1)　責任能力の意義

　判例・通説によれば，刑法 39 条にかかる**責任能力**とは，有責に行為

する能力，すなわち，刑法の規範を理解し，行為の違法性を識別し（是非弁識能力），それに従って行動することができる能力（行動制御能力）をいう。このような能力を備えている行為者であればこそ，適法行為が期待でき，非難可能であるということができるからである。一方，社会的責任論にたてば，責任能力とは，刑罰適応能力を意味し，刑罰という社会防衛手段によって，社会に適応できる能力をいうことになる。さらに，実質的責任論の立場から，責任能力とは将来の犯罪抑止のための動機づけの前提であるとする理解も有力となりつつある。

(2)　責任無能力者・限定責任能力者

　わが国では，責任無能力概念を確定するにあたっては，**混合的方法**によっている。すなわち，行為者の精神の障害を基礎とする**生物学的方法**と，さらに，精神の障害によって行為者が行為時に自由な意思決定を行うことができたか否かを重視する**心理学的方法**との二つの方法を併用している。

1.　心神喪失者・心神耗弱者

　39条1項にいう**心神喪失**とは，精神の障害により事物の理非善悪（行為の違法性）を弁識する能力がないか，あるいはこの弁識に従って行動する能力すなわち制御能力のない状態を指し（責任無能力：責任が阻却される），同2項にいう**心神耗弱**とは，その能力がいちじるしく減退・減弱した状態をいう（限定責任能力：刑の**必要的減軽**がなされる）。いずれも，法的な概念であり，したがって最終的には裁判官によって判断される（最決昭和58・9・13判時1100・156および最決昭和59・7・3刑集38・8・2783）。

　判例をみると，最判昭和53・3・24刑集32・2・408は，責任能力の判断につき混合的方法をとることを，そして，その際鑑定はかならずしも必要ではなく，また，それに拘束されるものではないことを基本とし，ただし，それは経験則や論理法則に違反しない，合理的認定の

範囲内でなければならないことを示している。

２．刑事未成年者

　刑法 41 条は，精神状態が発育途上でいまだ未成熟であることを理由として，政策的に幼少年に責任無能力を認めるものである。具体的行為についての是非弁識能力・行動制御能力には個人差があるが，刑法は刑事政策的観点から画一的に満 14 歳未満を責任無能力としている。したがって，同じく責任無能力といっても，39 条における場合とは意味を異にしている。また，上述の能力は，14 歳にいたらない年齢でも具備されることは少なくないが，刑法は，精神の発育途上にある幼少年の人格の可塑性の高さを考慮して，この時期の少年に対する科刑を抑制したのである。そして，この精神は，少年法に活かされている。

IV-1-3　原因において自由な行為

(1)　原因において自由な行為の意義

　刑法において一定の行為が犯罪として行為者に帰責されるためには，実行行為時に行為者に責任能力が存在していることが必要とされる。これを（実行）行為と責任の同時存在の原則（**同時存在の原則**）という。しかし，行為者が，飲酒や薬物を使用するなどの行為（**原因行為**）によって自ら精神の障害を招き，それにより責任無能力状態となり，その状態でなされた違法行為（**結果行為**）によって犯罪にあたる事実を実現した場合には，飲酒などの原因行為は「自由である」（行為者が責任能力を有する状態で選択した行為である）ことから，責任無能力を理由としてその結果行為について不処罰とするのは不都合であるとして，この場合にも完全な責任を問うべきであるとするのが，**原因において**

自由な行為の理論である。この理論は，かかる場合には，原因行為を根拠に完全な可罰性を認めるものである（39条の適用を排除する理論）。

(2) 学 説

　この原因において自由な行為の理論については，構成要件該当行為を責任能力のある時点まで遡らせて拡張的に解することによって結果行為について完全な責任を問う説，すなわち，**構成要件モデル**と，必要とされる責任を結果行為以前の原因行為時（責任能力が存在する時点）まで遡らせて結果行為についての責任非難を肯定する説，すなわち**責任モデル**（あるいは**例外モデル**）の，二つのアプローチが示されている。

　すなわち，まず，構成要件モデルは，従来**間接正犯類似説**とよばれてきたように，間接正犯の場合には背後にあって行為者を支配利用する者に責任を負わせるのと同様に，原因において自由な行為の場合にも，自己の責任のない状態を利用した利用行為に可罰性の根拠を求めるものである。したがって，この説によると，結果行為自体は原因行為から結果惹起にいたる因果経過の一事情にすぎず，それゆえ問責の対象とはならず，また，（実行行為と実行の着手時期を分ける一部の説による場合をのぞき）原因行為に実行の着手を認めることになる。さらに，同モデルは，実行行為としての定型性が弱い過失犯や不作為犯には適用が可能でも，定型性が強い故意の作為にあっては原因行為に実行行為を観念することはできないので適用が困難ともされる（たとえば酒を飲むことが殺人罪の実行行為とは考えがたいであろう）。加えて，心神耗弱においては，（この場合にも，結果行為は原因行為に支配されているとする一部の説をのぞき）そこに道具性を認めることができないので，この理論の適用の対象外となって，39条2項の適用が認められることになる。このような内容であることから，同説に対しては，故意犯や限定責任能力の場合には適用困難とするのは不合理であるとか，実行の着手時期が不当に早まるとの批判が加えられている。

　一方，同時存在の原則を緩和する責任モデルは，実行行為と責任の同時存在の原則を修正して，（最終的意思決定と原因行為から結果行為へといたる人間の態度が同一の意思に貫かれているといえるところの）行為と責任の同時存在で足りるとしており，いい換えれば，原因行為時の意思決定が結果行為において実現していることをもって原因において自由な行為を基礎づけうるとするのである。責任モデルは，結果行為に完全な責任を問うためには原因行為と結果行為との間に因果連関（危険の現実化の肯定）・責任連関（意思の連続性）を必要とし，また，これがあれば十分であるとする。しかし，この説にも，実行行為概念の過度な拡大ではないか，あるいは，同時存在の原則に，ひいては責任原則に反しないかとの批判がある。

　現在では，いずれの説からも，原因行為に実行行為性（正犯性ともいわれる）が認められること，因果連関・責任連関があることが必要とされ，また，結果行為に実行の着手が認められている。

(3)　適用範囲

　では，どのような場合に，この理論の適用が認められるであろうか。熟睡中に嬰児を乳房で窒息死させる（大判昭和 2・10・16 刑集 6・413），あるいは，酸素の提供がなければ患者は死亡することを知りながら医師が仮眠をとったため就寝中に患者を死亡させるなどのように，過失犯や不作為犯については原因において自由な行為の理論の適用は比較的容易であり，これらの場合，行為者の行為が故意によるか過失によるかで，殺人罪，（業務上）過失致死罪が成立する。とりわけ，過失行為は結果行為よりも遡った時点に認めることができ，結果はその過失行為と相当因果関係があれば足りるので，過失犯については，この理論の適用を問題とするまでもないとされている。しかし，上述のようにいずれの説によっても，故意の作為犯の場合には適用はかなり制限されるであろう。

　さらに議論があるのは，自己を心神「耗弱」状態に陥れて犯罪的結果をひき起こす場合である。これについては，構成要件モデルからは，間接正犯との類似性を基礎とするかぎり，自己を全く弁識能力のない状態に陥れ，自己をまさに単純な道具にするという場合ではないので，この理論の適用が否定され，責任モデルによると適用が肯定される，というのがおおよその図式である。責任無能力の場合との刑の不均衡や，たとえば心神耗弱状態での自動車運転行為の場合に原因において自由な行為の理論を否定するのでは適切な刑事政策的効果を果たすことができないことを理由として，責任モデルを基礎とする説，加えて，構成要件モデルにあっても，（事象の）支配による正犯性（間接正犯）を認めることによる肯定説が近時は有力である。

　肯定説の理由づけに関しては，責任モデルからは困難はないとされている。行為・責任同時存在の原則を緩和するこの立場では，先行した意思決定時に責任能力が存在すれば，その後の因果経過が心神喪失・心神耗弱のいずれかであるかを問わないので，原因において自由な行為を容易に認めうるからである。他方，一部の構成要件モデルからは，心神耗弱状態における行為も，原因行為に規定されて道具的に利用されていると評価しうる，というのである。

(4)　代表的判例

　そのほとんどが重過失犯の事例であるが，判例は，過失犯のみならず，故意犯においても当該理論を適用しており（一般刑法犯では，そのほとんどが暴行の（未必の）故意の事例にかぎられている），また，結果行為時に心神喪失状態であった場合のみならず，心神耗弱状態であった場合にも，当該理論を適用している。

1．過失による原因において自由な行為

　多量に飲酒すると病的酩酊（一般的には責任無能力状態）に陥り，よって心神喪失の状態において他人に危害をおよぼす危険のある素質を有

する被告人が,飲食店で多量に飲酒し,いざこざの末に,被害者を包丁で突き刺し死亡させたという事案につき,原審が心神喪失による無罪を認めたのに対して,最高裁は,本件殺人の所為行為は被告人の心神喪失時の所為であったとしても,(イ) 被告人にしてすでに (前示のような) 己れの素質を自覚していたものであり,かつ (ロ) 本件事前の飲酒につき (飲酒を制限し他人に危害を加える危険の発生を防止する) 注意義務を怠ったがためであるとするならば,被告人は過失致死の罪責を免れえない,とした (最大判昭和 26・1・17 刑集 5・1・20)。

2.　故意による原因において自由な行為

　結果行為が故意犯の事例で原因において自由な行為の理論が適用されるのは,一般刑法犯では極めてまれである。原因行為に実行行為性を認め,その時点での故意を肯定することは困難であるからである。

　故意犯の成立を認めた例として,薬物注射によって妄想を起こし,姉を短刀で刺殺したという事案につき,注射をなすに先立ち薬物注射をすれば精神異常を招来して幻覚妄想を起こしあるいは他人に暴行を加えることがあるかもしれないことを予想しながら敢えてこれを容認して薬物注射をなしたときは暴行の未必の故意 (→ 160 頁) が成立するとして傷害致死罪を認めたものがある (名古屋高判昭和 31・4・19 高刑集 9・5・411)。

　また,自身において飲酒すると暴力を振るうことを知っている被告人が,大量に飲酒し,病的酩酊に陥り,凶器を持ち出して徘徊中にタクシーを停め,乗車後に強盗に着手したが,未遂に終わったという事案に,原因において自由な行為の理論が適用されるためには,責任無能力などの状態を犯罪の実行に利用しようという積極的な意思が存し「故意犯についてはその実行行為時に,責任能力のある間接正犯としての行為の法的定型性の具備,行為と責任の同時存在を共に認め」ることが前提とされなければならないので,(強盗の犯意は心神喪失状態において生じているため) 強盗未遂罪の成立は否定され,示凶器暴行脅

迫罪（暴力行為等処罰法 1 条）の限度で犯罪が成立するとしたものがあ
る（大阪地判昭和 51・3・4 判時 822・109）。

　さらに，酒酔い運転の意思で飲酒して酩酊し，心神耗弱状態で自動
車を運転した事案に対して，行為当時に飲酒酩酊により心神耗弱の状
態にあったとしても飲酒の際酒酔い運転の意思が認められることを理
由として，原因において自由な行為の理論を適用し，道路交通法の酒
酔い運転罪について，39 条 2 項による刑の減軽を否定したものがある
（最決昭和 43・2・27 刑集 22・2・67）。

(5)　実行開始後の責任能力の低下

　行為者の実行行為が継続中に，心神喪失・心神耗弱状態に陥り，そ
の後も実行を継続した場合，これを一種の因果関係の錯誤（→ 170 頁）
と解して，責任能力低下後の状態での行為を含め全体として責任を問
うのが一般的な見解である。

　いわゆる「血の酩酊」といわれる事例，たとえば，殺人の故意をもっ
てナイフで一刺ししたところ（第一行為），多量の返り血を浴びて，一
種の異常な興奮状態に陥り，その後心神喪失状態においてナイフで滅
多突きして（第二行為），被害者を死亡させたという事例について，第
一行為には殺人の故意があるが死の結果を惹起してはおらず，第二行
為が死の結果を発生させたが，その段階では責任能力がないという事
例につき，判例では，①責任能力のある時点での加害行為の重大性，
②犯行の継続性，③責任能力の喪失・減退の自招性を根拠に，39 条の
適用を否定したものがある（東京高判昭和 54・5・15 判時 937・123）。ま
た，被告人が自宅で焼酎を飲み始めた際，妻と口論となったので，手
拳で妻の頭部などを殴打し，その後も，腹立ち紛れに焼酎を飲みなが
ら，妻に殴打や足蹴りを加えたが，多量の飲酒と興奮・激情のため，
最後には複雑酩酊（一般的には限定責任能力状態）にいたり，心神耗弱
の状態に陥って，妻を踏みつけたり肩たたき棒で滅多打ちにしたりし

た結果, ショック死させたという事案に, 同一の機会に同一の意思の発動にもとづいて実行行為がなされたこと (上記②の犯行の継続性の要素に対応), 心神耗弱となったのは自らの犯行開始後の飲酒によるものであること (上記③の責任能力喪失・減退の自招性の要素に対応) を理由に, したがって, 上記責任能力時の加害行為の重大性の要素を根拠にすることなく, 傷害致死罪の完全な罪責を認めており (長崎地判平成4・1・14 判時 1415・142), この点で賛否が分かれている。いずれにせよ, 発作中の行為がその直前の行為者の意思に従ったものであるといえる場合には, 39 条の適用は否定されるといえよう。

【設問14】を考えてみよう

　【設問 14】において, A は暴行を用いて現金を強取しようとし, 未遂に終わっている。しかし, 暴行の時点で心神喪失状態にあることから, 強盗未遂罪について 39 条 1 項の適用が考えられる。しかし, A は, 暴行の未必の故意を有しつつ飲酒し, 病的酩酊状態に陥ったものであることから, 原因において自由な行為の理論を通じて, 完全な責任能力を問うことができるかが問題となる。

　A の行為は故意犯であることから, また, 飲酒行為を暴行罪や強盗罪の実行行為と考えることは困難なので, 純粋な構成要件モデルによると原因において自由な行為の理論の適用は困難となろう。これに対して, 結果行為を実行行為と解して, それに対する責任を原因行為時まで遡って問おうとする責任モデルによると, 因果連関・責任連関が肯定され, 原因行為時の意思決定が結果行為に実現しているとみられるかぎり, 完全な責任を問うことができる。そして, 本問の場合, 強盗の犯意は心神喪失状態において生じており, 意思の連続性は認められず, したがって強盗未遂罪の成立は肯定されないが, 飲酒時にすでに暴行の未必の故意が認められることから, そして, 因果連関も認められることから, 暴行罪については犯罪の成立を肯定することができるであろう。

第18章 IV：責任論
——故意論：故意の意義と種類
（概括的故意・未必の故意）

> フルスピードの自動車で人混みのなかを通過した場合には，殺人未遂
> か不可罰か。「何かやばいもの」という認識で，覚せい剤所持罪の成立
> はあるか。

【設問 15】　Ａは，Ａの息子Ｘの頭の上に載せたリンゴを弓矢で
射貫くことをＢに強いられ，やむなく矢を放ったところ，矢はリ
ンゴに命中した。Ａの罪責を論ぜよ。

Ⅳ-2-1　故意の意義

　悪代官に歯向かって捕えられた伝説の弓の名手ウィリアム・テルは，
息子の頭上に置いたリンゴを弓矢（クロスボウ）で射貫くことを命じら
れたが，なんと見事にこれを成し遂げる。この感動的な英雄物語の逸
話を堅苦しい刑法の次元に移して考えると，はたしてこの場合，ウィ
リアム・テルには，息子に対する殺人の故意は認められるであろうか。
　【事例㋐】　Ａは，退社する際，他人の傘を自分のものと思い違い
　　して自宅に持ち帰った。
　【事例㋑】　Ｂは，高速道路を自車で走行中，自殺を試みて跨道橋
　　（道路の上に架けられた橋）から高速道路に飛び降りたＸをはね
　　て死亡させた。
　刑法 38 条 1 項は，「罪を犯す意思がない行為は，罰しない。ただし，
法律に特別の規定がある場合は，この限りでない。」として，その本文

において，罪を犯す意思，すなわち犯意（故意）のない行為は処罰せず，原則として故意犯のみを処罰する旨を定め，そのただし書において，法律に特別の規定がある場合にかぎり過失犯を例外として処罰する旨を規定している。そして，故意も過失もない行為については，これを処罰しないとして，**責任主義**を明らかにしている。したがって，【事例㋐】において過失による窃盗を行った A は，わが国の刑法典には過失窃盗を処罰する規定がないので不処罰となり，不可抗力・無過失で X を死亡させた【事例㋑】の B も処罰されないことになる。

　故意・過失は，本来的には責任形式として，責任要素である。**故意**とは，外界の客観的犯罪事実を主観的に認識（表象）することであり，その犯罪事実の実現は行為者の意思による「しわざ」であるとして，主観的帰属である責任を基礎づける（**帰責**）。故意による行為の場合，行為者には犯罪事実の認識があり，そこでは「～するな（禁令）」，「～せよ（命令）」という規範の問題に直面しているのであり（「故意の提訴機能」。違法性の意識が喚起される契機となる機能），それにもかかわらず反対動機を形成することなく規範意識を突破した点で，直接的な反規範的態度が認められる。そのことをもって行為者には重い非難が加えられるのである。これに対して，**過失**は，行為者においてこのような事情を欠いており，間接的な反規範的態度を理由に，軽い非難可能性が認められるにとどまる。

IV-2-2　故意の要件

(1)　認識的要素

　【事例㋒】　C は，森での伐採作業中，大木を倒したところ，たまたま近くを通りかかった猟師に気づかず，木の下敷きにしてこの

猟師を死亡させた。

【事例㈜】　Dは，覚せい剤の化学名である「フェニルメチルアミノプロパン」を告げられ，しかし甘味料であると聞かされていたので，これを信じて所持した。

1.　故意に必要な認識的要素

故意に必要な認識的要素として，罪となるべき事実の認識（犯罪事実の認識）の対象とされるのは，実行行為と構成要件的結果，および行為の主体・客体，行為状況（たとえば，刑法114条における「火災の際」）などである。【事例㈦】のCにおいては，大木を倒し，それにより人が圧死するという認識を欠く以上，故意は認められないことになり，かりにCに猟師を死亡させたことに過失があれば過失犯（210条，211条）として処罰されるにすぎない。

認識的要素に関して問題とされるのは，**結果的加重犯**である。結果的加重犯とは，基本となる犯罪が実現された後に他の一定の重い結果が発生した場合に，これを根拠に加重処罰される犯罪類型をいう。傷害致死罪（205条）がその典型であり，条文では通例，基本犯と重い結果とは「よって（……した者は）」という文言で結び付けられている。結果的加重犯の成立要件について，通説は，客観的には，基本犯と重い結果との間に相当因果関係が認められること，主観的には，基本犯についての故意犯と重い結果を発生させたことに対する過失，ないし，重い結果発生についての予見可能性が存することを要求するが，判例は，基本犯についての故意があるかぎり，両者の間に因果関係，しかも条件関係があれば足りるとしている。

2.　因果関係の認識

故意の要件として，このような犯罪事実の認識に加えて因果関係の認識を必要とするかにつき，多数説は，故意とは構成要件に該当する事実の認識であり，行為と結果との間の因果関係は構成要件要素の一部であるから，生じた既遂結果につき故意があるというためには，そ

の因果関係についても認識していなければならないと解している。これに対して，因果関係の認識は不要であって，その錯誤の問題は，因果経過が相当性の範囲内にあるか否かという客観的な相当性判断に解消されるべきであるとする見解も有力である。しかし，犯罪成立の客観的側面において因果関係の存在が肯定されていたとしても，なお，因果関係の認識を故意の要件としたうえで，因果関係の錯誤がある場合に，最終結果について故意の阻却を検討することは，十分理のあることといえるであろう。

3. 規範的構成要件要素

規範的構成要件要素，すなわち，刑法174条以下にいう「わいせつ」概念のように，裁判官による規範的評価を必要とする構成要件要素の場合，故意を認めるのに必要な当該客体の意味の認識はどの程度具体的なものでなければならないかについては，客体の外部的・事実的認識で足りると解する判例と，これに加えて「（規範的）意味の認識」も必要であるとする通説との間に対立がある。判例は，販売目的で所持しているわいせつな文書については，その記載の存在を認識することで足りるとするが（最大判昭和32・3・13刑集11・3・997参照），通説は，これに加え，わいせつであるという「意味の認識」が必要であるとする。ただし，それは裁判官に要求される程度の厳格なものを意味するのではなく，「いやらしい内容のもの」という素人的認識で足りるとしている（行為者の属する素人領域における平行的評価）。たとえば，販売目的で自身が所持している男女の性行為を表現したわいせつな写真について，それは土俵上での力士の相撲の取り組みの様であると思っていたという場合には，わいせつという認識が欠け，175条のわいせつ物頒布罪の故意は否定されるが，その写真の示すところが「いやらしいもの」との認識があれば，当該故意は認められ，同罪が成立するというのである。

近時，薬物事犯の多発化に伴い，単なる「運び屋」が客体に対する

詳細な認識を欠いて輸入するという事案において，故意犯の成立に必要な認識の内容が問題となるケースが増えている。この種の事例のうちの一部は，従来，Ａという薬物だと思ったところＢという薬物であったとして，抽象的事実の錯誤として論じられてきた問題であるが，今日では，まずは「当該犯罪の故意は存在するか」というかたちで捉え直されているのである。代表的な判例としては，被告人が，覚せい剤を成田空港を経て密輸入してホテルの一室で所持したという，覚せい剤輸入・所持事件（最決平成2・2・9判時1341・157）において，第1審は，被告人において「違法な薬物である」との認識があったとして，同罪の故意は認められると判示した。これによれば，違法な薬物という認識があれば広く薬物事犯の故意が認められることになるが，しかし，違法な薬物は無数にあり，この程度の認識で当該物が覚せい剤であると認識していたとすることには無理があろう（なお，上記のとおり，たとえば同様に輸入が違法とされる拳銃や模造品であるとの認識であった場合には，薬物事犯の故意は排除されることになる）。そこで，最高裁は，「覚せい剤を含む身体に有害で違法な薬物類であるとの認識があったというのであるから，覚せい剤かもしれない……との認識があった」として，その結論は支持しつつも理由づけを異にしている。これは，覚せい剤である可能性の認識がなければ故意は成立しない，すなわち概括的にせよ覚せい剤であることの認識が必要である（比喩的にいえば，行為者の脳裏にいくつかの可能性の一つとして覚せい剤の「像」が描かれていること）とする伝統的な故意認定の枠組みを維持したものである。より重い犯罪である覚せい剤輸入罪等による処罰を根拠づけるためにはそれに足りる事実の認識が要求されるからであると理解されている。

　また，近時，東京高判平成20・10・23判タ1290・309は，暴力団組長の内縁の妻である被告人が，梱包された段ボールを実家で預かっていたが，そのなかには拳銃などが入っていたという事案について，原審が「『怪しい物』，つまり何らかの禁制品である認識があったことは認めている」

ことから拳銃所持の故意は認められるとしたのに対して，先の最高裁の判例を受けて，違法な物であるという認識はあったとしても，違法な物は数かぎりなく存在するし（たとえば裏帳簿や薬物，模造品），被告人に「より具体的に，段ボール箱の中身が拳銃……であるかもしれないという認識があったことまでをも推認させる事情」は存在しないのであるから，被告人には当該物件の所持に対する故意はないとした。

　したがって，【事例㋔】のDに関しては，故意の成立に必要な客体の意味の認識が欠けているので，自己の行為が具体的に当該犯罪にあたると判断することのできる程度の事実認識はないといわなければならない。

　なお，事実認定において未必の故意が推認された事案として，これから自動車を運転する予定のXに密かに睡眠導入剤を摂取させてXをしてY車との死傷事故を起こさせた事案で，Xや同乗者，さらにYに対する殺意を認めた最判令和3・1・29刑集75・1・1，特殊詐欺の被害者が発送した現金の入った荷物を受領したという事案で，同様の受領行為を多数回繰り返して報酬を受けていたこと，詐欺の可能性があるとの認識が排除されたことをうかがわせる事情が見当たらないこと（前掲最決平成2・2・9参照）などから，詐欺罪の故意を認めた最判平成30・12・11刑集72・6・6721（同旨，最判平成30・12・14刑集72・6・737，最判令和元・9・27刑集73・4・37など）がある。

(2)　意思的要素

1.　理論状況

　故意の意思的要素については，単なる犯罪事実の認識で足りるとする**認識説**と，それを意欲したことを要するとする**意思説**とに分かれ，とりわけいずれも結果の発生を不確定的なものとして認識している「未必の故意」と「認識ある過失」の区別において対立が顕著である。そして，中間的な立場として，まず，認識説を修正し，故意成立の範

囲を制限的に解して，犯罪実現の高度の蓋然性を認識した場合に故意を認めるとする**蓋然性説**，つぎに，意思説を修正し，故意成立の範囲を拡張的に解して，犯罪事実を認識しかつ認容した場合に故意，すなわち未必の故意を認め，認識はあるが認容を欠いた場合には認識ある過失とする**認容説**がある。

　自動車を運転していた A は，前方を歩いていた X を自車でひいて死亡させたという場合，認識説にたてば，X の存在を認識したが，衝突することはないであろうと思っていた場合にも故意犯が認められ，意思説からすると，X の死亡を意欲して行為した場合に故意犯が認められ，認容説においては，衝突するかもしれないが，それでも「よい」（積極的認容），「仕方ない」または「意に介しない」（消極的認容）と考えていた場合に，蓋然性説においては，結果が高度の確率で発生するであろうと認識したときに，故意犯が認められることになる。

　このように見解は分かれているが，その行為が非難可能であるとして行為者に故意責任を認めるためには，犯罪事実の単なる認識では足りず，他方，結果を積極的に意欲・認容せずとも，結果発生の可能性を認識しつつ，それにもかかわらず消極的に認容し，すなわち，結果の発生を肯定的に受け入れていた場合には故意を認めるべきであるとして，認容説が多数説となっている（なお，たとえば走行中の自動車運転手は，多かれ少なかれ「事故の発生の可能性」を認識しているものであるが，「それにもかかわらず走行を続けたのは消極的認容があったからである」として，発生結果に故意を認めることは適切ではない。この場合に存するのは，漠然とした「怯え」や「不安」であって，現実的な認容とはいえないからである）。

　認容説には，「認容」という微妙な心理状況を裁判の場で判定できるのか，情緒的な心理状態を基準にすることは，行為者の動機・内心を処罰しようとする心情刑法に陥る危険があるのではないか，高度な蓋然性を認識していても「認容」がないとして故意が否定されるのか，

といった批判がある。しかし,「認容」の判定についてはこれを事実認定によって明らかにすべきであって, 明らかにならなければ「疑わしきは被告人の利益に」の原則に従うまでであり, 心情刑法の危険という点については, 行為者に対する道義的な非難を加えるにつき,「情緒的」な要素を斟酌することは不当ではなく, 最後の批判については, 以下で示すとおり, 高度な蓋然性を認識して行為している以上, 認容はすでに存しているはずである, との反論が可能であろう。

なお, 認識説と意思説を統合する趣旨で, 行為者が結果の発生を認識しつつ, しかし, これを行為を思いとどまる動機とせず, 逆に自己の行為の主たる動機とした場合に故意を認めるとする**動機説**も有力となっている。

判例は, 従来, 認識説にたつといわれてきたが, たとえば, 256条の盗品等 (贓物(ぞうぶつ)) 故買罪の故意については,「或(ある)いは贓物であるかもしれないと思いながら敢えてこれを買い受ける意思 (いわゆる未必の故意) があれば足りる」(最判昭和 23・3・16 刑集 2・3・227) として, 認容説のような口吻(こうふん)を用いるものが少なくなく, 実質は認容説であるとの指摘もある。

2. 具体的適用

【事例㋐】　E は, 前方を歩いていた X に運転中の自車を衝突させ, X を死亡させた。これについて, E が, ⓐ X の存在を認識していなかった場合, ⓑ X の存在は認めていたが, 衝突するとは思わなかった場合, ⓒ X の存在を認識し, 衝突してもやむを得ないと思った場合, ⓓ積極的に X に衝突させようと思った場合, ⓔ繁華街で, また夕方でもあり, 多くの人が通行していたが, E には火急の用があったため, クラクションを鳴らしながら全集中力を傾注して運転し, しかしかなりのスピードで走行していたなかで X に衝突した場合, におけるそれぞれの E の罪責はどうか。

【事例㋕】　【設問 15】にあげたウィリアム・テルの事例。

【事例㋖】 岩山から，遠く森の小道を馬で疾駆する悪代官を眼下にみつけたテルは，彼を殺害しようと渾身の力で弓を引き，めでたくこれを仕留めた。テルの罪責はどうか。

通説の認容説から例題を考えると，【事例㋔】のⓐについては，Xの存在についての認識さえないのであるから，Eにはせいぜい過失（認識のない過失）が問われるにすぎない。ⓑについては，認識はあるものの，故意を認めるのに必要な認容がない以上，認識説による場合をのぞき，これも過失に分類される（認識ある過失）。これに対して，ⓒについては，認識と認容があるとして認容説においても故意責任が問われることになる（未必の故意）。ⓓについては，いずれの学説からも故意が認められる。ⓔについては，認容説からの結論は微妙である。Eは，クラクションを鳴らし走行しているのであるから，事故は起こらないはずと考えていた，とすれば，発生結果につき故意を認めるのに必要な認容がないとして，認識ある過失の場合に分類されかねないからである（このような結論は不当であるとして，蓋然性説や動機説が主張されている）。しかし，多数の人の往来するなかをかなりのスピードで走り抜けるという本設例では，その状況につきE自身もこれを認識している以上は，かりにEがクラクションを鳴らし通行人の注意を喚起していたとしても，それは結果の不発生を「願った」にすぎず，認容がないとはいえないのであり，したがって，認容説からしても故意が認められることになろう。

【事例㋖】はどうか。ウィリアム・テルの伝説については定かではなく，したがって，彼の腕前の確かさについてもいうまでもなく真偽のほどは不明である。しかしながら，弓矢に殺傷力があることは疑いのないところであり，その事実を彼は認識している。そして，彼が愛するわが子を死なせたくないと思っていることもまた疑いはない。このような状況において，殺人の故意を認めることはできるであろうか。かりに，テルが噂どおり百戦錬磨の弓の名手で，自身においても腕に

絶対の自信があり，しかも，的（リンゴ）までの距離が短く，さほどの困難なく射貫くことができる状況であって，そのことを彼が認識していたとすれば，少なくとも結果の発生についての認容は欠けるであろう。しかし，その距離が遠く，彼の腕前（技巧）をもってしても的から矢がはずれる可能性が否定できないということであれば，それを知りつつ矢を放った以上，テルがいかに結果の発生を望んでいないとしても，それは「願望」にすぎず，そのような心情をもって因果の流れを運命に委ねた彼においては，息子の死の結果につき認容があったとしてこれを肯定せざるをえないであろう。そして，この結論は，蓋然性説や動機説においても，同様である。

　【事例㋖】では，結果発生を意図して行為している以上，認識説，意思説，認容説のいずれからも殺人の故意は認められる。問題は，蓋然性説にたった場合の結論である。このように極めてわずかな可能性しかなく，その微少な可能性に賭けて行為している以上，蓋然性説によれば故意の存在は否定されそうにも思われる。しかし，行為者が結果の発生を意図していた場合には，彼には確定的故意を認めるべきである。このような事例は未必の故意と認識ある過失との区別を意図した学説の一つである蓋然性説の射程外といいうるのである。

IV-2-3　故意の種類

　故意は，罪となるべき事実の認識が確定的な場合である**確定的故意**と不確定な場合である**不確定的故意**とに分けられるが，後者にはさらに，並んでいる X と Y に向けて 1 発発砲する場合のように，結果の実現は確実であるが，どちらの客体に結果が発生するかが不明な場合をいう**択一的故意**，群衆に爆弾を投げ込む場合のようにどの客体に結果が発生するかが不明な場合をいう**概括的故意**，結果の発生自体を確

定的に認識してはいないが故意の一場合であるとされる**未必の故意**がある。

　なお，このほかにいわゆるウェーバーの**概括的故意**という概念が認められている。すなわち，たとえば殺害の意図で殴打し（第一の故意行為），死亡したと誤信して，たとえば犯跡隠蔽の目的で川に投げ込んだところ（第二の故意行為），被害者はでき死するにいたったというような場合に，第一の行為の故意は第二の故意行為の結果にまで及ぶとして，全体的に概括して一個の故意行為と解する考え方である。しかし，このような事例は因果関係ないしその錯誤の問題として捉えるべきであるとする理解が近時一般的になりつつある。

　また，結果実現を一定の条件の発生にかからせる，**条件つき故意**がある。最決昭和56・12・21刑集35・9・911では，暴力団幹部であるAと配下のBは，かねてから抗争関係にある他の暴力団員Xらと喧嘩になった場合にはXを殺害することもやむを得ないという内容の共謀をなし，これにもとづきBは現場でXを殺害したが，Aにも殺人罪の故意の成否が問われたという事例で，謀議された計画の内容においては被害者の殺害を一定の事態の発生にかからせていた（条件としていた）としても，そのような殺害計画を遂行しようとする被告人の意思そのものは確定的であったときには，被告人は被害者の殺害の結果を認容していたのであるから，被告人の殺人の故意の成立に欠けるところはない，とされている（同旨，最判昭和59・3・6刑集38・5・1961）。

:【設問15】を考えてみよう:

　【設問15】については，**【事例㋐】**の説明で示したとおりである。有力な学説では，故意は，行為者の心理における，犯罪事実についての「像」に例えられることがあるが，その説明に従うならば，冒頭のウィリアム・テルの話に戻って，リンゴを射貫こうとする場面で，かりにテルの脳裏には一瞬たりともわが子の身体に矢が触れる像は描かれておら

ず，ただ矢がリンゴの中心を射止めるという像のみが表象されていたのであれば故意は否定されることになる。しかし，現実には2本の矢を用意していた彼の心には，第一の矢による目的がかなわなかったときには，残る第二の矢が悪代官の身体を貫くという像が描かれていたはずであるから，問題は，彼が，第一の矢がわが子に命中する可能性を自らの技量をもとにどの程度と認識していたかを基礎として，そのうえで彼において結果の発生を認識していたと評価できるか，にかかっているということになろう。

第19章 Ⅳ：責任論
――錯誤論：事実の錯誤
（同一構成要件内の錯誤）

> 人違い殺人と手もと狂い殺人は同じか，異なるか。1個の殺人の故意
> しかないのに，なぜ，2個の殺人罪が成立する場合があるのか。

【設問16】 Aは，殺人の故意でXにむけてピストルを発射した
ところ，弾はXの肩を貫通してXに重傷を負わせ，たまたま近く
を通行していたYに命中し，Yを死亡させた。Aの罪責を論ぜよ。

Ⅳ-3-1 錯誤論の意義

【事例⑦】 Aは，普段Xが使用している安楽椅子にたまたま来
訪していたXの弟のYが腰掛けているのを知らず，YをXだと
誤信して銃撃し，Yを射殺した。

【事例⑦】 Bは，前方を歩いているXに対してピストルを撃った
ところ，意外にも弾はXから大きくそれて，たまたま通りかかっ
たYに命中し，Yを死亡させた。

【事例⑦】 Cは，Xの飼い犬を射殺しようと発砲したところ，弾
は，背後にいたXに命中し，これを死亡させた。

　行為者の認識・表象した犯罪事実と実際に発生した犯罪事実とが食
い違う場合を**事実の錯誤**（構成要件的錯誤）といい，行為者における（構
成要件的）故意が阻却されるかどうかが問題となる（刑法38条2項）。
一方，この事実の錯誤と区別される**違法性の錯誤**（禁止の錯誤）は，行為
者が，錯誤によって，当該行為が違法であること，禁止されているこ

とを意識しなかった場合をいい，そのことによって（責任）故意が阻却
されるかどうかが問題となる。それぞれの錯誤によって阻却されるの
が構成要件的故意か責任故意かについては争いがあるところであるが，
一般には，事実の錯誤は構成要件的故意を阻却し，違法性の錯誤は責
任故意を阻却するとされている。

　事実の錯誤は，【事例⑦】，【事例⑦】の X という「人」を殺害しよう
として Y という「人」を殺害した場合のように，同一構成要件内にお
いて錯誤が生じた場合をいう具体的事実の錯誤（**同一構成要件内の錯
誤**）と，【事例⑦】の X の「飼い犬」を殺害しようとして X という「人」
を殺害した場合のように，異なる構成要件に錯誤がまたがる場合をい
う抽象的事実の錯誤（**異なる構成要件間の錯誤**）に分かれる。さらに，
具体的事実の錯誤には，【事例⑦】のように，X を殺害するつもりが，
実は X だと思っていた人は Y であったという**客体の錯誤**（対象の取り
違い）の場合と，【事例⑦】のように，X に向かって発砲したが弾がそ
れて，意外にも Y に命中し Y を死亡させたという**方法の錯誤**（打撃の
錯誤）の場合がある。

　さらに，事実の錯誤には，後述のように，すでに行為者の当初意図
した結果は発生したが，結果にいたる因果関係（因果の流れ）が行為者
の認識したそれと異なる場合である**因果関係の錯誤**がある。

IV-3-2 錯誤をめぐる学説——故意の成否を定める基準

(1) 学　説

　事実の錯誤論において重要なのは，以下の点である。すなわち，故
意が重い責任形式であるとされるその理由は，事実の認識があれば規
範の問題が与えられ，その結果，行為者に違法行為を思いとどまる反

対動機の形成が可能であったと考えられるからであるところ，具体的事案において，行為者において規範意識を乗り越えたといえるか否かによって故意の存否が決定されることになるということである。

同一構成要件内の錯誤に関する故意の成立範囲をめぐっては，**具体的符合説**（具体的法定符合説）と**法定的符合説**（抽象的法定符合説）との間に争いがある。具体的符合説は，行為者の認識した事実と現実に発生した事実とが具体的に一致しているかぎりでのみ故意を認めようとするものであり，一方，法定的符合説は，行為者の認識した事実と発生した事実とが同一構成要件内にあるかぎり，故意を阻却せず，発生結果について故意責任を問うとする立場である。

つぎに，異なる構成要件にまたがる錯誤については，**法定的符合説**と**抽象的符合説**との間で対立がある。前者は，この場合，（行為者の認識した事実と結果発生した事実が構成要件的に重なり合わないかぎり）行為者は規範の問題に直面していないので，発生結果について故意が阻却されるとし，これに対して，抽象的符合説は，およそ犯罪を犯す意思で犯罪を犯している以上，少なくとも軽い事実について行為者を法的に非難することができ，故意犯の成立を肯定しうるとしている。

(2) 具体的符合説と法定的符合説

1. 具体的符合説

具体的符合説は，上述のように，発生結果に故意を認めるためには認識事実と発生事実との両者の具体的な符合を要求するのであり，方法の錯誤については，行為者の本来意図した「人」に対して結果の発生がなく，意図しない「人」に結果が発生していることから，前者に対しては故意未遂，後者に対しては（過失があれば）過失犯の成立を認める。この説では，たとえば殺人罪は，「人」一般を殺すなという規範の問題を与えているのではなく，行為者の認識する目の前の特定の「人」を殺すなという反対動機を形成するための規範を与えていると

理解するからである。他方で，同説は，客体の錯誤にあっては，人違いとはいえ，行為者は狙った（目の前の）「その人」を攻撃する意図で「その人」を攻撃しているので，故意は阻却されないと解する。

　具体的符合説に対しては，たとえば，Xを殺害しようと毎朝Xが乗る自動車に爆弾を仕掛けたところ，Xの妻Yが乗車し爆死したという事例のように，そもそも客体の錯誤と方法の錯誤の区別は困難ではないか，また，たとえばXの自動車に投石したところYの自動車に命中しこれを毀損したような場合に，器物損壊罪は未遂も過失も不処罰であることから不都合な結果になるのではないか，との批判が加えられている（これについて，具体的符合説は，処罰規定がない以上やむを得ないとしている。なお，行為者が被害者の心臓をめがけて発砲したところその頭部に命中し死亡した場合や，行為者が被害者の家の窓ガラスに向けて投石したところ，その家のドアを損壊した場合のような，同一法益主体に同一の構成要件該当結果が生じた場合には，同説からも，符合が認められることになる）。

2．法定的符合説

　具体的符合説がこのように客体の錯誤につき故意を認め，方法の錯誤に関しても一定の範囲で故意犯を肯定して，その限度で処罰の間隙を埋めることで妥当な結論を導こうとするのに対して，法定的符合説は，上述のように，そもそも同一構成要件の範囲内における事実の錯誤の場合には，客体の錯誤の場合にはもちろん，方法の錯誤の場合にも，およそ「人」であることを認識して現に「人」を攻撃している以上，行為者には犯罪事実についての規範の問題（たとえば「人を殺してはならない」など）が与えられていたにもかかわらず行為に出た点で直接的な反規範的人格態度を認めることができるとしている。それゆえ，殺人に関する方法の錯誤の場合には，（行為者の意図した客体に対する殺人未遂罪と）発生した結果に対する殺人既遂の成立が肯定できるとするのである。

【事例⑦】において，Aには，具体的符合説，および法定的符合説いずれの立場からもYに対する殺人既遂一罪が成立し，【事例④】のBには，具体的符合説からはXに対する殺人未遂罪とYに対する過失致死罪が，法定的符合説によると，Xに対する故意はYに対する故意に転嫁され，少なくともYに対する殺人既遂罪が成立することになる。

IV-3-3　併発事実と錯誤——故意の個数

【事例㋺：設問16】　Dは，殺害の意図でXに向かってピストルを発射したところ，弾はXの肩を貫通し重傷を負わせ，たまたま通りかかったYに命中し，これを死亡させた。

【事例㋺】は，同一構成要件内の錯誤であり，しかも，方法の錯誤に属するものである。そして，Aは意図したXに対して発砲したところXに重傷を負わせ，なおかつYに命中させている。このように本来意図した対象のみならず取違えた対象にも犯罪結果を生ぜしめたような事案を，併発事実と錯誤の事例という。この事例については，具体的符合説と法定的符合説との間ではもちろん，法定的符合説の内部にも見解の対立があり，X，Yに対する罪責，および故意の個数が問題となる。

【事例㋺】に関して，具体的符合説からの解決は明瞭である。Dの罪責は，Xに対する殺人未遂罪とYに対する（重）過失致死罪の観念的競合となる。

法定的符合説においては，さらに説が分かれる。第一説は，Xに対する過失傷害罪とYに対する殺人既遂罪との観念的競合とし，第二説は，Xに対する殺人未遂罪とYに対する殺人既遂罪との観念的競合（→311頁）とするものである。しかし，第一説に対しては，故意が向けられていない客体に対して故意犯を認め，故意の対象である客体

に過失犯を肯定することは不合理であり, また, X に向かって発砲したところ X に傷を負わせ Y のほか Z を殺害したという場合, Y と Z のいずれにつき故意既遂罪の成立を認めるのか, その基準が明らかでなく, さらに, 【事例㊀】に立ち返って, かりにその後 X も死亡した場合には, X については過失傷害罪から殺人既遂罪へと, Y については殺人既遂罪から過失致死罪へと, 事後的な事情の変化によって成立する犯罪が変わることになってしまう, 第二説に対しては, 1 個の故意しか存しないのに 2 個の殺人の故意を認めることはできない, などの批判がなされている。

　法定的符合説にあって, このように学説は, 第一説の**一故意犯説**と第二説の**数故意犯説**に分かれている。一故意犯説は, 1 個の故意しか存在しないのであれば, 責任主義に則り, 1 個の故意犯の成立を認めるべきであるとし, 刑法 38 条 2 項の規定が意図する事実の錯誤に関する限定の趣旨は, 行為者の認識内容の「質」についてばかりかその「量」にも及ぶとする。これに対して, 現在の判例・多数説である数故意犯説は, 故意の本質は, 構成要件に該当する事実を認識し, 規範に直面して, 反対動機を形成することができたにもかかわらず, これを認容する積極的反規範的人格態度にあるのであるとし, そして, 故意の存否は, 規範に直面していたか否かによって決すべきであるところ, 規範は構成要件によって与えられているので, 錯誤が同一構成要件の範囲にあれば, 同一規範に直面していたということができ,「故意の個数」は問題とならないとしている。

　判例は, 古くは具体的符合説にしたがったとみられるものもあるが, 現在では, 法定的符合説の数故意犯説にたっている。最判昭和 53・7・28 刑集 32・5・1068 (びょう打銃事件) は, 被告人が, 拳銃を奪取する意図で, 警察官 X に向けて建設用びょう打銃の改造銃を発射したところ, X に傷害を与えたうえ, さらに近くを通行中の Y にも命中し傷害を与えたという事例につき, 故意の成立には, 罪となるべき事実の

認識を必要とするが，犯人が認識した事実と現実に発生した事実とが具体的に一致することは必要ではなく，「両者が法定の範囲内において一致することをもって足りるものと解すべきで」あり，「人を殺す意思のもとに殺害行為に出た以上，犯人の認識しなかった人に対してその結果が発生した場合にも，右の結果について殺人の故意があるものというべきである」として，両者に対する強盗殺人未遂罪の成立を肯定した。そして，判例を支持する学説からは，責任主義を内容とする批判に対しては，二つの殺人（未遂）罪を認めても観念的競合として処理する以上処断刑（→ 320 頁）は 1 個の殺人（未遂）罪を認めた場合と変わらないのであり，観念的競合が科刑上一罪とされているのはこのような趣旨を含むものであるとの反論がなされている（なお，数故意犯説にたちつつも，量刑において責任主義に合致した考慮をなすべきとするのは，東京高判平成 14・12・25 判タ 1168・306）。

IV-3-4 因果関係の錯誤

【事例㋑】

ⓐ Dは，Xの心臓に弾丸を命中させて殺そうと発砲したところ，意外にも弾はそれてXの頭部にあたりこれを死亡させた。

ⓑ Dは，Xを橋の上から下を流れる川に投げ入れてでき死させようとしたところ，川の水深が浅く，案に相違して，Xは川底の岩に頭を打ちつけて死亡した。

ⓒ Dは，殺人の故意でXに発砲しこれに重傷を負わせたが，Xは入院した病院の火事で焼死した。

ⓓ Dは，殺人の目的でXの首を絞め（第一行為），Xが死亡したと誤信し死体遺棄の目的で砂浜に放置したところ（第二行為），Xは砂末を吸い込んで死亡した。

(1)　因果関係の錯誤に関する学説

因果関係とは,すでに述べたように,結果犯において,実行行為と結果との間に必要とされる一定の原因・結果の関係をいうとされ,行為者の行為と結果との間に因果関係がないかぎり,行為者は発生結果について既遂の責任を負わない。そして,因果関係の錯誤とは,行為者が意図したとおりの結果が発生したが,行為から結果にいたる因果経過が行為者の予想したところとは異なっている場合をいう。

さて,先に触れたとおり,多数説によれば因果関係は構成要件要素であり,「行為から結果にいたる因果の経路についての認識がなければ,その結果について規範の問題が与えられ」ないので,この「認識」は故意の内容であるとされる。ただ,判例・学説は因果の経過については具体的かつ詳細な認識を必要とはしていない。そして,多数説は,行為者の予見した因果経過と現実の因果経過とが相当因果関係の範囲内で符合しているかぎり,構成要件的故意は阻却されないする(もっとも,今日では,因果関係の錯誤を因果関係論に解消すべきという主張も有力となっている)。いずれにせよ,【事例㋖】のⓐについては,因果関係の錯誤を論じるまでもなく(あるいはその錯誤は重要でないとして),殺人の故意が否定されることはない。

なお,因果関係の錯誤にはいくつかの類型が認められる。すなわち,行為者自身の行為による因果経過の変更,被害者自身による因果経過の変更,第三者の行為による因果経過の変更,自然的事実による因果経過の変更がこれである。

【事例㋖】のその他の各例を検討するに,ⓑについては,多数説によれば,行為者の予見した因果の経過と現実の因果の経過とが相当性の範囲内にあるとされ,殺人既遂罪が成立することになる。ⓒについては,同じく多数説によれば,行為者の認識した経過と現実に生じた経過との間の齟齬が著しく,もはや相当性の範囲内で符合しているとは

いえないので，たとえ客観的な因果関係が認められたとしても発生結果に対して故意責任を問いえず，殺人の故意でなされた発砲行為につき殺人未遂罪が成立するとされている。

　ⓓは，ある犯罪を意図して第一の行為を行ったところ未遂に終わり，しかし，行為者は，結果が発生したものと思って第二の行為を行ったところ，これにより当初意図した犯罪結果が発生した場合（**遅すぎた構成要件の実現**），全体として１個の故意を認めるとするウェーバーの概括的故意が問題となる事例である（麻縄事件（前掲大判大正 12・4・30）参照）。学説は，絞殺を意図した第一の行為と死体遺棄を意図した第二の行為は別個独立であるとして，殺人未遂罪と過失致死罪の２罪の成立を認め，そのうえで両者の併合罪または観念的競合とする第一説，第一の行為と第二の行為とを一体として捉え，「通常ありうる」因果経過であって，その間の因果的経過が相当因果関係の範囲内にあれば故意の既遂犯を認めることができるとする第二説に分かれる。本事例では，第一行為自体の行為の危険性は大きく，殺人行為の後に，介在事情ともいうべき遺棄行為にいたるのは一般にありうることであり，遺棄の場所やその態様をあわせて考えても，第一行為の危険性が現実化したといえるのであるから，因果関係は肯定される。そして，行為者の予見した因果経過と現実の因果経過とも相当因果関係の範囲内にあることから，死という結果に対する故意犯も認められてよいと思われる。

(2)　因果関係の錯誤に関する判例

　因果関係の錯誤のうち，行為者自身の行為によって因果経過の変更がなされた事案の判例としては，麻縄事件のほか，以下が有名である。すなわち，A は X を転落死させる意図で崖の上から突き落としたところ，X が意外にもその途中でひっかかって人事不省に陥ってうち伏していたので，そこで，A は，X が誤って転落したのをみてこれを救

助しに来たかのように装って X の身体を支えようとしたが，自らも危うく X とともに崖下に転落しそうになったのでその手を離したところ，X はそのまま川に転落してでき死したという事例につき，突き落とし行為と X の死亡との間に因果関係を認めて，（因果関係の錯誤に言及することなく）A を殺人既遂罪とした大判大正 12・3・23 刑集 2・254 である。

IV-3-5　早すぎた構成要件の実現

早すぎた構成要件の実現とは，典型的には，行為者が第一の行為（予備行為）の後に行う第二の行為（実行行為）によって結果を発生させようとしていたところ，第一行為からすでに結果が発生してしまったという事例であり，この場合，犯罪の既遂を認めることができるかが問題となる。夫を殺害するため，夫が帰宅したら差し出そうと毒入りチョコレートを妻が用意しておいたところ，普段より早く帰宅した夫がこれをみつけて食し，死亡したといった事例では，かりに自室の棚に置いていたとすれば，実行の着手にはいたっていないと判断されて，予備罪とせいぜい過失犯が問題となるにすぎない。これに対して，帰宅後の夫がすぐに手にできるテーブルの上にチョコレートを置いていたといった場合には，実行の着手が認められて，（因果関係の錯誤は重大ではないとして）殺人既遂罪の成立が認められるか，あるいは，（因果関係が否定される，あるいは因果関係の錯誤が重大であるとすれば）殺人未遂罪と（重）過失致死罪とが成立することになる。

ベランダ事件（前掲東京高判平成 13・2・20）では，包丁で妻を突き刺したのち，ベランダの手すり伝いに隣室に逃げ込もうとした同人をガス中毒死させるために連れ戻そうとして転落死させた被告人のつかみかかった行為も，殺人の実行行為の一部であり，殺意も継続しており，

　さらに，つかまえようとする行為と被害者の転落との間に因果関係も
あるとして，被告人に殺人既遂罪を認めている。

　その後クロロホルム事件（前掲最決平成 16・3・22）では，被害者にク
ロロホルムを吸引させて，自動車ごと海中に転落させて死亡させたが，
死因ができ水（溺水）にもとづく窒息であるか，クロロホルム摂取によ
る窒息であるか特定できなかった，という事案につき，「実行犯 3 名の
殺害計画は，クロロホルムを吸引させて X を失神させた上，その失神
状態を利用して，X を港まで運び自動車ごと海中に転落させてでき死
させるというものであって，①第一行為は第二行為を確実かつ容易に
行うために必要不可欠なものであったといえること，②第一行為に成
功した場合，それ以降の殺害計画を遂行するうえで障害となるような
特段の事情が存しなかったと認められることや，③第一行為と第二行
為との間の時間的場所的近接性などに照らすと，第一行為は第二行為
に密接な行為であり，実行犯 3 名が第一行為を開始した時点ですでに
殺人にいたる客観的な危険性が明らかに認められるから，その時点に
おいて殺人罪の実行の着手があったものと解するのが相当である。ま
た，実行犯 3 名は，クロロホルムを吸引させて X を失神させた上自動
車ごと海中に転落させるという一連の殺人行為に着手して，その目的
を遂げたのであるから，たとえ，実行犯 3 名の認識と異なり，第二行
為の前の時点で X が第一行為により死亡していたとしても，殺人の
故意に欠けるところはなく，実行犯 3 名については殺人既遂の共同正
犯が成立するものと認められる」と判示した。

　早すぎた構成要件の実現の事例の問題点は，具体的には，第一行為
の開始時点で殺人の実行の着手が認められるか，第一行為の時点で殺
人の故意を認めることができるかということである。最高裁は，客観
面である実行の着手時期については，行為者の主観，しかも行為計画
を判断要素に据えて，刑法 43 条の文言の制約からくる「密接性」の基
準と，未遂犯の処罰根拠から導き出される「危険性」の基準の双方を

考慮に入れつつ，上記，①②③に鑑みて，第一行為の時点で，殺人の実行の着手を肯定している。また，主観面である故意については，一連の殺人行為に着手して目的を遂げたものであるから，因果経過に行為者の錯誤が介在しても，「因果関係の錯誤」の問題の一類型として，殺人の故意を阻却しないとしている。

【設問16】を考えてみよう

　【設問16】については，上述のごとく，判例・多数説の法定的符合説の数故意犯説によればXに対する殺人未遂罪とYに対する殺人既遂罪の観念的競合，一故意犯説によればYに対する殺人既遂罪とXに対する（重）過失傷害罪の観念的競合，具体的符合説によれば，Xに対する殺人未遂罪とYに対する（重）過失致死罪の観念的競合となる。

第20章 Ⅳ：責任論
—— 錯誤論：事実の錯誤

（異なる構成要件間の錯誤）

> 死者を遺棄することは処罰の対象となるところ，生きている者を死者
> と誤認して遺棄した場合は，なぜ処罰されないのか。

【事例】

　　ⓐ　Aは，隣人Xの犬を殺害しようと毒入りパンを垣根の下
に置いておいたところ，Xがこれを食べて死亡した。

　　ⓑ　Bは，Xを殺害しようと，庭にいるXに拳銃を発射したと
ころ，弾はXにはあたらず，そばで遊んでいたXの飼い犬に命
中し，これを死亡させた。

　　ⓒ　Cは，叔父Xを殺害しようと毒入りビールを用意してお
いたところ，あやまってCの父Yがこれを飲んで死亡した。

Ⅳ-3-6　異なる構成要件間の錯誤
—— 法定的符合説と符合の限界

（1）　法定的符合説と抽象的符合説

　行為者が認識した犯罪事実と発生した犯罪事実が異なる構成要件間
にまたがる抽象的事実の錯誤の事案の解決策として，法定的符合説と
抽象的符合説がある。上述のごとく，法定的符合説は，錯誤が同一構
成要件の範囲内であるかぎり故意を認める見解であるので，錯誤が異
なる構成要件にまたがる場合には発生結果に対して故意が阻却される
のは当然のこととなる。したがってこの立場からは，上記【事例】の
ⓐにおいては，不可罰である器物損壊罪（動物傷害。刑法261条）の未

遂と過失致死罪（50 万円以下の罰金。210 条）が成立し，ⓑにおいては，殺人未遂罪と不可罰な過失器物損壊罪が成立することになる。これに対して，抽象的符合説からは，ⓐについては，たとえば他人の飼い犬を殺す意図で飼い猫を殺した場合でも，器物損壊罪の既遂となり 3 年以下の拘禁刑または 30 万円以下の罰金となるのと比較して，刑の不均衡が生じるとの批判が寄せられている。同様の問題は，死者を生きている人と思い遺棄した場合と，生きている人を死者と誤信して遺棄した場合との比較においても生じる（190 条，217 条参照）。そこで，抽象的符合説は，行為者の認識した事実と現実に発生した事実との間に，構成要件の枠の制約にとらわれずに，抽象的な符合が認められれば，少なくとも軽い罪について故意犯の成立を認めるべきであると主張するのである。しかし，これらの批判に対して法定的符合説からは，ⓐについては，現在では重過失致死罪（211 条後段）が 5 年以下の拘禁刑を法定刑として定めており，かならずしも刑の権衡を失するものではないとの反論がなされている（上記，遺棄の例については，結論の不都合は立法裁量の問題であってやむを得ないとしている。ⓑについては，殺人未遂罪のみが成立する）。

(2)　異なる構成要件が重なる場合

　異なる構成要件間の錯誤の事例であっても，法定的符合説は，構成要件が同質的で実質的に重なりあう錯誤に関しては，行為者はその範囲内において規範に直面しているので，そのかぎりで軽い罪（同じ重さの場合には，発生した犯罪事実）の故意犯を認めている。ⓒでは，普通殺人を行う意図で（旧）尊属殺人を行ったとして，二つの罪の重なる範囲内で軽い普通殺人罪の成立を認めるのであるが，問題は，いかなる範囲で重なり合うかである。

　判例・通説は，①基本構成要件と加重・減軽構成要件の関係にある場合，たとえば，殺人罪と同意殺人罪，横領罪と業務上横領罪，②一

方の構成要件が他方の構成要件を内包している法条競合の関係にある
か，実質的にこれに類すると考えられる場合，たとえば，殺人罪と傷
害罪，強盗罪と恐喝罪，強盗罪と窃盗罪，窃盗罪と遺失物等横領罪（財
産罪のそれぞれにおいては，そこでは究極的には所有権が保護されている
ことから，相互にこの関係を認めてよいであろう），③構成要件要素，保
護法益および法定刑が同一であり，両罪が実質的に重なる場合，たと
えば，公文書偽造罪と虚偽公文書作成罪，などについては重なり合い
を認めている。なお，大阪地判平成4・9・22判タ828・281は，強盗
の故意で恐喝を行った事案に，強盗未遂罪と恐喝既遂罪との観念的競
合を認めている。

　このほか，薬物事犯に関して，以下の判例がある。覚せい剤を麻薬
であると誤信して所持した事案につき，最決昭和61・6・9刑集40・4・
269は，「被告人には，所持にかかる薬物が覚せい剤という重い罪とな
るべき事実の認識がないなら，覚せい剤所持罪の故意を欠くものとし
て同罪の成立を認められないが，両罪の構成要件が実質的に重なり合
う限度で軽い麻薬所持罪の故意が成立」するとした。また，最決昭和
54・3・27刑集33・2・140は，覚せい剤輸入の意思で麻薬輸入罪を犯
した事例につき，両罪の構成要件は実質的に重なっているものとみる
のが相当であるとして，また，法定刑が同じであることから，客観的
に実現した麻薬輸入罪の成立を認めた。

第21章 IV：責任論
──錯誤論：違法性の錯誤

「たぬき・むじな」「むささび・もま」難事件とは何か。弁護士や警察の
助言を信じて，許されていると思って行為しても，なぜ犯罪となるのか。

【設問 17】　サラリーマンの A は，帰宅途中，近くのゴミ箱に拳
銃が捨ててあるのを目にして，飾っておく分には罪にはならない
と誤信して持ち帰り，自室の壁に飾っておいた。A の罪責を論ぜよ。

IV-4-1　故意と違法性の意識，違法性の錯誤を めぐる理論状況

【事例㋐】

ⓐ　日本を旅行中のドイツ人が，走行車線についての規則は日
本でもドイツと同じであり，したがって右側通行であろうと誤信
し，右側で自動車を走行させた。

ⓑ　自国では自己使用であれば許されることから，日本でも同
様であろうと誤信した外国人が，日本で麻薬を自己使用した。

ⓒ　知人から短刀を預った大学生が，使うことはせずにただ保
管しているのであれば違法ではないと誤信し，これを自宅で保管
した。

上記【事例㋐】のⓐⓑⓒにおける各行為者の行為は，いずれもわが国
では犯罪にあたる行為である。しかし，いずれの行為者も，自分の行為
の違法性を認識していない。このような場合でも，それぞれの犯罪の
故意があるとして，当該犯罪の責任を問うことができるのであろうか。

(1)　はじめに

　刑法38条3項は、「法律を知らなかったとしても、そのことによって、罪を犯す意思がなかったとすることはできない。ただし、情状により、その刑を減軽することができる」と規定して、違法性の錯誤に関する法的な取扱いの指針を示している。違法性の錯誤とは、行為者が、発生した客観的に違法な事実については認識しつつも、錯誤により自らの行為の違法性を認識していない場合をいい、法律の錯誤、禁止の錯誤ともよばれる。この違法性の錯誤には、**法の不知とあてはめの錯誤**（包摂の錯誤）という二つの類型があり、前者は、刑罰法規の存在自体を知らないことをいい、後者は、刑罰法規の存在は知っているが、その解釈を誤って、自己の行為はその法規にあてはまらず、したがって違法であるとの認識を欠くことをいう。違法性の錯誤にあっては、行為者に犯罪事実についての故意が認められるか否かが問題となるが、その解決は、故意すなわち38条1項の「罪を犯す意思」、すなわち故意の要件として、そもそも違法性の意識は必要であるのかという問題に関わっている。

　故意に違法性の意識を必要とするか否かについては、違法性の意識不要説、故意説と責任説とに分かれている。故意説は、故意を責任要素と解し、また、違法性の意識を故意の内容（要件）と理解するのに対して、責任説は、故意は構成要件要素であり、違法性の意識は責任の要素であって、したがって違法性の意識の存否は責任の存否程度に関わることはあっても、故意の問題とは関わらないとする。

(2)　違法性の意識不要説（不要説）

　違法性の意識不要説とは、文字どおり故意の要件としては犯罪事実の認識で足り、右認識がある以上違法性の意識は不要であるとする考え方であり、学説としては少数であるが、判例が一貫してとるところ

である。その論拠とするところは,「法の不知は害する」との法諺が示すように,法律を知らないことをもって宥恕(とがめないこと)すべきでないこと,違法性の意識が必要であるとすると(とくに行政刑法の分野において)法秩序の弛緩を招きかねないということにある。違法性の意識不要説に対しては,同説は違法性の意識を欠いたことがやむを得ない場合にも故意を認める点で失当であり,そもそもこの立場は国民はすべて許されないことを知っているべきであるとする権威主義的な擬制を前提とするものであるとの批判がなされている。

(3)　故意説

　故意を責任要素と解し,また,違法性の意識を故意の内容と理解する**故意説**は以下の二つの説に分かれている。

　まず,**厳格故意説**は,道義的責任論の徹底という観点から,「違法性の意識は,故意と過失を分かつ分水嶺である」として,違法性の意識を責任故意の必須要件とする立場である。

　一方,**制限故意説**は,違法性の意識は故意の要件ではないが,行為者が違法性の意識を欠いたことにやむを得ない事情がある場合は故意を認めることはできない,いい換えれば,違法性の意識は故意の要件ではないが,違法性の意識の可能性は故意の要件である,という見解である。したがって,この説は,行為者において事実の認識がある以上は規範の問題に直面しており,行為者の直接的な反規範的態度が読み取れるので故意が成立するとする立場であり,下級審の判例理論となっている。

　以上の学説に対しては,それぞれつぎのような指摘がなされている。すなわち,厳格故意説については,同説をもっては規範意識が減弱している常習犯人の刑の加重が説明しえず,また,激情犯や確信犯の場合には故意責任を問うことができないのではないか,この説では,行政取締目的を達成することができないのではないか,制限故意説につ

いては，現実の違法性の意識がなくとも違法性の意識の可能性があれば現実の故意があるとするのは許されず，この説は故意と過失とを混同するものである，などの批判である。

(4) 責任説

責任説は，いわゆる目的的行為論を基礎に，対象の評価である違法性の意識と評価の対象である故意を分け，故意は構成要件要素である一方（事実的故意），違法性の意識は故意とは別個独立の責任要素であり，その存否・程度は，責任の存否・程度に関わると説く。この責任説は，違法性阻却事由の錯誤を法律の錯誤と解する**厳格責任説**と，これを事実の錯誤と解する**制限責任説**とに分かれるが，現在有力となっているのは，後者の制限責任説である。同説は，事実の認識があれば構成要件的故意（事実的故意）が認められ，違法性の意識の可能性が欠ければ責任が阻却されるとし，さらに，誤想防衛など違法性阻却事由の錯誤は事実的故意を阻却するとする点に特色があるが，個別の事案に適用した具体的帰結においては，先の制限故意説からの帰結と同様となる。

責任説に対しては，わが国では条文上の根拠を欠くとか，事実的故意だけでは責任故意に求められる積極的な反規範的人格態度をうかがうことはできないとの批判が加えられている。

(5) 具体的帰結

現在の多数説である制限故意説や責任説，あるいは後述のごとく下級審判例のよってたつ「違法性の意識を欠いたことに相当な理由がある」場合に故意を阻却するとする説において，その具体的結論には相違はない。違法性の意識の可能性がなければ，すなわち，判例のいう「相当な理由」があれば，責任ないし責任故意が否定されることになるのである。具体的には，公的機関（弁護士会や映画倫理機構（映倫）に

照会しその見解に従って行為を行った場合などはこれに該当するであろう。これに対して，私人の意見に従った場合には，その私人が法律家たる弁護士であっても，相当な理由があるとはいえないことになる。

　【事例⑦】を検討してみよう。行為者において，ⓐでは走行しているのが「左側通行」である，ⓑでは吸っているのが「たばこ」である，ⓒでは手にしているのが「おもちゃの刀」であると誤信していた場合は，事実の錯誤となり，当該犯罪の故意は阻却されることになるが，ここでは，いずれの例においても，不要説からはもちろん，制限故意説・責任説からも，各行為者には当該故意が認められる，あるいは，責任は阻却されないであろう。外国人が他国へ旅行する際には，その国の基本的な法律についての情報に触れることは困難ではないからであり，また，大学生の年齢にある者であれば，銃刀法に抵触する物を個人が保管できないことを知っていることは容易に想定できるからである。一方，厳格故意説からは，いずれの事例についても故意は否定されるであろう。

(6)　38条3項の解釈

　38条3項の「法律」については，各学説によって理解を異にする。不要説および制限責任説によれば，これは「違法性」を意味するとされ，厳格故意説によれば，「個々の法律の規定」を指すものとされている。これに対して，制限故意説によれば，同項にいう「法律」は「個々の法律の規定」を意味し，違法性の意識の可能性があれば故意犯が成立するが，同項ただし書は，それが困難であれば故意犯が成立しつつも非難可能性が減少し，違法性の意識を欠いたことがまったくもって無理からぬ場合には責任が阻却されることを規定したものと解されている。

IV-4-2 故意と違法性の意識をめぐる判例

　故意に違法性の意識を必要とするかの問題について，これまで，判例の主流は不要説にたっているとされてきた。むささび・もま事件（大判大正 13・4・25 刑集 3・364）では，被告人は，狩猟法上の禁猟獣である「むささび」を捕獲したが，その獣がその地方で「もま」と俗称されていたため，「むささび」と同一のものであることを知らなかったという事案に対して，被告人は，「むささび」，すなわち「もま」を「もま」と知って捕獲したのであるから，犯罪構成に必要な事実の認識に欠けるところはなく，ただ，その行為の違法であることを知らなかった法律の錯誤にすぎないから，故意が認められるとした（同旨，最大判昭和 23・7・14 刑集 2・8・889（有毒飲食物等取締令で「メタノール」の所持，譲渡が禁ぜられていたにもかかわらず，「メチルアルコール」であるとの認識のもと，これを，飲用に供する目的で所持，譲渡したという事例））。そのほか，侵入しても罪とならないと弁護士に告げられ，これを信じて他人の住居に侵入した事例（大判昭和 9・9・28 刑集 13・1230），刑罰法令（麻薬取締規則）が公布と同時に施行されその法令に規定された行為の違法性を意識する暇（いとま）がなかった事例（最判昭和 26・1・30 刑集 5・2・374）などに，故意の阻却を否定している。

　一方，これに対するものとして，被告人が，狩猟禁止期間中に，捕獲を禁じられた狸（たぬき）を，その地方で十文字狢（じゅうもんじむじな）と俗称されている別個の獣であると誤信してこれを捕獲したという事案につき，わが国の古来の習俗上の観念に従い狸と狢は別物と考えられてきているのであって，被告人には狩猟法が禁止している狸を捕獲する認識が欠けていたとして故意の阻却を認めた事例（たぬき・むじな事件。大判大正 14・6・9 刑集 4・378），警察規則を誤解した結果，無鑑札の犬は他人の飼い犬であっても無主犬とみなされると誤信し，他人の犬を撲殺した事案に

つき，事実の錯誤と認める余地があったとして原判決を破棄した事例（無鑑札犬事件。最判昭和 26・8・17 刑集 5・9・789）があり，いずれも，事案を違法性の錯誤としてではなく，事実の錯誤として捉えることで故意を阻却して犯罪の成立を否定したものである。これらの事例については，不要説にたつ最高裁としては，違法性の錯誤として処理するとすれば故意は阻却されないことになるので，故意の要件に過大な内容を要求し，事実の錯誤として処理することで故意を否定していると評されている。

　しかし，その後，高裁の判例においては，事実の錯誤としてではなく，違法性の錯誤の事例と解したうえで，「違法性の意識を欠いたことに相当の理由がある」として，すなわち制限故意説の立場から故意を阻却した事例が蓄積されていく。黒い雪事件（東京高判昭和 44・9・17 高刑集 22・4・595）では，(旧) 映倫管理委員会の審査を通過したわいせつな映画をわいせつでないと信じて上映したという事案に，このような立場から，175 条の故意が否定されている。また，羽田空港ロビー事件（最判昭和 53・6・29 刑集 32・4・967）では，高裁において，「相当の理由にもとづく違法性の錯誤は犯罪の成立を阻却する」として第 1 審の無罪判決が支持され（同旨，東京高判昭和 55・9・26 高刑集 33・5・359），その上告審でも，高裁判例と親和的な判断が示されている。

　このように，高裁判例は明らかに制限故意説の立場に立脚しており，不要説にたつとされてきた最高裁にも，その態度には変化の兆しがみてとれるといえよう。たとえば，飲食店の宣伝のため百円紙幣に紛らわしい外観を有するサービス券を作成したという通貨及証券模造取締法違反が問題となった事案（百円札模造事件。最決昭和 62・7・16 刑集 41・5・237）につき，最高裁は故意犯の成立を肯定しつつも，決定理由中に，「この際，行為の違法性の意識を欠くにつき相当の理由があれば犯罪は成立しないとの見解についての立ち入った検討をまつまでもなく」として，相当な理由があれば故意を阻却するという立場の採否を

留保し, 否定はしなかったことから, この立場へ向けて最高裁が一歩踏み込んだ判断を示したと受けとめられたのである。

　ところが, その後最判平成元・7・18刑集43・7・752 (無許可浴場営業事件) は, 公衆浴場法上の無許可営業罪に関して, 第1審および原審が, 無許可営業罪の故意を認めたのに対して, 被告人には知事による変更届受理によって営業許可があったとの認識があったから, 無許可営業罪の故意がないとして無罪を言い渡した。違法性の錯誤ではなく事実の錯誤として故意を阻却したものであり, 同判決は, 従来の最高裁の立場に立ち返ったとも評されているのである。

　ところで, 近時, 大阪高判平成21・1・20判タ1300・302は, 真正拳銃に大幅に加工を施し, 違法な拳銃部品にあたらないようにし, 警察官や税関に相談し, 違法でないことを確認したうえで, 拳銃部品を輸入したという事案に, 被告人において「違法な行為である旨の意識がなく, かつ, その意識を欠いたことに相当な理由がある」として, 銃刀法に掲げる拳銃部品輸入罪の成立を否定した。このような裁判例の立場は, 不要説はもはや最高裁の立場ではないとする理解にもとづくといえるであろう。

Ⅳ-4-3 違法性の錯誤と事実の錯誤の区別

つぎに, 判例を意識して, 事例をすこし変えてみよう。

　【事例④】　Dは, 営業する店舗の父名義の営業許可を自己名義に変更しようとして変更届を県に提出し, 同届は知事に受理されたので, 実際には受理は無効であったにもかかわらず, 変更届が受理されたので許可があったと誤信して営業を続けていた。Dに無許可営業罪は成立するか。

　【事例⑦】　この事例において, Dが, 同変更届が無効であること

を知っており，したがって，正規の営業許可がおりている訳ではないとの認識を有していたが，変更届が知事に受理されたので営業していてもよいと誤信していた場合はどうか。

　故意の阻却を検討するに，従来，事実の錯誤とは，違法性を基礎づける，ないし刑法規範の意識を呼び起こしうる犯罪事実の認識が欠如する場合であり，これに対して違法性の錯誤は，犯罪事実の認識に欠けるところはなく，違法性を意識して，したがって規範意識を喚起して反対動機の形成が可能であったにもかかわらず，自己の行為が許されると誤信した場合であるとされてきた。このような基準によると，無鑑札犬事件では，「その犬は他人のものである」という認識をもち，しかし，他人の犬でも無鑑札なので殺してもよいと考えた行為者は，違法性の錯誤を犯したことになり，これに対し，そもそも無鑑札犬は誰の飼い犬でもないと考えることで，「物の他人性」という意味の認識をもたずして行為した行為者は，事実の錯誤を犯しているのである。

　これと同様に，【事例④】においては，県知事の申請書の受理によって無許可であるという認識が否定され，営業許可があったと認識していた場合であるから，Dには違法性の意識を喚起する事実自体の認識に欠けていたというべきで，ここでは事実の錯誤が問題となることになる。

　これに対して，【事例⑤】のように届出が無効であることを知りつつ，しかし正規の営業許可がなくても変更届が受理された以上営業が許されていると考えていた場合には違法性の錯誤の問題となり，そこでは，違法性の意識を欠いたとしても，事実の認識に欠けるところはなく違法性を意識して反対動機の形成が可能であったとするならば，故意，責任を阻却しないというべきであろう。判例は，事実の錯誤には寛容で，正しい事実を認識したうえでの評価の誤りには厳格な態度で臨んでいるのである。

:【設問17】を考えてみよう:

　【設問 17】における A の銃刀法違反罪の故意については，不要説と制限故意説からは認められ，厳格故意説からは否定されるであろう。責任説からは，犯罪事実の認識がある以上故意が成立し，違法性の錯誤があったことから責任の存否・程度が問題となるが，当該錯誤は容易に回避できたのであるから責任非難の減少は認められないであろう。

第22章 Ⅳ：責任論
—— 過失論：過失の意義と種類
(旧過失論, 新過失論, 新・新過失論)

> 「『ブラック・ジャック』が手術に失敗したら」, やはり過失犯か。

【設問 18】　　医師である被告人 A は，他の医師と共同して，入院中の X に対して前立腺癌の治療のため手術を行うに際し，腹腔鏡下前立腺全摘除術はきわめて高度な手技を要する術式であって，A には上記術式を安全に施行するための知識，技術および経験がないにもかかわらず，これを安全に施行できるものと考え，上記術式により手術を開始したところ，運針操作を誤ったことなどから，大量出血にいたらせ，X を死亡させた。A の罪責を論ぜよ。

Ⅳ-5-1　過失と過失構造論

【事例】　A は自動車で，制限速度時速 40 キロメートルの道路を時速 70 キロメートルで走行し，運転操作を誤り，X をひいて傷害を負わせた。

38 条 1 項は，犯罪として処罰するのは原則として故意犯にかぎるとし，同項ただし書は，例外的な処罰類型として過失犯を処罰するとしている。刑法の目的は法益保護にあるところ，たしかに過失犯は故意的・直接的な反規範的態度による結果の惹起ではない。しかし，過失は，意識を緊張させれば犯罪事実を認識し，反対動機の形成が可能であったのに，これを欠いて法益を侵害したことに非難の契機が見い出されるところの，すなわち，間接的な反規範的態度であり，ここに過

失犯の処罰根拠があるのである。

この過失の構造をどのように理解するかについては，争いがある。

旧過失論は，結果無価値論型過失論とよばれる。故意・過失は責任形式ないし責任条件とされ，過失は，犯罪事実に対する認識の欠如が行為者の不注意に帰せられることをその内容とするとされる。ここでは，故意と過失によって違法性の程度に差異はなく，また，実行行為，たとえば，【事例】にあげたAの，制限速度40キロメートルの道路を70キロメートルで走行していたという際の「アクセルを踏んでいる」という作為は，故意犯と同様に法益侵害にいたりうる危険行為であり，過失の中核であって処罰限定的機能を有する結果の予見可能性には，責任非難を基礎づけうる程度に具体的なものが要求される。すなわち，法益侵害を行為者に結びつける条件たる心理状態としての結果に対する予見の可能性とは，具体的符合説におけると同様，現に侵害が生じた客体に侵害が生じることの予見の可能性をいい，過失の本質は，外部的注意義務である結果回避義務ではなく，内部的注意義務，すなわち結果予見義務に違反したことであるということになる。この旧過失論に対しては，予見可能性の範囲が無限定となってしまう，予見可能性を緩やかに解すると処罰範囲が拡大する，過失行為と結果との間に因果関係があって予見可能性が認められると，社会的に有用な行為であっても，また，不可抗力による結果発生の場合であっても，処罰されかねない，などの批判がなされている。

一方，行為無価値論型過失論とよばれる新過失論においては，過失は，責任の問題として論じる以前に，まず，違法要素ないし構成要件要素の問題であるとされる。そのことから，殺人罪と過失致死罪とは構成要件ないし違法性の段階で区別され，殺人の違法性は過失致死のそれよりも高いとされている。新過失論では，処罰限定機能となる実行行為は，客観的注意義務違反行為，すなわち基準からの逸脱行為であり，結果回避義務違反，たとえば，【事例】におけるAの「減速しない」，

すなわち「ブレーキを踏まない」という不作為が過失の中核となるのであって，予見可能性は，一般人をして結果回避を動機づける程度のもので足りることになる。この新過失論に対しては，基準が不明確である，過失犯全体が義務犯化・不作為犯化してしまう，過失犯が道交法などの行政取締法規違反の結果的加重犯に（ないし，結果の発生が処罰条件に）なってしまう，処罰範囲が拡張される，などの批判がある。

　なお，このような新過失論を修正し，はじめから過失の成立範囲を拡大することで法益保護を図ろうとしたのが，**危惧感説（新・新過失論）**である。同説は，予見可能性は，具体的な結果発生をその内容とするのではなく，抽象的な危惧感（何らかの結果が発生するのではないかとの漠然たる不安感・危惧感）で足りるとしたのである。危惧感説にたつ判例として，取引業者から購入した物質にヒ素が混入していたため，これを用いて製造されたドライミルクにヒ素が混入し，これを飲んだ多数の乳幼児が死傷したという事案について判じた徳島地判昭和48・11・28判時721・7（森永ヒ素ミルク事件の最高裁差戻後第1審判決）がある。しかし，その後，動脈を切断する手術が行われた際，看護師による電気メスのケーブルの誤接続によって，下腿部に，切断のやむなきにいたる熱傷を生じさせたという事案について示された札幌高判昭和51・3・18高刑集29・1・78（北大電気メス事件）など，危惧感説を明示的に否定する判例が相次ぎ，現在ではこの説は学説においても少数説にとどまっている。

　そのようななか，これまでの主流判例は，一貫して新過失論の立場にたっているとみることができる（後述の弥彦神社事件（最決昭和42・5・25刑集21・4・584）参照）。判例における新過失論採用の典型をみてとることができるのは，のちに掲げる，ホテルなどの火災事故と管理過失をめぐる一連の判例である。旧過失論によれば，出火部分における出火が具体的予見可能性の対象とされるべきであるのに対して，新過失論によれば，安全体制を確立する義務に違反する行為から結果が発生

することが過失の本質であるので，出火部分における出火についての具体的予見可能性ではなく，出火の一般的予見可能性で足りることになる。

Ⅳ-5-2 　過失犯の一般的成立要件

(1)　犯罪事実の認識・認容の欠如

　故意の定義について，多数説である**認容説**によれば，故意とは，結果発生の認識（表象）・認容をいうのであるから，過失は，その認識の欠如をいうことになる。【事例】におけるＡの意識として，「ひいてやる，ひいてもかまわない」というのが故意にあたり，「ひくことはないであろう」と思っていたり，そもそも居眠りをしていたため，事態を何ら認識していなかったりした場合が過失となる。そして，過失には，犯罪事実についての認識がまったくない場合の**認識なき過失**と，認識はあるが認容がない場合の**認識ある過失**とが区別されている。

(2)　犯罪事実の認識の欠如についての客観的な不注意の存在

　過失は，発生結果である犯罪事実の認識の欠如であるが，過失犯が成立するためには，その欠如について不注意が存在しなければならない。上述のように，意識を緊張させて犯罪事実の発生を避けるべきであり，かつ，避けることができたにもかかわらず，不注意によってこれを発生させた点に，処罰の根拠が求められるからである。過失は「不注意」であり，法律上必要とされる注意義務に違反することである。

　先の【事例】について考えれば，制限速度を超過していることから運転操作を誤るおそれがあり，したがって，事故を予見し減速しなければならないのにもかかわらず，これを怠ったことが注意義務違反とな

るのである。

(3)　注意義務の発生根拠

　注意義務の発生根拠としては, 法令（道路交通法など）の規定や慣習・条理にもとづくものが認められている。もっとも, たとえば, 行政法規, 具体的には道交法上の義務違反が直ちに刑法上の義務違反（過失）になるわけではない。したがって, 刑法上の注意義務違反の認定にあたっては, 具体的な結果の発生を防止すべきであったということを, あくまで刑法的視点のもとで確定しなければならない（もっとも, 道交法違反などの行政法規違反は, 結果の発生に直結した実質的危険行為にあたるものが多く, したがって, そこでは予見可能性も結果回避義務も認められやすいということはあろう）。

　たとえば, 道交法に違反し, 若干のスピード違反があったとしても, 発生した人の死傷がそれを原因にするものでなければ, あるいは, 違反がなくても事故が起こりえていたとすれば, 法令違反によって事故発生の危険が増大していたわけではなかったとされるため, 過失を根拠づけることはできない。被告人に後方の安全確認義務違反という道交法違反があったが, 後方から接近した被害車両の運転者においても不適切な運転をしており事故が発生したという事案で, 被告人においては, 安全な速度方法で被害車両が進行してくることを信頼することができる（信頼の原則）として過失を否定した最判昭和 42・10・13 刑集 21・8・1097（交差点右折事件）は, そのような事例である。

(4)　注意義務の内容

　過失は注意義務違反であるが, 注意義務の具体的内容は, 一定の犯罪的結果の発生を予見する義務（結果予見義務）とその予見にもとづいて犯罪的結果の発生を回避する義務（結果回避義務）である。したがって, 過失犯とは, 結果発生へといたる因果経過, あるいはその基本的

部分の予見が可能であったのにこれを予見しなかったこと（結果予見
義務違反）により，結果発生を回避するための適切な態度をとること
を怠り結果を惹起したこと（結果回避義務違反）ということになる。

　行為者に結果予見義務や結果回避義務を課するには，その前提とし
て，予見可能性や結果回避可能性がなければならない。可能性がなけ
れば，義務は発生しないからである（予見可能性が低いことが，結果回避
義務違反を否定する根拠とされた例として，血友病患者に対する治療のた
め非加熱製剤を使用したことにより多数のHIV感染者・エイズ患者を発生
させたとされた東京地判平成13・3・28判時1763・17（薬害エイズ事件帝京大
学ルート判決）がある）。なお，結果予見義務と結果回避義務のいずれが
注意義務の中核かについては，旧過失論は前者に，新過失論は後者に
重きをおいていること，すでに示したとおりである。

　このように，過失の要件は，今日では，行為者において，予見可能
性があり，また，結果回避義務違反も認められることにあると理解さ
れている。

Ⅳ-5-3　過失犯の具体的成立要件

(1)　予見可能性およびその対象・程度

　予見可能性の対象（客体ないし法益主体）・程度に関しては，旧過失
論からは，具体的法定符合説の立場から，現に侵害が生じた「その」
客体に対して侵害が生じることの予見可能性が要求される。そこでは，
予見可能性は緩やかに解釈されてはならず，ある程度高度のものでな
ければならないとされる。一方，新過失論からは，故意におけると同
様，客体などについて具体的な認識の可能性は必要でなく，一般人を
して結果回避へと動機づけうる程度の予見可能性があれば足り，法定

的符合説にみられる程度の抽象的な認識可能性で十分である，すなわち，現に生じた「具体的結果」についての予見可能性は不要であり，たとえば，「このような無謀な運転をすれば誰かに死傷の結果を生じるかもしれない」といった程度の予見可能性があれば足りる，とされる。すなわち，構成要件的結果（「人の死」，「人の傷害」）の予見があれば足り，また，結果の個数も重要ではないとするのである。

　判例は，予見可能性の対象について，特定の構成要件的結果およびその結果の発生にいたる「因果関係の基本的部分」で足りるとして，因果経過の詳細についてまで認識できたという必要はないが，その基本的部分の認識は必要であるとしており，通説もこれに従っている。そして，この因果関係の基本的部分とは，その事実について認識可能であれば結果に対する予見可能性も肯定できるような予兆，契機，経験的事実をいい，たとえば，足場を組み立てている建築現場の作業員においてであれば，「杜撰（ずさん）な手抜き工事」をしているとの認識が因果関係の基本的部分の認識であり，足場の崩落によって，いつ，だれが，どのようにして，どの部位に怪我をするか，という点についての予見は不要ということになる（上述の，北大電気メス事件において，基本的部分とは「誤接続により電流の状態に異常を来す」ことである。なお，最決平成 12・12・20 刑集 54・9・1095（生駒トンネル事件）では，現実の因果経過の予見可能性は不要で，より幅広く抽象化された因果経過の予測可能性で足りるとされている）。最決平成元・3・14 刑集 43・3・262（荷台乗車事件）は無謀運転により自車を信号柱に激突させ，知らない間に後部荷台に乗り込んでいた 2 名を死亡させたという事案につき，「無謀ともいうべき自動車運転をすれば人の死傷を伴ういかなる事故を惹起するかも知れないことは，当然認識しえた」ことから，運転者において被害者らの乗車の事実を認識していなかったとしても，上記両名に関する業務上過失致死罪（現在の過失運転致死罪）の成立を妨げないとした。ここでは，「無謀な運転」が因果関係の基本的部分とされている。ホテル

火災が発生し，スプリンクラーが設置されていないなどの消防用設備の不備や従業員への教育，訓練の不十分さにより，宿泊客ら 33 名を死亡させた最決平成 5・11・25 刑集 47・9・242（ホテルニュージャパン事件）においては，防火管理体制についての不備が因果関係の基本的部分であり，それを認識している以上は，宿泊客などに死傷の危険の及ぶおそれについての予見可能性が認められるとされている。

　このように，判例の立場は広く予見可能性を肯定しているように思われることから，新過失論は，その実質において危惧感説と変わらないではないかとの批判も少なくない（具体的予見可能性を厳格に解して過失の成立を否定するのは，大阪高判昭和 51・5・25 刑月 8・4=5・253）。

(2)　結果回避可能性

　前述のとおり，新過失論によれば，過失犯の本質は結果回避義務違反に存する。義務の内容は，個々具体的な事案によって異なるが，いずれも，結果を予防するための措置である。法令，規則や遵守事項を守るなど，義務に合致した行為を行っていれば，たとえ事故が発生したとしても，多くは結果回避義務違反が否定され，過失犯の責めには問われないであろう。信頼の原則が適用される事例は，その例である。

　問題となるのは，道交法などの定める義務に違反してはいたが，かりに法規に則った行為（合義務的代替行為）を行っていたとしても結果が発生したであろう場合に過失を肯定できるかにある。最判平成 15・1・24 判時 1806・157（黄色点滅信号事件）は，A の運転するタクシーが，左右の見通しの利かない，対面信号機が黄色灯火の点滅を表示していた交差点に時速 30 ないし 40 キロメートルで進入したところ（注意進行義務違反，徐行義務違反），左方道路より，酒気を帯び脇見運転をしながら，大幅なスピード超過で，赤色点滅信号を無視して同交差点に進入してきた B の自動車に自車を衝突させ，客の X を死亡させたという事案について，「A が……減速して交差点内に進入してきたとして

も……A 車が……衝突を回避することができたものと断定することは，困難である」として，過失犯の成立を否定している。もっとも，結果回避可能性がないことが犯罪成立の何を否定しているのかは明らかではない。新過失論からは，結果回避義務が否定され，したがって過失犯の実行行為が存在しないと解釈するのが一般的な見方であろう（信頼の原則を適用してそれぞれ同様の結論を導くことが可能である）。あるいは，注意進行義務・徐行義務にそれぞれ違反して交差点に進入しており，それは実質的危険行為であることから，過失犯の実行行為は認められるが，実行行為と結果発生との条件関係が欠ける，あるいは，実行行為の危険性が結果に現実化していないとして，法的因果関係が否定されたとの理解も可能である。

　そのほか，電車の運転手がブレーキをかけることなく子どもを轢死（れき）させたが，ブレーキをかけても死は回避できなかったとされた京踏切事件（前掲大判昭和 4・4・11）でも，交差点右折事件（前掲最判昭和 42・10・13）同様，過失犯の成立が否定されているが，ここでも，法的因果関係が否定されているとみるべきであるとする理解もある。

(3)　注意義務違反の存否の判断基準（過失の標準）

　さて，では，注意義務違反が存するか否かについては，だれを基準として判断するのであろうか。たとえば 100 歳を迎えた A が自動車を運転中，事故を回避すべく最大限に神経を集中して走行をしていたが，それでも歩行者 X に気づくのとブレーキの操作が遅れ，X に自車を接触させ傷害を負わせたという場合，A に過失責任は問われるのであろうか。反対に，A 級ライセンスをもつドライバー B が，脇見をしていて事故を発生させた場合，彼が注意していれば事故は避けられたはずであるが，一般人では避けえなかった場合，B に過失はあるといえるのであろうか。本章の冒頭に掲げた「『ブラック・ジャック』が手術に失敗したら」の問題は，まさにその点，すなわち過失の判断基準

を問うものである。

　過失の判断基準の問題に関しては，**近代学派**は，**社会的責任論**にたち，ここでは**客観説**をとり，抽象的な一般人の注意能力を過失の標準とするとする。一般人において備わっているであろうところの注意力・対応力に欠け事故を発生させたならば，過失責任が問われることになる。それゆえ，年老いた A においては，すでに一般人の能力を備えていなかったのであれば，社会防衛的視点から，「運転を差し控えるべき」であったとするのである。これに対して，**古典学派**は，**道義的責任論**にたち，**主観説**をとり，具体的な行為者の注意能力が標準となるとする。「あなたにできることをせよ。それ以上を求めない」というのである。現在では，主観説を基礎にしつつも，行為者の能力が一般人よりも高い場合には「法は一般人以上のものを要求するものではない」ので注意義務の上限は客観説の標準によって画する，とする**折衷説**が多数説である。各説については，客観説によれば行為者の能力が及ばない結果についても過失を問われることになり，主観説によれば，実際に予見しなかったならば，あるいは，四囲の状況に無関心であったならば過失が否定されかねないということが危惧され，折衷説には，実際に高い能力があって予見できたのであれば，予見可能性を肯定してもよいのではないか，との批判がある。

　そして，新過失論をとる学説の多くは，折衷説を基礎に，過失を構成要件的過失と責任過失に分けて，違法レベルの過失は，行為者の立場におかれた一般人（ドライバー一般，医師一般など）を基準とする客観的注意義務違反であり，責任レベルの過失は，行為者を標準とする主観的注意義務違反であると理解している。なお，行為者を基準にしたときには，「犬を見かけると無意識にそちらに目が向く」犬好きのドライバーにおいては，その過失は否定されてしまうことになるから，過失の標準に関して，知識的・経験的能力，身体的・生理的状況のように行為者ごとに異なると思われる能力については行為者を標準とし，

「軽率さ」「慎重さ」といった法益を尊重するよう配慮し関心をもつという規範心理的能力については,「法の期待する誠実な一般人」を基準とするべきであるとされている。

　判例は, 過失の標準につき, 客観説を採用していると解されている。群集雪崩によって多数の死者が出た弥彦神社事件（前掲最決昭和42・5・25）では,「参拝のための多数の群衆の参集と, これを放置した場合の災害の発生とを予測することは, 一般の常識として可能なことであり, また当然これらのことを予測すべきであった」としており, また, 同種の事例で注意義務違反・予見可能性を認めた近時の判例として, 最決平成22・5・31刑集64・4・447（明石花火大会歩道橋事件）がある。もっとも, ここにいう一般人とは, 社会一般の「人」を指すのではなく, 行為者と同じ立場（地位・年齢・職業・専門性など）にある「人」を指すのであり, 前掲大阪高判昭和51・5・25では「自動車運転者, ことに高速バスの運転者」を標準としている。なお, 上述薬害エイズ事件帝京大学ルート判決では,「通常の血友病専門医」が基準とされ, 結果回避義務違反が否定されているが, 被告人は, 通常ではない, 高度な知識を有する血友病の最高権威たる専門医であったのであり, この点を考慮すると過失を否定した結論が異なっていたともいえよう。

【設問18】を考えてみよう

　【設問18】におけるAの行為に業務上過失致死罪は成立するか。

　まず, 予見可能性の点であるが, Aらにおいて「難易度の高い高度先進医療を知識や経験なく行う」という認識があるかぎり, 因果関係の基本的部分の予見可能性に欠けることはないといえよう。つぎに, Aに求められる結果回避義務は, 無謀ともいうべき危険な本術式を回避し, Xの生命身体の安全を確保することにあるが, いずれの義務も怠っていることから結果回避義務違反も肯定できるであろう。そして, Aらの過失行為からXの死亡結果が導かれており, Aの行為の危険性が結果に現実化しているといえるので, 因果関係も肯定される。し

たがって，A には，業務上過失致死罪が成立する（青戸病院事件。東京
高判平成 19・6・5 判例集未搭載，医事法判例百選〔第 2 版〕No.60 参照）。

第23章 Ⅳ：責任論

——過失論：具体的成立要件，実行行為，

過失の種類，過失の競合・監督過失

医療過誤が発生したとき，責任を負うのが医師の場合，看護師の場合，両者の場合の区別はどのようなものか。

【設問19】 甲ホテルにおいて内部の改修工事をしていた作業員の失火により火災が発生したが，同ホテルには火炎の流入，拡大を防止する防火戸・防火区画が設置されていなかったことから火炎は短時間のうちに建物内に広がり，また，従業員による適切な避難誘導が全くなされなかったこととも相まって，宿泊客らに多数の死傷者が出た。同ホテルの代表取締役であり，同ホテルの経営にあたっていたＡは，以前から消防署の改善勧告があったにもかかわらず，防火戸・防火区画を設置しておらず，また，それまで，必要とされる消防計画を作成してこれにもとづく避難誘導訓練を実施することもなかった。Ａの罪責を論ぜよ。

Ⅳ-5-4 信頼の原則

信頼の原則とは，「行為者がある行為をなすにあたって，第三者が適切な行動をすることを信頼するのが相当な場合には，その第三者の不適切な行動によって結果が発生したとしても，行為者はそれに対して責任を負わない」というものである。とくに交通の分野では，交通に関与する者において，交通規則を遵守して行動していれば，特別の事情がないかぎり，他の交通関与者も規則に従って運転するものと信頼

してよく，もし他の運転手が違法な運転をして事故が生じても，その
責任を問われることはない，という原則である。信頼の原則は，客観
的注意義務を確定する一基準として理解されうる。そこにいう「特別
の事情」，すなわち，信頼の原則の適用の前提たる「相当性」を失わせ
る事情とは，たとえば道路交通においては，相手方の違反行為または
その予兆を認められる場合や，相手方が子ども，老人など，交通弱者
である場合，自ら交通ルールに違反し，その違反が結果に対して因果
関係のある場合などである。

　当初，判例は，信頼の原則の適用に消極的であったが，電車から降
りた酔客が線路に転落し，車両とホームとの間で圧轢死したという事
案について判じた最判昭和41・6・14刑集20・5・449（線路転落死事件）
において初めて同原則が用いられ，駅の乗客係の過失が否定されると，
その後，交差点右折事件（前掲最判昭和42・10・13）では，行為者に道
交法違反があっても同原則が適用されるとして，その適用範囲が拡大
された。

　黄色点滅信号事件（前掲最判平成15・1・24）に類似する最判昭和48・
5・22刑集27・5・1077も，信頼の原則を適用することによって，徐行
義務を懈怠していたとしても，注意義務違反はないとしていた。また，
北大電気メス事件（前掲札幌高判昭和51・3・18）で，医師が執刀に集中
する立場にあったことから，ベテランの看護師の補助行為を信頼した
ことが無理からぬものであったとして注意義務違反を否定したのも，
信頼の原則が適用された事例である。

　このように，信頼の原則は，交差点右折事件をその典型として，昭
和40年代から50年代にかけて交通事犯をはじめとする多くの判例に
おいて採用されたが，その後はあまり例がない。というのも，現在の
判例実務においては，信頼の原則という法解釈の場面ではなく，むし
ろ衝突の回避可能性という事実認定に近い領域で問題の処理がされて
おり，あるいは，信頼の原則が適用される事例においては，裁判手続

きにまではいたらないからであろう（黄色点滅信号事件参照。また, 最決平成 16·7·13 刑集 58·5·360（時差式信号機事件）でも信頼の原則の適用は否定されている）。

　なお, 注意義務における信頼の原則の体系的地位については, 旧過失論が予見可能性, あるいは過失責任の問題とするのに対して, 新過失論は, 結果回避義務や過失の実行行為, あるいは, 許された危険の問題であるとしている。

IV-5-5　許された危険

　高速度交通や工場の作業, あるいは医療行為など, 法益侵害の危険性を伴うものの社会生活上不可避である行為について, その行為の社会的有用性ゆえに法的に許容される, そのような危険を「**許された危険**」という。このような場合, 実質的に危険な行為であっても, また, 予見可能性があっても, その危険を顕在化させない一定の条件を充たすことを要件にその使用·運用が社会的相当性を有する範囲で許容され（「許された危険」の法理）, 正当行為として違法性が阻却される（→ 103 頁）。

　このように, 許された危険の法理によって, 過失犯の成立範囲が限定, あるいは否定されるのであるが, この点で注目すべきは, 薬害エイズ事件帝京大学ルート判決（前掲東京地判平成 13·3·28）である。この判例については, 上述のように, 過失の標準との関連で議論がなされているが, むしろ, 正当行為, 医療行為として事案を捉えるべきではなかったかという指摘がなされている。医療行為の場合, それが副作用や危険を伴うものであっても, 比較衡量の結果, それを凌駕する有用性がある場合には, 正当行為, ないし許された危険として, 違法性が阻却されると解すべきであるというのである。

　過失犯の違法性に関しては，このような許された危険の法理が，とりわけ新過失論の立場で問題となっている。そこでは，高度の予見可能性は不要とされ，結果回避義務違反の判断に実質的な処罰限定機能を働かせているからである。

Ⅳ-5-6 実行行為

　過失犯の実行行為に関しては，上述のように，旧過失論は，これを故意犯と同様に法益侵害の危険行為と理解し，新過失論は，客観的注意義務違反行為であるとしている。いずれにせよ，過失犯の構成要件は**開かれた構成要件**であり，構成要件該当性判断には，裁判官の実質的な判断による補充が必要となろう。

　過失犯の実行行為は遡ることができる。脇見運転をしながら速度超過で運転していて，対向車と衝突しそうになったので左に急転把（ハンドルを切ること）したところガードレールにぶつかりそうになり，慌てて右に急転把したところ横転し同乗者を怪我させたといった場合，右に急転把する段階で運転者においてハンドルをコントロールする可能性があったにもかかわらず誤った運転をしたというのであれば，そこに過失を認めることができるが，それが不可能であったならば，遡って，左に急転把した行為，さらには，脇見運転に過失を求めることができる（そもそもその活動を引き受けるべきではなかった場合には，いわゆる「引受け過失」が問題となる）。

　なお，複数の過失行為のいずれに結果に結び付く過失の実行行為を認めるかにつき，**過失併存説**と**過失段階説**（直近過失説）との間に争いがある。前者は，結果発生の原因となった複数の過失をすべて過失の実行行為とするものであり，後者は，結果発生に最も近い一個の過失に実行行為を観念するものである。

　過失犯は結果犯であるので，その成立には実行行為と結果との間に因果関係が必要であること，また，その認識可能性も必要であること，いずれも，故意犯と同様である（米兵ひき逃げ事件（前掲最決昭和42・10・24）参照）。

IV-5-7　過失の種類

(1)　認識なき過失，認識ある過失

　過失については，まず，上述のとおり**認識なき過失**と**認識ある過失**が区別されるが，犯情の点で，いずれが重いとは一概に決することはできない。事故を予見しつつ回避措置をとらなかった場合の方が犯情が重いといえるときもあろうし，前方を全く注視せずに運転していた方が非難可能性が強い場合もあろう（故意と過失の区別については→157頁）。

(2)　通常の過失，業務上の過失，重過失

　通常・一般の過失と区別されるものに，**業務上の過失**と**重過失**がある。業務上過失にいう「**業務**」とは，社会生活上の地位にもとづき反覆継続して行われる事務であって，人の生命・身体に対して危険を含んでいるものをいうとされている。業務上過失の加重処罰の根拠については，行為主体が業務者（身分犯）であるから危険防止の要請が高度である，すなわち，特別に高度な注意義務が課されているためとする判例・多数説の立場と，注意義務は一般人におけるのと同じであるが，業務者は一般的・類型的に高度の注意能力を有し，認識範囲は広く確実であり，それゆえ注意義務違反の程度が大きいためとする立場に見解が分かれている。なお，かつては自動車事故が業務上過失致死傷罪の事例

の多くを占めていたが，現在では，自動車事故については，自動車運転死傷行為処罰法の規定が設けられるにいたっている。

　つぎに，重過失とは，通常の過失に対して，行為者の注意義務違反の程度が著しい場合，いい換えれば，些細な注意を払うことで容易に結果の発生を回避できたのに，このわずかの注意を怠ったために犯罪事実を発生させた場合をいう。管理が不十分であったため飼い犬が他人に傷害を負わせた場合，通勤時間帯にゴルフクラブの素振りを行い他人に怪我を負わせた場合などがその例である。

Ⅳ-5-8 過失の競合

　一個の構成要件的結果の発生に複数の過失が競合して関わっている場合があり，これには，同一行為者によるものと，複数の行為者によるものとがある。

(1)　同一の行為者による過失の競合の場合

　ある犯罪的結果の発生に対して，同一行為者の数個の不注意な行為（たとえば，スピード違反とブレーキとアクセルの誤操作）が順次，段階的に併存する場合における過失犯について，上述のように，過失段階説（直近過失説）は，結果に最も接近した最終の過失行為のみに対して責任を問えば足りるとし，過失併存説は，それらの各注意義務違反行為の全体を実行行為として捉え，一個の過失犯を認めるとしている。

(2)　複数の行為者による過失の競合の場合

　ある結果発生について，複数の行為者の過失が競合的に関わっている場合にあって，行為者の過失と被害者ないし第三者の過失とが競合する場合，刑法上は，過失相殺という観念は認められず，被害者や第

三者に競合する過失の存在することは行為者の過失の存否の判断に直接的な影響をもたないことになる。

つぎに, 競合する過失行為者の間に, 監督者（上位者）・被監督者（下位者）というような上下関係が存在する場合, **監督過失**が問題となる。広義の監督過失には, 狭義の監督過失の事例と, 管理過失の事例がある。狭義の監督過失とは, 上位者が下位者の過失行為についてその監督義務を尽くさなかったこと, すなわち上位者の過失を内容とするものである（間接防止型）。

監督過失における注意義務は, 監督者の不適切な行為によって被監督者の過失行為が惹き起こされ, 犯罪的結果を生ずるにいたることについての予見と, それを回避するための行動をとるよう被監督者に動機づけを与えるべき義務をいう。ボイラーマンの不適切な火器の取り扱いにより病院に火災が発生し, 見習い看護師や夜警員による避難誘導, 救出活動などが不適切であったために死傷者が発生したという札幌高判昭和 56・1・22 刑月 13・1=2・12（白石中央病院事件）では, 管理監督者（病院の理事長, 病院長）には従業員らの不適切きわまりない行動まで考慮に入れて万全の対策を事前に定めておくべき業務上の注意義務はない, として管理監督者としての過失が否定された。

監督過失につき信頼の原則の適用があるかについては, 否定説・限定説も有力であるが, 判例・通説は適用を肯定している。北大電気メス事件や上述の白石中央病院事件は, 信頼の原則の適用が肯定された例である（なお, 当該事実関係のもとで同原則の適用は認められないとした判例として, 最決平成 19・3・26 刑集 61・2・131（横浜市大患者取り違え事件）, 最決平成 17・11・15 刑集 59・9・1558（埼玉医科大学抗がん剤過剰投与事件）参照）。

管理過失とは, 管理者などによる物的・人的設備, 機構, 人的体制などの不備自体が過失を構成することをいい（直接防止型）, 安全体制確立義務に違反することである。これは, 過失不作為犯であると理解しう

る。建設会社作業員の失火により火災が発生したが，防火戸・防火区画が設置されていなかったこと，従業員による避難誘導がなされなかったことにより多数の死傷者が出たという最決平成2・11・16刑集44・8・744（川治プリンスホテル火災事件）では，ホテルの経営管理業務を統括掌理する最高の権限を有し，ホテルの建物に対する防火防災の管理業務を遂行すべき立場にあった者は，「旅館・ホテルにおいては，火災発生の危険を常にはらんでいる上……ホテルの防火防災対策が人的にも物的にも不備であることを認識していたのであるから，いったん火災が起これば，発見の遅れ，初期消火の失敗等により本格的火災に発展し，建物の構造，避難経路等に不案内の宿泊客等に死傷の危険の及ぶ恐れがあることはこれを容易に予見できたものというべきである」として，被告人には防火戸・防火区画を設置するとともに消防計画を作成してこれにもとづく避難誘導訓練を実施すべき注意義務を怠った過失があり，業務上過失致死傷罪が成立するとしている。大規模火災事件の判例においては，結果発生から離れた事前の安全体制確立義務違反を根拠に，企業経営者らに対し刑事過失が肯定される方向で現在の実務は定着しているといわれている。そこでは，防火管理体制の不備が因果関係の基本的部分として予見可能性の対象となるとされており，「いったん火災が発生すれば」防火対策に不備がある建物においては死傷者を生むことの予見は容易であるとして（「いったん公式」），厳格な具体的予見可能性は不要とされたのである。そして，あらかじめ防火管理体制を確立しておくことが，結果回避義務の内容とされたのである。もっとも，これらの判例に対しては，具体的な予見可能性を要求する立場から，防火管理体制に不備があっても火災の発生が予見できなければ過失は成立しないとの反論もあるところである。

【設問19】を考えてみよう

【設問19】については，まず，Aの予見可能性につき，上述の川治プリンスホテル火災事件で示されたように，防火管理体制の不備の認識

が因果関係の基本的部分の認識となる。かかる不備を解消しないかぎ
り，いったん火災が生じれば，宿泊客らに死傷の危険が及ぶことの予
見は可能であるからである。注意義務違反については，したがって，
火災による被害を軽減するための防火管理上の注意義務，すなわち，
あらかじめ防火管理体制を確立しておくべき義務がありながら，その
義務に違反していることから肯定できるであろう。この結論は，作業
をしていた建設会社の作業員に（業務上）失火罪や業務上過失致死傷
罪の成立が認められても，影響を受けるものではない。

V　未遂犯論

第24章 V：未遂犯論
── 予備・未遂・既遂の区別，
　　未遂の基準，実行の着手，予備罪の諸問題

焼身自殺するつもりで部屋にガソリンを撒いて，最後の一服をと思い
ライターでたばこに火をつけたところ，それがガソリンに引火して家
が全焼した場合，放火罪は既遂か未遂か予備か。毒殺する目的で毒入
りチョコレートを送付したら，配達員が途中で紛失してしまった場合，
殺人未遂か予備か。

【設問20】　AはXに薬物を与えて眠らせ，自動車ごと海中に転
落させて死亡させたが，死因は薬物によるショック死であった。
Aの罪責を論ぜよ。

V-1-1　未遂犯の意義

（1）　基本的構成要件と修正された構成要件としての未遂

　刑法は，1人の行為者が1個の犯罪を既遂まで実現すること（「1人・
1罪・既遂」）を犯罪の基本形として定めているが，このような単独犯
によって既遂の形式で定められている構成要件を**基本的構成要件**とい
う。そして，既遂犯の基本形を時系列的に，いわば「タテ」に捉え，

既遂にいたる前の犯罪の発現形態を**修正された構成要件**として規定したのが**未遂犯**である（共犯については→ 245 頁）

(2)　未遂概念

　近代刑法典の誕生は，1789 年のフランス革命以降のフランスに求めることができるとされている。そこでは，中世にいたってようやく確立された，未遂や既遂には故意が必要とされるとする原則が引き継がれたが，未遂犯については，フランス革命における自由保障の精神を反映し，一時，謀殺・毒殺の場合以外には，未遂犯処罰をしないとする立法も現れ，明らかに（行為者の意思よりも結果を重視するという意味での）客観主義的特徴が表出してきていた。しかし，1810 年のフランス刑法典において未遂犯を処罰する立法が整備され，それに伴い，未遂概念が明確にされるにいたり，近代的な意味における未遂概念が確立したのである。それがドイツ刑法にも，そしてボアソナード草案を経て，わが国にも継受されることになる。

　このような経緯は，一方で，結果責任主義から心理的責任主義へという責任原則の進展と定着を物語るものであり，他方で，そこには既遂処罰から未遂処罰への処罰範囲の拡大という，法益保護思想の伸展と社会秩序維持思想の強化の表れがみてとれるのである。

(3)　既遂，未遂，そして予備

　たとえば，A は，①海外旅行のため全員が留守にしている X 宅を燃やしてしまおうと考え，②ガソリンとライターを用意して深夜 X 宅に向かい，③ X の家にガソリンを撒いてライターで火をつけ，④家を焼損した，としよう。

　犯罪の成立を時系列的にみると，まず，犯罪を行おうと考え（①意思決定），犯罪の実行につき謀議し，外部的行為によって準備を行い（②予備・陰謀），実際に実行に移し（③実行の着手），結果が発生し（④既遂），

そして終了する。この推移は，法益の侵害の実現ないしその危殆化が
進む過程といってよい。

　刑法は，原則的に既遂犯を処罰の基本型とし，重要な法益について
は既遂にいたる前段階の未遂を，そして，極めて重要な法益について
のみ，さらに遡って予備を処罰の対象としている。未遂犯は，既遂犯
を想定している基本的構成要件を修正して処罪されるとされており，
それゆえ，既遂犯構成要件の修正形式とよばれている。

　予備とは，ある犯罪を実現しようとして行われた謀議以外の方法に
よる準備行為をいい，**陰謀**とは，特定の犯罪を実現しようとする 2 人
以上の者の謀議をいい，予備よりも前の段階に位置する。予備には，
自分が実行することを予定している「**自己予備**」と他人が実行するこ
とを予定している「**他人予備**」とがあるが，刑法は内乱予備罪（78 条）
や通貨偽造準備罪（153 条）のような独立予備罪についてのみ，例外的
に他人予備を認めている。

(4)　未遂の諸類型

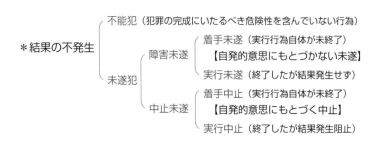

【未遂の諸類型】

　犯罪結果を意図して行為を行ったが結果が発生しなかった場合には，
用いられた手段（行為）の性質，客体の不存在などから，犯罪の完成に
いたるべき危険性が認められなかった場合と危険性が認められ，犯罪

構成要件に該当する行為，構成要件を実現する現実的危険性を有し処罰の対象となる行為，すなわち実行行為が観念される場合があり，前者は「**不能犯**」として不処罰となる一方，後者は，**未遂犯**として処罰されることになる。未遂犯には，自らの自発的意思によって結果の発生が阻止された場合，すなわち「**中止未遂**」と，自らの意思によらない外部的な事情から遂げられなかった場合，すなわち「**障害未遂**」とがあり，さらに，実行行為自体が終了していない着手中止・着手未遂と，これが終了している**実行中止・実行未遂**（終了未遂ともいう）とに区別される。これらの区別は，以下に述べるように，法的効果の相違になって表れることになる点で意義がある。

V-1-2　未遂犯

(1)　狭義の未遂犯（障害未遂）

1.　意　義

刑法 43 条本文は，未遂犯を，「犯罪の実行に着手してこれを遂げなかった」場合をいうと規定している。したがって，未遂犯が認められるためには，実行に着手すること，結果が発生しないことの二つが客観的要件として必要とされる。また，実行の着手がある点で，原則的に不可罰である予備・陰謀とは区別されることになる。

2.　未遂犯の処罰根拠

未遂犯の処罰根拠については，主観主義刑法理論と客観主義刑法理論との間で争いがあり，学派の争いにおける主戦場の一つであった。

まず，**客観説**では，行為自体のもつ，構成要件的結果を惹起する具体的・客観的・現実的な危険性に処罰根拠を求め，結果発生およびその危険性の程度に応じて，既遂は重く処罰され，未遂，予備はそれに

比較して軽い処罰に値するとされている。これに対して，**主観説**は，行為者の危険な性格を表明する意思に処罰根拠を求めており，未遂も既遂と同様に処罰し，予備・陰謀も広く処罰してしかるべきとしており，同説によれば，処罰の必要性は，行為者の反社会性に従って決定され，刑罰の程度は，反社会性の矯正に必要な期間ということになる。

　現在では，客観主義刑法理論が主流であって，したがって，未遂犯の処罰根拠についても，客観説が支配的である。刑法の役割が，自由保障機能のもとでの法益の保護と社会秩序の維持にあることから考えれば，客観説が妥当であることはいうまでもない。保険金詐取目的で放火したからといって，その時点で，詐欺未遂罪が成立するわけではないのである。

(2)　未遂犯の成立要件

1.　「犯罪の実行に着手」したこと

(a)　実行の着手をめぐる学説

　未遂犯が成立するためには，「犯罪の実行に着手」したことが必要である。

　実行の着手の意義につき，**主観説**は，「犯意の成立がその遂行的行為に因って確定的に認められたとき」，「犯意の飛躍的表動があったとき」に，実行の着手があったものと説いている。この主観説に対しては，外部的・客観的な「遂行的行為」という観念を持ち込まなければならないところにすでにこの説の破綻がみられ，それを回避するために「飛躍的表動」を用いるとしても，その基準は不明確であり，法的安定性を害する結果となると批判され，現在では，この説は主張されていない。つぎに，**形式的客観説**は，構成要件に属する行為を行うことを実行の着手と解するが，この説には，法益侵害に対する行為の危険性を重視している点は正当であるとしても，構成要件に該当する行為を行うまで実行の着手時期を待たなければならないとすることから，あま

りに着手時期が遅くなり，法益保護が図られないという批判がある。そして，**実質的客観説**は，未遂犯の実質的処罰根拠を結果惹起の「現実的，具体的，かつ切迫した危険性」と解するもので，この説によれば，行為者および一般人の認識を基礎にして判断される結果発生の現実的危険(近時の判例では「**客観的危険性**」)を惹起する行為を行うことをもって実行の着手と解されることになる。実質的客観説は，行為から離れた外在的な危険を問題とするものであることから(したがって，たとえ(実行)行為が終わっても，右危険の発生がない場合には，実行の着手はないとされる)，ときには実行行為と未遂の成立に必要な実行の着手とを区別することになるため，不当であるとする批判もあるが，未遂犯の処罰根拠を実質的客観説に求めるかぎり，現行法が予想していなかった実行行為と実行の着手時点との分離という難点はやむを得ないといえるであろう。

(b) 実質的客観説の諸問題

実質的客観説をとるとしても，実行の着手の判断に際しては，いくつか注意すべき点がある(なお，上述の「早すぎた構成要件の実現」(→173頁)と「遅すぎた構成要件の実現」(→172頁)参照)。

まず，構成要件的に手段が限定されている犯罪類型において，実行の着手を認めるにあたっては，構成要件的制約を認めるべきであろうか。強姦罪(現・強制性交等罪)について，最決昭和45・7・28刑集24・7・585(ダンプカー事件)は，AとBが，強姦目的でダンプカーの運転席にX女を無理矢理引きずり込み，6km離れた川岸まで連れて行って強姦したが，運転席に引きずり込む際の暴行により同女に傷害を負わせた，という事案につき，「被告人が同女をダンプカーの運転席に引きずり込もうとした段階においてすでに強姦にいたる客観的な危険性が明らかに認められるから，その時点において強姦行為の着手があったと解するのが相当であ(る)」として，(改正前の)強姦致傷罪の成立を認めた。しかし，被告人らの引きずり込む行為は，それ自体は強姦

罪（強制性交等罪）の実行行為の一部をなす行為でもなければ，強姦行為の手段としての暴行・脅迫，あるいはそれに密接する行為であるとはいえないとも考えられよう。また，放火罪に関する横浜地判昭和58・7・20判時1108・138（最後のたばこ一服事件）は，自殺しようとして自宅内にガソリンを散布し，死ぬ前にたばこを吸おうとしてライターに点火したところ，充満していたガソリンの蒸気に引火したという事案について，ガソリンの強い引火性を考慮すれば「この段階において法益の侵害即ち本件家屋の焼燬（焼損）を惹起する切迫した危険が生じるにいたったものと認められる」として，点火行為以前の段階に放火罪の着手を肯定しているが，ここでも，構成要件的行為である「放火」行為として認められるか疑問も存する。これらの判例によれば，構成要件的制約はかならずしも必要ではないことになる。

　第二に，実質的客観説によれば，実行行為と実行の着手時点とはかならずしも一致することを要しないことになるから，たとえば，上述のダンプカー事件では，実行の着手を引きずり込む行為に，しかし実行行為は，6km先の川岸で現実に強姦（強制性交）行為の手段としての暴行・脅迫がなされたことに求め，同様に，後述の住居侵入窃盗の事例では，実行の着手を物色行為に，しかし実行行為は窃取する財物に触れることに求めることになる（実行行為後行型）。その一方で，実行行為と結果との間に時間的・場所的な離隔が存する離隔犯の事例，たとえば毒殺を意図した毒物の発送の事例では，送付行為に実行行為を観念し，実行の着手時期は，被害者の利用に供される時期ということになる（実行行為先行型）。

　第三に，実質的客観説にいう危険性の存否の判断に際して，行為者の主観を考慮すべきかについては，学説上争いがある。主観的違法要素を認めない立場からは一般にこれを考慮すべきではないとされ，主観的違法要素を認める立場は，故意は主観的違法要素であるから考慮すべきであるが，故意を超えた主観的違法要素，たとえば行為者計画

は考慮すべきではないとする説と,行為者計画をも考慮に入れて判断するとすべきであるとする説に分かれている。この点,故意がある場合には結果発生の可能性が増加することからも明らかであるように,危険性判断に行為者の主観は不可欠であるので,考慮してよい事情は,故意に限定されず,行為者計画も考慮の対象とすることも当然に可能となるであろう。被害者を殺害しようと自車に引きずり込む場合,その車内で直ちに殺害するのか,数キロメートル離れた郊外の橋のたもとに行って目的を果たすのか,それとも,数十キロ離れた山のなかまで行って深夜まで待って犯行を実現に移すのかという行為者の計画は,被害者が殺害されるという結果発生の危険性の判断にとって不可欠である。クロロホルム事件(前掲最決平成16・3・22)において,行為者の主観のみならず,行為者の犯行計画をも考慮に入れて結果発生の客観的危険性が判断されているのはその一例である。

　なお,クロロホルム事件決定(→174頁)について,再度,検討してみよう。予備段階の行為から結果が発生しても,当該発生結果については過失犯が成立するにすぎないが,実行の着手が認められ,それと結果との間の因果関係が認められれば,既遂犯が成立することになる。そして,構成要件的結果を発生させる行為(実行行為)以前の行為であっても,結果発生の具体的危険性が認められれば,実行の着手を肯定することができる。たとえば,窃盗罪においては,物色行為の段階で窃盗未遂が成立するとされている。同決定も,実行の着手時期の判断基準として密接性と危険性を挙げており(→174頁),このことを前提としている。そのうえで,同決定は,行為者計画を考慮しつつ,客観面については,第一行為の第二行為にとっての必要不可欠性,第一行為から第二行為へいたるまでの無障害性(自動性),両行為の場所的・時間的近接性を根拠として,第一行為の時点ですでに殺人にいたる客観的な危険性が認められるとしている。また,第一行為と第二行為を一連の(殺人の)実行行為と捉えて,それと発生した結果との間に因果

関係が肯定できるとしている。さらに，主観面については，一連の殺人行為に取りかかる認識で行為を開始した場合，因果の経過が行為者の当初の認識と異なってはいても，それは因果関係の錯誤にすぎず故意を阻却しないとして，結局，殺人既遂罪の成立を肯定したのである。

2.「これを遂げない」こと

未遂犯成立の第二の要件は，「これを遂げない」ことである。

既遂犯と区別されるための未遂犯の要件として，結果の不発生（あるいは因果関係の不存在）が必要とされるのである。

3. 未遂犯の成立時期が問われる犯罪

(a) 間接正犯の場合

未遂犯の実行の着手の時期については，間接正犯，離隔犯において問題となる。

間接正犯の実行の着手時期に関しては，これを，基本的構成要件に該当する行為の少なくとも一部が行われた時期，すなわち，利用者が被利用者を犯罪に誘致する行為を開始したときと解する**利用者標準説**，自然主義的・物理的な見地から，また実行の着手時期を明確にしようとする意図のもと，被利用者が実行行為を開始した時期と解する**被利用者標準説**，実質的客観説を徹底し，構成要件的結果発生にいたる現実的危険性を惹起した時期であると解する**個別化説**が対立している。

被利用者標準説に対しては，これによると，利用者の行為の終了後に実行の着手を認めるという不都合が生じるとの批判があり（もっとも，上述のごとく実質的客観説によれば，これは当然の結論である），また，実行の着手時期を他人の動作に依存させることにならざるをえないとの批判もなされている。この点，利用者標準説はかかる批判を回避できるが，実行の着手時期が不当に早まってしまうとの批判があることは上述のとおりである。判例は，毒殺の目的で情を知らない郵便局員を利用する間接正犯について，毒入り白砂糖の発送行為の時点ではなく相手方に到達したときに実行の着手を認めており（毒入り白砂糖送

付事件。大判大正 7・11・16 刑録 24・1352),これは被利用者標準説の立
場であると理解されており(もっとも,毒入り砂糖が相手方に届いている
本事案では,利用者行為標準説によっても同様の結論が導かれるので,その
理解は唯一の論理的帰結ではない),学説も一般に,実質的客観説からこ
の立場を支持している(同旨,宇都宮地判昭和 40・12・9 下刑集 7・12・
2189)。個別化説は被利用者標準説を個々の事例に則して修正するも
のであるが,現実的危険性を重視することから被利用者標準説と結論
において大きく相違するものではないといえよう(原因において自由な
行為の実行行為時期→ 145 頁)。

(b) 離隔犯の場合

　基本的には間接正犯と同じ構造であるところの,実行行為と結果と
の間に時間的・場所的な離隔が存する離隔犯において,どの時点に実
行の着手を認めるかについては諸説が対立する。形式的客観説(定型
説・利用者標準説)は,全体として定型的に構成要件の内容をなすと解
される行為の開始が実行の着手にほかならないとする。したがって,
同説によれば,離隔犯にあっては,利用者行為の時点に実行の着手が
認められ,その後は因果経過の進行の過程にすぎないことになる。

　一方,実質的客観説は,主観説,形式的客観説の見解と異なり,刑
法 43 条の「実行の着手」を実行行為の概念から独立させ,結果発生の
具体的危険の発生時期を画する概念であると理解することから,この
説によれば,結果発生の現実的危険が認められる,被利用者行為の時
点(たとえば毒物の到達時)が実行の着手時期ということになる(被利
用者標準説)。

(c) 各犯罪類型

　窃盗罪に関して,判例は,住居侵入窃盗においては,行為者が被害
者の住居に侵入したのち,(遅くとも)金品を探し求める行為(物色行
為)をなし始めた時点に(最判昭和 23・4・17 刑集 2・4・399),あるいは
目的物への接近の時点に着手を認めている。たとえば,最決昭和 40・

3・9刑集19・2・69（たばこ売り場接近事件）は，金品窃取のため煙草売場の方に行きかけた際，被害者たる店主に発見され，逮捕を免れる目的で同人を殺害した事案に，たばこ売り場に近づく行為に窃盗の実行の着手を認め，事後強盗殺人罪の成立を認めた。これに対して，土蔵内（倉庫内）の物品を窃取しようとした場合には，侵入目的が窃盗に限定されているため，また，侵入後には財産奪取が容易であるため，土蔵への侵入行為の時点ないし錠の損壊行為の時点に着手を認め，現実の侵入は不要と解されている。「すり」については，行為者が財物をすり取るために被害者のポケットに手を触れたときに実行の着手を認めている。財物の存在を確かめる，いわゆる「あたり行為」はいまだ着手とはいえない。

　強盗罪に関しては，その手段としての暴行・脅迫が開始されたときに，詐欺罪では，手段としての欺罔行為が開始されたときに，実行の着手が認められる。

　もっとも，特殊詐欺盗の事案において着手時期についてこれまでよりも早い段階で認めたと解される判例が相次いでいる。たとえば，最判平成30・3・22刑集7・1・82（訪問予告事件）は，被害者宅を訪問して警察官を装って現金の交付を求めることを計画して，前日に特殊詐欺の被害にあっていた被害者に，被害の回復に協力してほしい，これ以上の被害を防ぐために銀行から現金を下ろしておく方がよいなどと申し向け，その後に，後から警察官が行くから待っているようにいうことは，「現金の交付を求める文言を述べていないとしても，詐欺罪の実行の着手があったと認められる」とした。本件うそは欺罔行為の一部をなしている，あるいは，欺罔行為に密接するものであるとして詐欺罪の実行の着手を肯定したものといえよう。さらに，最決令和4・2・14裁判所ウェブサイトは，すり替え型キャッシュカード窃盗事案において，被害者宅を訪れる金融庁職員の指示に従って封筒にキャッシュカードを入れる必要がある旨のうそを掛け子が電話で被害者に告

げた時点で実行の着手を認め, 掛け子が「金融庁職員にカードを見せて」と電話した後に受け子が被疑者宅付近に赴いた時点で実行の着手を認めている。前者では少なくとも実行行為である欺罔行為に接する行為がなされているが, 後者では実行行為である窃取行為にかならずしも密接していない行為の時点まで, 着手時期が前倒しされているように思われる。

　殺人罪については, 他人の住居に押し入って殺害する手口であれば, 凶器を携帯して被害者の住宅に押し入る程度の行動があったときに実行の着手を認めるべきであるが, 屋外などの状況においては, 凶器を携帯したまま被害者と対峙しているだけでは足りないと解されている。毒殺によるときには, 遅くとも被害者が容易に毒物に手をつけることのできる状態にいたったときに実行の着手を認めてよいとするのが一般である。

　放火罪については, 点火直前の段階で着手を認めることができる。時限発火装置を用いたときは, その装置を設置した時点で着手があるといってよい。判例は, 上述のように, 点火行為以前であっても, 客観的に建造物の燃焼する具体的危険が生じていれば (既遂行為を留保していても) 実行の着手を認めうるとしている。

　強姦 (強制性交等) 罪に関しては, 上述したとおりである。

　4. 未遂犯の処分

　未遂犯を処罰する場合, 刑法各本条における規定が必要である (刑法44条)。未遂犯の処罰について「その刑を減軽することができる」とされているのは, 新派刑法学と旧派刑法学の折衷的解決を示すものといえよう。未遂犯自体が処罰される場合 (たとえば殺人未遂) には, 他の犯罪 (たとえば殺人予備や傷害罪) は処罰されない。未遂が不処罰のとき, あらためて別罪によって処罰されることになる。

┌─────────────────────┐
│【設問20】を考えてみよう│
└─────────────────────┘

　【設問 20】は早すぎた構成要件の事案であり，これについては，クロロホルム事件（前掲最決平成 16・3・22）の解決策が参考になろう。まず客観面については，実行の着手時期の判断に際して重要な「密接性」と「危険性」があげられるところ（→ 174 頁），これらは，本件において，第一行為の必要不可欠性，第一行為から第二行為への因果経過における無障害性，両者の場所的・時間的密接性から肯定されるであろう。そして，この一連の殺人行為と被害者の死亡との間の因果関係も容易に肯定することができるであろう。主観面については，この事例では因果関係の錯誤が問題となるが，A の錯誤は相当性を逸脱する程度のものではなく，故意を阻却しないと解することができよう。

第25章 V：未遂犯論
──不能犯の意義と要件

> 砂糖を飲ませて人を殺そうとした場合，あるいは，弾の入っていない空
> のピストルで人を撃った場合には処罰されるか。

【設問21】　Aは，病院の病室のベッドで数分前に息を引き取っ
たXをまだ生きていると思い，Xに対して至近距離から拳銃を発
射し弾丸をXに命中させた。Aの罪責を論ぜよ。

V-2　不能犯

（1）　意　義

不能犯（**不能未遂**）とは，呪咀（のろい）や砂糖を摂取させることに
よって人を殺しうると信じて行為に及ぶように，行為者が，本来犯罪
の完成にいたるべき危険性を含んでいない行為によって犯罪を実現し
ようとする場合をいう。従来から，有力説は，不能犯の問題を，事実
の欠缺（欠如していること）の問題として，と同時に，構成要件の定型
性，すなわち構成要件該当性の問題として，より具体的には，実行行
為の問題として扱ってきた。

（2）　未遂犯との区別

上記のとおり実行行為の問題として不能犯が理解されていることか
ら，また，未遂犯の処罰根拠については結果発生の現実的危険性と理

解されていることから，わが国では，現在，不可罰的な不能犯と可罰的な未遂犯との区別に関しては，行為そのものの危険性，未遂に必要とされる結果発生の危険性に着目する見解が多数説となっている。もっとも，学説は分かれている。

1. 主観説

まず，主観説は，行為者が，いやしくも犯罪的意思をもって行為した以上，常に未遂犯であって，不能犯ではないとする。しかし，この立場からも，迷信にもとづいた方法により犯罪を行おうとする迷信犯だけは不能犯であるとされている。主観説に対しては，その基礎とする主観主義刑法理論が批判されるほか，行為者の社会的危険性に立脚した不能犯理論である点について批判されている。また，なぜ，迷信犯だけが故意があっても不処罰なのかの説明は困難であるとも評されている。

2. 抽象的危険説

抽象的危険説は，行為の当時において行為者が認識した主観的事情を基礎として，一般人の見地から客観的危険の有無を判断し，行為者の計画どおりに因果関係が進行したとして，その場合にも結果が発生したであろうと考えられる場合には抽象的危険ないし法秩序に対する危険が認められ，未遂犯が成立するが，抽象的にも結果発生の危険が感じられない場合には不能犯であるとする見解である。この見解は，事実の錯誤にいう抽象的符合説と同様の基本思想にもとづくものである。したがって，この立場では，殺害目的で砂糖を飲ませた場合，砂糖に人の死を惹起する力があると信じていた場合には不能犯であるが，砂糖を有毒な物質と取り違えていた場合には，「有害な物質を飲ませる」という行為者の内心が一般人に危険を感じさせるので未遂犯であるとされる。また，後述の空ベッド事例はもちろんのこと，霊安室や棺のなかにおかれた死体に対して殺害行為に及んだ場合，行為者がそれを生存しているものと信じているかぎり，一般人の立場から行為者の計画どおりに進めば死の結果発生の危険があるとして，未遂犯とされる

のである。

　抽象的危険説に対しては，行為時に行為者が認識ないし計画した内容のみを基礎として危険性を判断する点で失当であるとの批判がなされている。

3. 具体的危険説

　現在の多数説であり主流判例でもある具体的危険説は，行為の当時，行為者がとくに認識していた事情，および，一般人が認識しえたであろう事情を基礎とし，一般人の見地から結果発生の可能性があるか否かを判断し（「事前判断」，すなわち，裁判時にまで明らかになった客観的事実を基礎とせず，行為時の事後予測として犯罪が実現される危険性の有無を判断することを基本とする），それが肯定されるときは具体的危険が認められて未遂犯が成立するが，否定されるときは不能犯であるとする立場である（これは，因果関係論における，折衷的相当因果関係説と同様の判断枠組にたつものである）。この説は，行為時の事前判断において，一般人が危険感を抱くかどうかという基準により未遂犯の危険を認定するもので，一般人の印象・不安感，社会心理的な危惧感を処罰根拠とするものである。

　この説からは，行為者が生きている人間と誤信して死体を短刀で突き刺したという場合，一般的にもその死体が生きた人間と考えられたときには未遂犯，一般に死体であることが明らかであったときには不能犯ということになる。したがって，病院の病室で直前に死亡していた被害者に対してまだ生きていると思って殺人の故意で発砲した場合には，不能犯とはならず殺人未遂となるが，前記の霊安室事例では，不能犯ということになる。また，就寝中だと思って発砲したところ，ベッドには人がおらず空であった場合（空ベッド事例），ピストルを発砲したが，弾が入っていなかった場合（空ピストル事例）についても，殺人未遂となりうる。また，「他人のため事務を処理する者」でないのに，自分がその事務処理者であるとの認識のもと，背任罪（247条）の

所定の目的をもって「任務違背行為」をしようとしたという「主体の不能」（主体に関する錯誤による不能）の事案については，構成要件要素は等価値であるとし，したがって客体が存在しないために結果の発生が不可能な「客体の不能」やその方法の性質上結果の発生が不可能な「方法の不能」と同様に扱うことができるとして，理論的には未遂犯の成立を肯定しうるとしている（反対説も有力）。

　この具体的危険説に対しては，一般人が危険であると感じれば処罰し，逆に，客観的には危険な手段・方法が講じられていても一般人が危険と思わなければ処罰しないことになり，不合理であるとの批判がある。たとえば，一般人も行為者も人だと見誤まるような案山子やマネキン人形に発砲した事例において，発砲は危険な行為であるからといって殺人未遂を認めるのは妥当ではなく，他方，被害者に危険な物質を飲ませても，行為者・一般人がその物質を危険なものと思わなければ危険はないとするのは合理的とはいえないというのである。

4.　客観的危険説（絶対的不能・相対的不能区別説）

　客観的危険説は，不能の観念を，一般的に犯罪が実現されない場合である絶対的不能と，当該具体的場合における特別の事情から犯罪が実現されない場合である相対的不能とに分けて（「事後判断」，すなわち，行為後から裁判時までに明らかになった行為時の客観的事実を基礎とした判断を基本とする），前者を不能犯，後者を未遂犯とし，あるいは，方法に関する相対的不能だけを未遂と解し，方法に関する絶対的不能および客体に関する絶対的不能・相対的不能を不能犯とする。これは因果関係論の，広義の相当性判断における客観的相当因果関係説と同様の思考方法をとるものであるといえよう。

　しかし，結果不発生の場合，人に向けてピストルを発射したところ弾丸が頭部から数センチメートル離れたところを通過して事なきを得たといった事例を想起すれば明らかなように，あらゆる事実を純粋に客観的に考慮すれば，不発生には当然に科学的理由があり，その理

由を前提にすれば結果発生しないことは必然的な帰結であって，危険の発生も，したがって未遂犯の成立も否定されることになりかねない。そこで，不能犯を否定，すなわち未遂犯を肯定しようとすると，事後判断を放棄するか一定程度事情を抽象化するかせざるをえないが，それでは不能の概念が不明確となり，この説が前提としたことに反することになるとの批判がなされている。

5.　修正客観説（仮定的事実の存在可能性説）

結果無価値論の立場から，客観的危険説の不都合を回避すべく，現在は種々の修正がなされている。そのなかで，修正客観説（仮定的事実の存在可能性説）は，未遂を具体的危険犯と理解し，実行行為に内在する危険性だけでは足りず危険結果の発生が必要だとする結果無価値論的違法論を基礎として，有力に唱えられている。すなわち，同説は，現実に存在した全ての事情を基礎に結果発生の危険を客観的に判断することを志向するもので，どのような事実が存在すれば結果が発生したかを，一般人の認識からではなく，科学的に明らかにし，そのうえで，このような現実には存在しなかった仮定的事実が存在することがどの程度ありえたかを一般人の立場で判断して（一般人の事後的な危険感），結果発生の可能性，危険の有無を検討する見解である。この見解は，方法の不能の事例についてはもちろん，客体の不能の事例においても，客体の存在可能性を肯定することで未遂犯の成立を肯定することができ，また，この点に関する判例理論を合理的に説明することが可能であるとしている。

修正客観説においては，客観的全事情を抽象化することで可罰的な未遂の成立範囲が広がり，結論は具体的危険説のそれに近似することになるが，同説は主観的事情を排除し，具体的危険説は事後に判明した行為時の客観的事情を考慮しない点で，その判断枠組みを異にする。

修正客観説に対しては，法益侵害の現実的危険性については，構成要件該当性の問題として，一般人の感じる類型的危険性を意味すると

すべきであり，このことを没却すべきではないという批判，また，仮定的事実の存在可能性の判断は，方法の不能の事例では容易であるが，客体の不能の事例では容易ではない，との批判がある。

　不能犯学説についての争いは，現在のわが国では，上記の具体的危険説と修正客観説との対立であるということができる。両説の違いは，未遂犯成立に必要な結果発生の危険性の判断が，後者においては，行為後に明らかになった行為時の客観的事情を基礎とする事後判断を基礎とし，その事情を判断基底とした可能性判断であるのに対して，前者は，かかる客観的事情を基礎としない行為時の行為者および一般人の認識事情を基礎とする事前判断をもとに，一般人が危険を感じるかを判断するものである点で異なる。これまでみてきたように，判例の立場である具体的危険説は行為の危険性を一般人の見地から判断するものであり，①行為無価値論からの理由づけ，すなわち，刑法の機能を行為規範の妥当性確保に求める立場から，一般人の目からみて危険とされる規範違反行為は未遂として処罰することができること，②一般人に結果発生の不安を生ぜしめ，社会に動揺を与えたならば，未遂犯として処罰することが可能であることをその根拠としているといえよう。

(3)　判　例

　わが国の判例は，とりわけ方法の不能の事案では，絶対的不能・相対的不能区別説にたつかのようであるが（最判昭和25・8・31刑集4・9・1593など），実質的には，（とりわけ客体の不能の事案では）具体的危険説を基調としているとも評しうる。

　不能犯を認めた判例としては，いずれも方法の不能の事例であるが，殺人の意思で硫黄の粉末を味噌汁中に混ぜて飲ませた行為について，傷害罪が成立するにとどまるとして，殺人に関して絶対的不能を認めた最初の判例（大判大正6・9・10刑録23・999）があるほか，鉄筒内に

爆薬はあるが，点火雷管と導火線との結合が悪く，また導火線も湿気を吸収して質的な変化を起こしていた手榴弾を安全装置を外して人に投げ付けた行為を殺人の不能犯とした判例（東京高判昭和 29・6・16 東時 5・6・236），真正の原料でなかったため覚せい剤を製造できなかった事案につき覚せい剤製造未遂罪にあたらないとした判例（東京高判昭和 37・4・24 高刑集 15・4・210）がある。

　不能犯を否定した判例としては，方法の不能に関し，殺人の目的で致死量に達しない毒薬を被害者の食用に供する味噌汁中に投入した行為に殺人未遂を認めた判例（大判大正 8・10・28 新聞 1641・21）のほか，懐中のがま口に入れて携帯する小さな小刀で人を殺そうとした行為に未遂犯を認めたもの（大判大正 11・2・24 刑集 1・76）があり，また，炊飯釜中に青酸カリを入れて炊いた米飯が黄色を呈し，臭気を放っているからといって，何人もこれを絶対に食べることはないとはいえないとして（最判昭和 24・1・20 刑集 3・1・47），殺人罪の不能犯ではないとしたものがある。また，致死量（鑑定によれば 70cc ないし 300cc）以下の量の空気（30cc ないし 40cc）を蒸留水とともに被害者の静脈に注入したという事案に，「被注射者の身体的条件その他の事情の如何によっては死の結果発生の危険が絶対にないとはいえない（傍点著者）」とした第 1 審の判断を支持した判例（最判昭和 37・3・23 刑集 16・3・305。不能犯学説の他説に従っても未遂犯が成立するとされようが，判旨からは客観的危険説を採用したものといえよう）も存する。さらに，うっかり弾丸を装てんすることを失念した勤務中の警察官が着装する拳銃を殺害目的で同警察官に発砲したという事案に，警察官が着装している拳銃には，常時，弾丸が装てんされているべきものであることは一般社会に認められており，勤務中の警察官の拳銃を用いて殺意をもって発砲する行為は，偶然弾丸が装てんされていなくとも結果発生の危険があるとした判例（福岡高判昭和 28・11・10 判特 26・58）がある。この判例は，方法の不能の事例につき，絶対的不能・相対的不能とは異なる基

準を採用したものであるが，修正客観説および具体的危険説からも同
様の結論を導きうるものと思われる。

　そのほか，方法の不能に関して，都市ガス（一酸化炭素が含まれてい
ない天然ガス）を室内に充満させることによって，子どもを道連れに無
理心中をしようとしたという事案に，判例は，都市ガスは人体に無害
だから不能犯であるとする弁護人の主張を退け，ガス爆発事故や酸素
欠乏症による人の死の結果発生の危険とそのような行為がもつ死の結
果を惹起するに足りる危険性についての一般人の認識を基礎に，不能
犯の成立を否定している（都市ガス中毒死未遂事件。岐阜地判昭和 62・
10・15 判タ 654・261）。この判例はいずれの学説からも支持されている
が，ガス爆発事故や酸素欠乏症という事情がなくとも，あるいはその
危険性が低くとも不能犯を否定できるかが具体的危険説（未遂犯）と
修正客観説（不能犯）の結論の相違ということになろう。

　客体の不能に関しては，目的物が存在せずとも窃盗罪・強盗罪の不
能犯とはならず，また，相手方が初めから詐欺の事実を看破していた
ために欺罔手段を施しても効果がなかった場合にも，詐欺罪の不能犯
ではなく未遂犯とされている。たとえば，強盗目的で被害者を引き倒
してその懐中物を奪取しようとしたが，手を入れたポケットには懐中
物が入っていなかったという事案につき，判例は，通行人が懐中物を
所持しているのは普通予想できる事実であるから，これを奪取する行
為はその結果を発生させる可能性を有し，実害を生じさせる危険があ
るとして，強盗の未遂犯を認めた（空ポケット事件。大判大正 3・7・24
刑録 20・1546）。この判例は，客体の不能の事案に絶対的不能・相対的
不能の区別とは異なる基準を示したリーディングケースといわれてい
る。また，他の暴力団員による銃撃によりすでに死亡していた被害者
に対して，とどめを刺すつもりで日本刀で腹部・胸部などを突き刺し
た事案では，具体的危険説を採用し，行為時における，①被害者が生
存しているという行為者の認識事情，②被害者の死亡を知りえないと

いう一般人の認識事情，③本件加害行為によって被害者が死亡するで
あろうとの一般人の危険感を基礎に，不能犯の成立を否定し，殺人未
遂罪の成立を認めた判例もある（広島高判昭和36・7・10高刑集14・5・
310）。なお，修正客観説からも，（死亡していたことが確実でないかぎり）
同様の結論を導くことは可能であろうが，客観的危険説からは無理が
あろう。

(4) 幻覚犯

　可罰的かどうかが問題となりうる上の事例群と不可罰である幻覚犯
とは区別すべきである。不能犯は，上述のように，行為者が現実には
存在しない客観的不法について構成要件の要素が備わっていると考え
た場合であり，彼が考えた要素が事実として存在すれば構成要件が実
現されることになる。これに対して，幻覚犯は，行為者において，法
律上罪とならない，すなわち刑法典上処罰規定のない行為について，
これがあるものと誤信する場合であり，これには，同性愛や姦通など，
わが国の刑法典では処罰されない行為を刑罰法規に該当すると考えて，
また，正当防衛の規定の解釈を誤り，財産に対しては正当防衛が不可
能であると考えて行為した場合などがある。行為を処罰する法律がな
いので，当然に不可罰となる。

【設問21】を考えてみよう

　【設問21】については，不能犯学説の主観説，抽象的危険説からは，
容易に，Aについて殺人未遂の成立が導きえよう。具体的危険説によ
れば，病院の病室のベッドに横たわっているXについて，Aおよび一
般人はその死を認識できず，それを基礎にAの拳銃発射行為をみると，
一般人は殺人未遂を基礎づけうる危険を感じるであろう。また，修正
客観説からは，結果が発生しなかったのはたまたま数分前にXが死
亡していたからであり，そうでなければAの行為によって死亡する
危険性が高かったことは明らかであって，したがって，殺人未遂を肯

定できようが，ただ，修正客観説のなかでも，客体の不能の取り扱いについては見解が分かれている。客観的危険説によれば，本問は客体に対する絶対的不能の事例であり，死亡しているのである以上人の生命に対する客観的危険性はなく，したがって，殺人については不能犯となろう。

第26章 V：未遂犯論
—— 中止犯の意義と要件

> 泥棒に入ったところ，あまりにわずかの現金しかなかったので，もう一度出直そうとした場合，中止犯は成立するか。一発で殺害しようとした場合よりも，はじめから数発で殺害しようとした場合の方がなぜ刑が軽くなりうるのか。また，玄関前で思い直して強盗に入るのをやめたときの方が，家に入って被害者に暴行・脅迫を加えた後に強盗を思いとどまったときよりも重く処罰されうるのはなぜか。

【設問 22】　Ａは強い殺意をもってＸの頭部をめがけて包丁を振り下ろし，Ｘに切りつけたが，Ｘがとっさにこれを左腕で防いで「命だけは助けてください」と哀願したのをみて憐憫の情と後悔の念がわき，行為の続行を中止したため，Ｘに全治 2 週間の傷害を負わせるにとどまった。Ａの罪責を論ぜよ。

V-3　中止犯

(1)　意　義

　中止犯（中止未遂）とは，広義の未遂犯において，行為者が，「自己の意思により」，犯罪を完成させることを中止することをいう（刑法43条ただし書）。したがって，中止犯の構成要件は，既遂の構成要件を修正した障害未遂の構成要件を，ある意味では，さらに修正するものであるといえる。

中止犯は未遂犯の一種であり，結果の発生がなかったことを前提としている。したがって，たとえば，目的物が独立燃焼し放火罪が既遂に達した後に思い直して消火しても，あるいは，被遺棄者を乗せて遺棄目的で走行中に思い直して病院に搬送しても，いずれも犯罪は既遂となっているので，中止犯の成立はない。

(2)　刑の必要的減免の理論的根拠

なにゆえに中止犯にあっては，必要的に刑が減軽または免除されるのか，その根拠については，中止犯の要件の解釈問題と深く関わるとして，盛んに議論されてきた。

学説は，大きく分けて刑事政策説（奨励説）と法律説に分かれ，法律説はさらに違法減少（消滅）説，責任減少（消滅）説，違法・責任減少（消滅）説に分かれているが，さらに，刑事政策説と，法律説の中のいずれかの説を基礎とした結合説（併合説）も唱えられている。

刑事政策説は，中止犯を寛大に取り扱い，その刑を宥恕することの理論的根拠を刑事政策的考慮に求める。そして，刑事政策説の内部でも，さらに，**一般予防政策説**と**特別予防政策説**があり，前者は，中止犯規定は，すでに犯罪の実行行為に踏み込んだ行為者に対して「後戻りのための黄金の橋（リスト）」を用意するものであると説明し，後者は，行為者の危険性は中止にもとづいて減少・消滅し，刑事政策的に特別に扱うことに値するものとなるのであると説いている。しかし，刑事政策説には，中止犯においても未遂犯は成立している以上，これを不問にして単に刑事政策的配慮だというのでは説得力に欠ける，すなわち，障害未遂よりも宥恕される理由が不明確であり，また，必要的に減軽される場合と免除される場合のいずれを選択すべきかについて指針を与えていないとの批判がなされている。

他方，**法律説**は，中止犯の刑の減免根拠を，犯罪成立要件のいずれかが減少・消滅するためと解する。ただ，刑法典は，中止犯の効果と

して刑の必要的減免を認めるにすぎないから，違法性，ないし責任の「消滅」ではなく，それらの「減少」にとどめてこれを理解しなくてはならないであろう。法律説のなかで，**違法減少説**は，中止によって行為の違法性が減少すると説き，**責任減少説**は，中止によって行為者に対する責任非難が減少する，あるいは新たに規範的人格態度が形成されるとする。さらに，両者を統合する**違法・責任減少説**も有力である。しかし，違法減少説に対しては，同説は，中止犯の場合には結果発生の危険が減少する，あるいは，未遂犯における故意を主観的違法要素と捉える見解を前提として故意の放棄によって違法性が減少すると解しているが，結果無価値すなわち結果発生の危険が事後的に減少することはありえないし，また，任意性という主観的事情を違法評価に関連づけるべきではないとの批判があり，責任減少説には，客観的な中止行為の意義が失われかねないとの批判，違法・責任減少説に対しては，根拠としての相互関係が不明であるとの批判がそれぞれ加えられている。

　検討するに，刑事政策説は，中止犯が寛大に取り扱われることを行為者が知っていることを前提にしている点（刑法を学んだことがあるのでなければ，一般にそのような事情は知らないであろう），また，未遂としては処罰しないとしているドイツ刑法とは異なり，わが国の刑法においては刑の減軽にすぎない場合もあるので，途中で行為をやめてもかならずしも不処罰とはならないことから，奨励の効果がそれほど期待できないといった点に難があり，やはり，単独では根拠となりえないであろう。他方で，違法減少説は，43条ただし書が中止行為に責任要素である任意性・自発性を要求している点で，責任減少説は，同条があくまで未遂を前提としている点で（責任減少説を前提とすれば，心より反省し中止行為を行ったのであれば結果が発生しても中止犯とするのが当然なのに，現行法ではそのようにはなっていない），条文との整合性という面からそれぞれ問題があり，いずれか一方のみを根拠とすること

はできない。とすれば，同条ただし書は，いずれかの立場を基調とし
たものと考えるべきではなく，刑事政策説と法律説をあわせて考慮す
ることが妥当であると解されよう。すなわち，中止犯とは，法律的に
は，法益侵害の危険性の抑止・低減に向けて事態が推移したことによ
る違法性の減少と，それを意図したことによる非難可能性の低下とを
類型的に規定したもので，刑事政策的には，一般予防，特別予防とい
う政策的配慮から設けられた法形象であると理解することができよう。

(3)　要　件

1.　「自己の意思により」(任意性)

(a)　学　説

中止犯が成立するためには，犯罪の中止が「自己の意思」によるも
のでなければならないが，これを**任意性**と称している。この任意性の
解釈に関して，学説は，**客観説**，すなわち，一般の経験上，未遂となる
にいたらせた事実が，意思に対して強制的な影響をもたらし犯罪の継
続に障害となるような性質のものではない場合に任意性を肯定する見
解，**限定主観説**，すなわち，悔改（くいあらため），慚愧（ざんき），恐懼（きょうく），同情，憐憫など，
広義の後悔にもとづく場合に任意性を肯定する見解，そして**主観説**，
すなわち，行為者の主観において，行為者が「やろう（犯行を継続しよ
う）と思えばできたのに，やらなかった」場合（いわゆる**フランクの公
式**）に任意性を認める見解，がある。違法減少説は客観説に，責任減
少説は主観説あるいは限定主観説に親和的であるとされる。現在では，
客観説が多数となっている。

(b)　判　例

判例は，たとえば最判昭和24・7・9刑集3・8・1174が「通常，結
果の妨害となる性質」の事情とはなにかを，国民の規範意識に則って
具体的に明らかにしようとしているように，被害者が鳥肌をたててい
るのをみて欲情が減退して行為を中止した事案に強姦（強制性交）の

中止犯を否定した東京高判昭和 39・8・5 高刑集 17・5・557 など，かつては客観説に従ったものも多かったが，一方では主観説にたつと解されるものもあり，一貫しない。

　流血による恐怖，驚愕からそれ以上殺害行為を続行しなかった事案について，判例は任意性を否定してきたが（最決昭和 32・9・10 刑集 11・9・2202），その後の判例としては，流血による驚愕とともに悔悟の情から救急車を呼ぶなどの措置をとり被害者の生命をとりとめた事案に中止犯を認めている（福岡高判昭和 61・3・6 高刑集 39・1・1）。また，被害者が被告人の一撃を防御したうえ，助命を哀願したため殺人行為を中止したという事案に，一般的に殺害行為を継続するのが通例であるにもかかわらず，被告人は憐愍の情を催してあえて殺人行為を中止したとして，中止犯を認めたもの（東京高判昭和 62・7・16 判時 1247・140）や，無理心中をしようとしたが息子の表情をみて愛情の念を生じて（名古屋高判平成 2・7・17 判タ 739・245），また，殺人の故意で妻をナイフで突き刺したが，同女に悪いことをしたと思って（東京地判平成 8・3・28 判時 1596・125），それぞれ犯行の遂行を断念した事案に，中止犯を認めた事例がある。

　これらの任意性に関する判例を総合すると，かつては，判例は任意性を肯定するときには限定主観説を，任意性を否定するときには主観説または客観説を採用しているという状況であったが，前掲最判昭和 32・9・10 を機として，まず最高裁のとる客観説の立場からことを論じ，あわせて，広義の後悔を任意性を導く有利な事情として斟酌している，すなわち，判例は客観説と限定主観説を併用していると評されている。

（c）検　討

　客観説は，主観的構成要件要素である任意性の要件の判断にあたって，行為者自らの主観面を顧慮することなく，もっぱら一般的経験を標準とした客観的見地から考えようとする態度において当を得ていないであろう。たとえば，饅頭が死ぬほど怖いという窃盗犯人が実際に

いたとして，侵入した商店が饅頭屋であった場合，一般人には窃盗の
継続が可能であっても，行為者には到底不可能であると考えられるこ
とから，任意性はやはり否定すべきであろう。また，同説は，外部的
事情が中止行為を妨げたか否かの基準が不明確であるとも批判されて
いる。反対に，限定主観説が常に広義の後悔を必要とすることには，
単に「自己の意思によ（る）」ことのみを要件とし，中止犯を刑の必要
的減免事由としているにすぎない現行法の解釈としては厳格にすぎる
との批判がある。また，後悔などは内心の倫理の問題で，法的責任と
は別個のものであるとも指摘されている。それゆえ，積極的な後悔に
よらずとも，行為者の自発的な意思にもとづくときは中止犯を認める
べきとする主観説が，基本的には妥当であるといえよう。任意性の判
断は，自己の意思，すなわち行為者の意思を基準とすべきであるから
である。

（d）主観説からの各事例の処理

犯罪の発覚をおそれて，あるいは，恐怖，驚愕によって中止した場
合や嫌悪の情を覚えてやめた場合などでは，通常，これらの契機は行
為者にとっては障害とみなされて，任意性は否定されることになる。
一方，たとえば，外部的障害（パトカーの接近等）による場合，あるい
は，それがなくとも，行為者がそれをあるものと誤信してやめた場合
にも，自発的な中止があったとはいえないとされる（なお，反対に，外
部的障害があっても，行為者がこれに気づかず，自発的に犯行をやめたとき
は，自己の意思によったものであるということができよう）。

中止犯の成立には，かならずしも倫理的・道徳的に優れた動機が必
要とされているわけではない。すなわち，行為者が積極的に中止行為
に出た以上，中止の動機が道徳的なものでなくとも（たとえば，襲った
相手の女性が好みに合わないとして強姦（強制性交）行為を思い止まった場
合），功利的なものであっても（たとえば，申し出の対価を得ることで殺
人行為をやめた場合），また，かならずしも行為者が犯罪意思を放棄し

ていなくても（たとえば，侵入盗が，翌日の方が大金が手に入ることを知り犯行を延期した場合），任意性は肯定しうるとされているのである。

2．「犯罪を中止した」こと（中止行為）

　中止犯成立の第2の要件は，行為者が犯罪の完成にいたるのを自ら阻止したことである。これには，実行の着手後その終了前に，その後の実行を放棄した着手中止と，すでに実行を終えた後に，それによる結果の発生を防止した実行中止がある。中止行為は，前者の場合には，通常その後の実行を放棄するという「不作為」で足りるが，後者の場合には，結果防止のための積極的「作為」を必要とすると説明される。

　もっとも，以上のことを原則としつつも，着手未遂か実行未遂かという形式的な判断では決せられない事例が存する。実行の着手の終了を行為者の計画を基礎に考えると，スナイパー A が標的である X を「1 発の弾丸で仕留めようとして」X に向かって 1 発発砲したところ，弾は X には命中せず，そこで，はたと自己の行為の非を悟りそれ以上の行為をしなかったという場合と，A が「数発の弾丸で X を仕留めようとして」1 発発砲したところ命中せず，同様の理由でそれ以上の行為をしなかった場合を比較すると，前者は実行未遂，後者は着手未遂となる。しかし，そのような形式的判断で中止犯の成否が決定されると，前者では，実行行為が終わっているという理由で中止犯が否定され，後者では，終わっていないという理由でこれが肯定されることになり，この結論は妥当ではない。また，実行行為の終了を結果を発生させる行為の完遂を基礎に考えると，前者の場合において，拳銃の弾を 1 発発射した段階で実行行為が終了したことになるが，この場合に，弾が命中し，被害者が怪我をしていれば，病院に搬送して救助することで中止犯として扱われるが，命中していない場合には，何ら作為にあたる行為を行うことはできないことになる。すなわち，そこで，中止犯の成立のためには，もう一度発砲して怪我をさせる必要があるという不都合が生じることになるのである。

　そのような理由からも，今日では，先の形式的基準に加えて，事態を放置すれば結果が発生する危険性が生じるという場合には，結果発生を防止するための積極的な中止行為という作為が必要となり，因果関係を遮断せずとも結果は発生しない（または，その可能性がある）という場合であれば実行行為は終了しておらず，不作為で足りるとする見解（**因果関係遮断説**）が有力となっている。これによると，上記の拳銃発砲の例では，いずれも因果関係を遮断しなければ結果が発生するという場合にはあたらないので，中止犯の成立を肯定することができることになる。したがって，2発の弾丸を装填した銃で，2発とも発射したが命中しなかった場合は中止犯は不成立であるが（また任意性も認められない），拳銃を1発撃ったのち，それ以後の行為をしなかった場合には，行為者の当初の計画のいかんにかかわらず，中止犯が成立することになる。

　前掲東京高判昭和62・7・16は，殺意をもって牛刀で被害者に切りつけたところ，これを左腕で防いだ同人から助命を哀願され，犯行を中止したという事案に，「（最初の一撃が失敗した場合には，殺害目的を完遂するため）2撃，3撃というふうに追撃に及ぶ意図が被告人にあった」として，殺人の実行行為は終了していないとして，着手中止を認めている。この判例は，因果関係遮断説にたつものといえよう。

　中止行為は，結果防止のために，真剣な努力を払って行われるべきであるとするのが判例・多数説である。行為者自身が結果の防止にあたらないときは，他人の助力を受けても差支えないが，少なくとも自ら防止にあたったと同視することのできる程度の努力（判例のいう「真摯な努力」）が払われたことを必要とすべきであるとされている。単なる協力では足りない。たとえば，放火ののち，炎上する火勢をみてにわかに恐怖心を感じ，「放火したから宜しく頼む」といって知人をして消火させるにいたったとしても，中止行為を認めるには不十分である（大判昭和12・6・25刑集16・998）。毒薬を送り付けた以上，その返却

を求めるにしても，事実を伏せたままこれを行うのではなく，それが
毒物である旨の告白をするような真摯な態度が必要であり（大判昭和
13・4・19 刑集 17・336），アパートの自室に放火して自殺を企て，衣類
にライターで点火して放火した直後に，まだ燃えていない衣類を炎の
上からかぶせるなどしたが，水をかけるなどの措置をとらず，完全な
消火を確認しなかった事案において，中止行為は否定されている（東
京高判平成 13・4・9 高刑速 3132・50）。

　もっとも，真摯な態度とは，結果発生の防止に向けた行為の必要性
をいうのであって，「真摯な努力」という言葉が求めるところの内容は
過大であり，結果発生防止とは無関係な犯人の犯罪実行後の態度まで
考慮されるとすれば失当である。自首とは異なり，自分が犯人である
との告白は，そこに犯行手段や用いた薬物の説明が含まれ，それが結
果発生の防止に役立つならば格別，そうでなければ，かならずしも必
要とされないのである。したがって，現在の有力説は，中止犯の成立
が否定されるところの，自分が犯人であることを秘匿した事例などで
指摘されるような「真摯な努力」は不要であって，毒薬の種類・性質
の告知，凶器や具体的犯行状況の告知など，結果発生を防止するのに
役立つ「適切な努力（行為）」で足りるとしている。前掲東京地判平成
8・3・28 などでは，「真摯性」の要件が緩和されている。

　真摯な中止行為と結果の不発生との間に因果関係が存しない場合，
たとえば，行為者は殺害行為を中止し近くの公衆電話で救急車を呼び
出したが，その間に第三者が被害者を発見し病院に搬送したことで結
果が防止されたとか，行為者は実行の着手後に被害者を病院に連れて
行ったが，はじめから結果が発生するような行為ではなかった，すな
わち，たとえば，与えた毒が致死量にいたるものではなかったという
場合に，判例・多数説は，中止犯を否定するが，その事態が広義の未
遂犯にあたりうるかぎり肯定すべきであろう。そうでないと，被害者
に与えた毒が致死量であれば因果関係が肯定されて中止犯が認められ，

致死量に達しない程度の毒であれば，因果関係は否定されて中止犯も否定されるというアンバランスな帰結を招来するからである。ここでは，傷害未遂犯の違法性を基礎づける危険の除去がなされているといえよう。

　なお，現在有力な責任減少説にたてば，中止行為と結果との間の因果関係は不要ということになるが，そうだとしても，そもそも中止行為が存在しない場合には，中止犯は成立しないことを確認しておきたい。先の，行為者が現場を離れている間に，他人によって被害者が救助されたという場合，かりに救急車を呼ぶことができなかったとすれば，そもそも中止行為は存在しないことから，被害者の命が助かったとしても行為者に中止犯が成立することはないのである（東京地判平成7・10・24判時1596・125参照）。

　最後に，中止犯が成立するには，中止の意思が必要である。放火後にガソリンを撒こうとしたが誤って代わりに水を撒いて消火してしまった場合，スナイパーが弾は命中し被害者は死亡したと誤信して立ち去った場合，いずれも中止の意思が欠けるので，中止犯は成立しない。危険除去の認識がない以上，責任非難の減少はみてとれないからである。

(4)　処　分

　中止犯にあっては，「その刑を減軽し，又は免除」される（43条ただし書）。すなわち，刑の任意的減軽を受ける障害未遂と異なり，中止犯は刑の**必要的減免事由**とされている。行為者が甲罪を中止したが，それまでに生じた事実が乙罪の構成要件に該当している場合，乙罪は成立せず，単に，甲罪の中止犯として取り扱われる。たとえば，殺人罪の中止犯が成立する場合，傷害罪，殺人予備罪は不問に付されるのである（この点で不能犯とは異なっている）。

(5)　予備・陰謀の中止

予備・陰謀の中止とは，行為者がある犯罪の予備・陰謀を行ったのち，しかしその実行に着手することを思い止まったことをいう。判例（最大判昭和 29・1・20 刑集 8・1・41），および一部の学説は，予備は「実行に着手し」ていないこと，予備は準備行為があれば直ちに既遂として成立することを理由として，強盗予備の中止を認めていない。しかし，そう解すると，たとえば，A が X の家に忍び込み，X にナイフを突きつけて「強盗だ。金を出せ」といった直後，自己の行為の非を悟り，犯行を中止して X 宅をあとにした場合，強盗の中止犯が成立し，刑の必要的減軽がなされることになるが，A が X 宅の玄関先で己の非を悟り 踵（きびす）を返したという場合，A には強盗予備罪として 2 年以下の拘禁刑（237 条）が待っていることになる。このように，とりわけ，強盗罪において，その予備をしたが実行の着手にいたる前に中止したときと実行に着手した後に中止したときとでは，刑の権衡を失するおそれがあるのである。そこで，予備罪の成立後に基本犯の実行に着手することを断念し基本犯の結果発生を防止した場合には，「中止犯」を準用（類推適用）してよいとし，そして，このような準用は，犯人に有利な解釈であるから，罪刑法定主義に反しないと解する説が学説では多数を占めている。なお，殺人予備罪などでは，刑の免除規定があることから，かかる問題性は少ない。

【設問22】を考えてみよう

【設問 22】については，殺意をもって殺人の実行行為を開始し，しかし結果が発生していないことから未遂犯が成立するが，この場合に，中止犯が成立するかが問題となる。まず，着手中止か実行中止かについては，主観的には，一撃で殺人の目的が達成されなかった場合には目的を完遂するために追撃に及ぶ意図があったのであり，また，客観的には，本来既遂に達すべき行為が終了しているとはいえず，さらに，

因果関係を遮断しなければ死という結果が発生してしまうという状況にはなかったことから，どのような立場にたっても，本件は，いまだ殺人の実行行為は終了しておらず，着手未遂に該当する事案である。したがって，それ以上の行為を継続しなかった以上，着手中止が成立する。つぎに，任意性の点であるが，A は実行の着手後に，X の哀願によって憐憫の情と後悔の情から任意かつ自発的に犯行を中止しているのであって，いかなる見解からも任意性は肯定されるであろう。したがって，A には中止犯の成立が認められる。

VI 共犯論

第27章 VI:共犯論
――共犯の基礎理論:共犯の意義・基本概念・
実行従属性, 間接正犯

> 熊のぬいぐるみを着ていた被害者を熊だと信じ込ませて猟銃で射殺させたという場合, 殺人罪の正犯は発砲した者か発砲させた者か?

【設問23】　Aは, 日頃からBに対して暴力をふるうXを殺害しようと, Bに計画を打ち明け, 致死量の毒を手渡した。Bはいったんはこれを了解しXを殺害しようと決意したが, Xの使用するコップに毒を塗布する段階で思い直し, 毒をトイレに捨て去った。それを知ったAは, 今度は, Xに嫌がらせをするためとCをだまして致死量の毒を下剤であると誤信させ, CをしてこれをXに飲ませてXを死亡させた。A, B, Cの罪責を論ぜよ。

VI-1 共犯の基礎理論

（1）　修正された構成要件としての共犯

　単独犯の基本形（基本的構成要件）を空間的に, いわば「ヨコ」に捉え, 複数人による犯罪の発現形態を修正された構成要件として規定したのが共犯である。

　共犯に関する法典編纂がなされるようになったのはそれほど古くはない。1532 年の中近世ドイツの（厳密には神聖ローマ帝国皇帝のカール 5 世による）カロリーナ刑事法典において，ようやく，複数人の共働による犯罪に関する規定が立法化されたといわれている。

(2)　正犯と共犯

1.　正犯の意義

　正犯とは，自ら基本的構成要件を実現する者をいい，共犯と対をなす概念である。すなわち，正犯とは，自ら犯罪を実行する者，実際に犯罪を行ったといえる者をいう。正犯には，単独で構成要件に該当する行為を行う**単独（正）犯**——たとえば，A が単独で X に向けて拳銃を発射する場合——，2 人以上の者が意思の連絡なく時を同じくして同一の客体に対して犯罪行為を行う**同時犯**——たとえば，A と B が意思の連絡なくそれぞれが拳銃を発射する場合——，同じく 2 人以上の者が共同して犯罪を実現する**共同正犯**——たとえば，A と B が意思を相通じそれぞれが拳銃を発射する場合——，がある。同時犯については，単独正犯が時間的に重なるにすぎないので，各行為者は自らの行為についてのみ責任を負うことになり（なお，例外は刑法 207 条），この点で共同正犯と扱いを異にする。

　また，単独正犯には，犯罪行為の形態に従って，直接に行為者自ら犯罪を実行する**直接正犯**と，情を知らない（犯罪を行っているという認識のない）他人を，いうならば道具として使って犯罪を実行する**間接正犯**とがある。前者は，たとえば，自身の手で相手に毒物を注射して殺害する場合であり，後者は，たとえば，毒物の入った注射器を事情を知らない看護師に渡して殺害を実行する場合である。

2.　共犯の意義

　刑法は，その 60 条に 2 人以上で犯罪を行う共同正犯を規定し，61 条に人を唆して犯罪をさせる**教唆犯**を，62 条に他人が行う犯罪を助け

る幇助犯（従犯）を規定している。刑法典「第11章　共犯」にいう「共犯」は，広義の共犯としてこれらを指している。

　他方，共犯は，狭義では，広義の共犯から共同正犯をのぞいた，教唆犯，幇助犯を意味する。教唆犯とは，困窮している知人に万引きの手口を教え実行させるなど，他人を唆して犯罪をさせることをいう。また，幇助犯とは，すでに犯罪を行おうとしている者の手助けをし，これを容易にすることをいう。殺人を行おうとしている者に凶器や被害者宅の見取り図を手渡すような物的な手助けのほか，殺人を決意している者に「男であれば，やるときにはやらねばならぬ」などと精神的に励ますことも幇助となる。以下で述べるように，自分の手で犯罪を行う正犯に対して，他人の犯罪に関わる（関与する，加功する，加担する）のが共犯ということになる。

3. 正犯と共犯との区別

　正犯と共犯の概念については，限縮的正犯概念（制限的正犯概念）と拡張的正犯概念との間で争いがある。前者は，実行行為や正犯を制限的に理解し，実行行為とは構成要件に該当する行為であり，この実行行為を自ら行う者が正犯であるとする。この見解によれば，共犯規定は，自ら実行行為を行う正犯以外にまで処罰を拡張するものであり，同規定は刑罰拡張事由であるということになる。一方，後者の拡張的正犯概念は，つぎに示す主観説と同様，結果の発生に何らかの条件を与えた者は本来すべて正犯であって，自ら犯罪を実現したかどうかは重要ではないとする。この見解によれば，共犯規定は，本来正犯として処罰可能な者についてこれを共犯として軽く処罰し，処罰の範囲を制限するものであり，同規定は刑罰制限事由であるということになる。拡張的正犯概念は，あまりに正犯概念を広げすぎるので妥当ではないことから，また，刑法61条（「正犯の刑を科す」），62条（「正犯を幇助した者」）の文言にあるように，共犯は正犯に従属すると解すべきであることから，わが国では，限縮的正犯概念が支持されている。

つぎに，正犯と狭義の共犯との区別の基準については，古くから諸説が対立しており，今日でも争いがある。

(a) 主観説

主観説は，因果関係論における条件説を前提とするものであるが，条件説によれば結果に対して条件関係を有する行為はすべて等価であることから，因果関係を通しては客観的に正犯と共犯を区別することができない。そこで，主観説は，正犯者の意思で行為する者を正犯者とし，他人の行為に加担する意思で行為する者を共犯者とする（いわゆる**アニムス公式**）。この説には，条件説に対する批判に加え，基準としての不明確性に対する批判がある。

(b) 形式的客観説

形式的客観説は，構成要件論を基礎に，基本的構成要件に該当する実行行為を行う者が正犯であり，修正された構成要件に該当する行為を行う者が共犯であるとする。この説には，構成要件に該当する行為の意味が不明確であるとか，自ら直接に犯罪を実行する場合ではない間接正犯の正犯性を基礎づけることができないとの批判がある。

(c) 実質的客観説

実質的客観説は，形式的客観説を基本としつつも，実質的な観点から，規範的に正犯性を基礎づける見解である。実質的観点の内実は，行為ないし行為事象を支配する者を正犯とする，いわゆる「行為支配」などに求められてきたが，現在では，結果に対する「因果性」の支配や「危険性」，あるいは，結果の実現に対して重要な役割を果たしたか否かに求めてこれを基準とする説が有力である。しかし，同説のとる基準の具体的内容についてはいまだ明らかでないとの批判もある。

現在の有力説である実質的客観説は，形式的客観説をそのまま適用した場合に正犯から漏れる見張り行為者や背後で犯罪を操る黒幕的存在を，その実態に即して，すなわち「重要な役割」を果たしているとして（共同）正犯として認めていこうとするものであり，そのために，

実行行為概念を規範的・実質的に理解し，正犯性を基礎づける立場であるといえる。

(3)　間接正犯

1.　間接正犯の意義

他人を道具として利用することによって犯罪を実現すること，そして，その利用者を間接正犯という。この概念は，かつては，限縮的正犯概念にたち，共犯の従属性にいう極端従属形式（→ 257 頁）に従った場合に生じる処罰の間隙を埋めるために考え出された近代刑法理論の所産であると説明されてきたが，近時の多数説は，間接正犯の正犯性を基礎づける根拠を，被利用者を道具として利用することに求めている（**道具理論**）。なお，拡張的正犯概念によれば，間接正犯と教唆の区別は意味がないことになる。

2.　類型

間接正犯には以下の類型がある。いずれの類型においても，利用者において，規範的には直接正犯とみなすことができる程度の被利用者の所為行為についての支配が必要である。

（a）意思能力を欠く，あるいは意思を抑圧された被利用者の行為を利用する場合

拳銃を突きつけられているなど，被利用者の意思が抑圧されており，それゆえ被利用者の行為が刑法上の行為といえない場合には，間接正犯が認められる。かつては，被利用者が刑事未成年者であった場合には，極端従属形式の立場において利用者の処罰を導くために，利用者を間接正犯とするというのが判例・多数説の立場であったが，現在では，共犯の従属性にいう制限従属性説を基礎に，刑事未成年者であっても，被利用者になお是非弁識能力があるのであればもはや道具性が欠如しているとして，利用者は間接正犯ではなく教唆犯であると理解するのが多数説となっている。このように，被利用者が幼児や重度の

精神病者であったり，その是非弁識能力が欠けていれば，また，是非弁識能力があってもその意思が抑圧されていれば，間接正犯が肯定されるとされている。判例も同様の理解にある（→ 258 頁）。

（b）当該構成要件の故意が欠ける被利用者の行為を利用する場合

　被利用者に犯罪の認識がおよそ存在しない，あるいは，軽い犯罪の認識はあるが重い犯罪についての認識がない場合には，間接正犯が認められる。たとえば，医師が情を知らない看護師をして患者に毒を服用させ，これを毒殺する場合が前者であり，A が倉庫のなかにいる X を焼殺する目的で，その情を知らない B にその倉庫に火をつけることを命じ，これに応じた B が倉庫に火を放ったという場合が後者である。この後者の事例では，A には殺人罪の間接正犯と現住（現在）建造物等放火罪（108 条）の教唆犯（間接正犯とする説，非現住建造物等放火罪（109 条）の教唆犯とする説も有力），B には非現住建造物等放火罪が成立するというのが有力説である。

（c）故意ある道具を利用する場合

　被利用者に故意はあるが一定の構成要件要素が欠け犯罪が成立しない，そのような被利用者の行為を利用する場合にも，間接正犯となる。たとえば，通貨偽造罪の成立に必要な「行使の目的」を有する A が，偽貨を作ることは認識しつつも A には「行使の目的」がないと誤信している B を利用して通貨を偽造する場合のように，目的犯において，被利用者にその目的が欠けているときである（目的のない故意ある道具）。また，たとえば，公務員 C が情を知った非公務員 D を使って賄賂を収受する場合のように，身分犯において被利用者に身分が欠けているときである（身分のない故意ある道具。被利用者も従犯として処罰されうる）。

　なお，ある犯罪（たとえば覚せい剤の譲渡）についての故意を有してはいるが，正犯者の意思を欠き，行為をもっぱら他人の従犯としてのみ行おうとする場合については，その者がたとえ実行行為を行ったと

しても従犯が成立するとされることがある（「故意ある幇助的道具」。利用者には間接正犯ないし直接正犯が成立する）。

(d) 被利用者の正当化される行為を利用する場合

被利用者の，構成要件には該当するが違法性が阻却される行為を利用するときも，間接正犯となる。たとえば，利用者が被利用者の正当防衛行為，緊急避難行為を利用する場合である。具体的には，自ら堕胎手術を施した結果，妊婦の生命に危険を生じさせた者が，医師に胎児の排出を求め，その緊急避難行為を利用して堕胎させるような事例である。

(4)　共犯の種類

1.　共犯の意義

共犯概念は多義的である。最広義にいう共犯とは，2人以上の者が共同して犯罪を実行することをいい，以下で述べる任意的共犯と必要的共犯に分けられる。広義の共犯とは，上述のように，共同正犯，教唆犯，幇助犯を指し，狭義の共犯とは，教唆犯，幇助犯をいい，通常，共犯とは狭義の共犯を指す。

2.　任意的共犯と必要的共犯

任意的共犯とは，法律上は単独犯として予定されている犯罪を，複数人で行うことをいう。たとえば窃盗を2人で行う場合である。これに対して，**必要的共犯**とは，法律上複数人によって行われることを予定している犯罪類型をいう。必要的共犯には，賄賂罪（197条以下）のように複数人の行為が向かい合う「**対向犯**」と，騒乱罪（106条，107条）のように複数人の行為が一定の目標に向けられる「**集団犯**」とがある。

3.　対向犯と共犯規定

対向者の一方だけが法律上処罰されている場合に，もう一方の行為者について共犯規定を適用してこれを処罰することはできるか。たとえ，わいせつ図画の購入者はわいせつ図画頒布罪（刑法175条）の教

唆犯・幇助犯となるかが問題となる。判例・学説は，対向犯において
は当然に両者の関与が考えられるのにもかかわらず立法者は一方の犯
罪類型のみを規定したのであるから，他方の関与行為についてはこれ
を不処罰であると解している。したがって，頒布の相手方の行為が教
唆・幇助にあたる場合にも，教唆犯・幇助犯は，強い働きかけがあっ
たという場合をのぞき，原則として成立しないことになる（依頼人に
非弁護士の弁護士法違反に対する共犯は成立しないとした，最判昭和43・
12・24刑集22・13・1625参照）。

(5)　共犯の基本概念①

1.　犯罪共同説と行為共同説

　共犯の基本的性格については，犯罪共同説と行為共同説とで理解を
異にする。

　犯罪共同説とは，2人以上の者が共同して特定の犯罪を実現する場
合を共犯とする説をいい，刑法60条にいう「犯罪の実行」という文言
を根拠とする。すなわち，複数の者がたとえば窃盗，放火といった特
定の構成要件を実現する意思で共同する場合に共犯は成立するという
のである。この立場では，共犯の罪名は正犯の罪名と同じでなければ
ならないという，いわゆる**罪名の従属性**が求められ，したがって，異な
る構成要件間における共犯，たとえば，Aが窃盗の故意，Bが強盗の
故意で共同して犯罪を実現した場合には，二つの犯罪は異なるから共
犯や共同正犯は成立しないことになる。一方，**行為共同説**とは，2人以
上の者が特定の犯罪を共同する場合にかぎらず，単なる行為を共同し
て各自の意図する犯罪を実現する場合についても共犯とする説をいう。
すなわち，複数の者が，同一家屋において，一方は窃盗，他方が放火
というように別個の犯罪を企図していても，行為を共同する以上共犯
が成立するというのである。

　行為共同説と犯罪共同説の対立は，後述する罪名従属性（→259頁）

の要否の問題，異なる構成要件にまたがる共同正犯の成否や，過失の共同正犯，片面的共犯，共犯の未遂の成立範囲に影響を及ぼす。

　2．共犯の従属性①：実行従属性

　共犯が犯罪として成立するためには，正犯の成立が必要か，必要であるとすればどのような意味における従属性が求められるのか。このような意味で共犯の成立が正犯の成立に依存することを，**共犯の**（正犯に対する）**従属性**という。共犯の従属性について，講学上問題となるのは，実行従属性（従属性の有無）と要素従属性（従属性の程度），そして罪名従属性である。

　　【事例⑦】　暴力団甲組の A は，配下の B に対して，対立抗争の続く乙組の組長 X を殺害するように命じたが，B は，その場でこれを断った（失敗に終わった教唆事例）。

　　【事例⑦】　同じく，A は B に X の殺害を命じたところ，B はこれを引き受け，殺人を決意したが，その後，気が変わって犯罪の実行に出なかった（効果のない教唆事例）。

　　【事例⑦】　同じく，A は B に X の殺害を命じたところ，B はこれを引き受け，殺人を決意し，X を殺害しようと X に拳銃を発砲したが，弾は X に命中しなかった。

　まず，実行従属性とは，共犯が成立するためには，正犯が犯罪の実行に着手することを必要とするかの問題である。

　共犯の本質に関しては，共犯独立性説と共犯従属性説との対立がある。**共犯独立性説**とは，一般には主観主義刑法理論の立場から，共犯は正犯者の行為のために処罰されるのでも，また，正犯者から「可罰性を借用する（可罰性借用説）」（→ 262 頁）のでもなく，まさにその共犯固有の犯罪性および可罰性にもとづいて成立するという考え方である。この立場は，共犯が成立するためには，共犯固有の行為があれば足り，正犯行為（被教唆者・被幇助者の行為）がなされたか否かを問わない，すなわち，教唆・幇助行為そのものの着手が共犯としての「実行

の着手」であるとする。したがって，この説によれば，【事例⑦】，【事例⑦】においてAは殺人未遂罪の共犯とされることになる。

　これに対して，**共犯従属性説**とは，一般には客観的刑法理論を基礎に，共犯が成立するためには，正犯が犯罪の実行に着手し，正犯行為が現に行われなければならないとする考え方である。この立場は，①刑法61条は「人を教唆して犯罪を実行させた」，また，62条は「正犯を幇助した」として，正犯行為がなされたことを共犯成立の前提としている。②43条，61条の「実行」と62条の「正犯」とは統一的に「基本的構成要件に該当する行為」として理解すべきであり，したがって，刑法各本条に規定された犯罪行為を行う者のみが正犯として処罰される。教唆行為・幇助行為は，上記行為に該当しない以上，正犯行為に従属してのみ成立する，いい換えれば，教唆行為・幇助行為自体は実行行為ではなく，正犯の実行行為が存在しなければ教唆犯・幇助犯は成立しない。共犯独立性説によれば，処罰範囲の不当な拡大にいたりうる，としている。

　共犯従属性説は，結果発生の現実的危険性に着目する点で，客観的未遂論の共犯論における理論展開であるということができ，また，その立場のとる文理解釈がより素直な解釈であるとして通説となっている。また，共犯が処罰される実質的根拠との関わりで考えてみると，共犯の処罰根拠について諸説のあるなか（→262頁），現在有力な因果的共犯論（惹起説）は，共犯処罰の前提として正犯行為による結果（危険）の発生が必要であるとしている。したがってこの説によると，正犯による法益侵害（危険）がなければ刑法の介入の必要性も正当性も肯定できず，正犯による実行行為は共犯処罰の当然の前提とされているのであり，ここからも，共犯従属性説の妥当性が導かれるといえよう。

　したがって，共犯従属性説によれば，【事例⑦】，【事例⑦】のいずれの事例でもAには共犯は成立せず，殺人「教唆の未遂」は不可罰とな

る。そして，【事例⑰】のように，被教唆者が実行に着手し，正犯の実行行為が認められることではじめて教唆犯が成立し，教唆者は未遂犯として可罰的となる（もちろん，共犯独立性説からも同様の結論にいたる）。これを「**教唆犯の（障害）未遂**」ないし「**未遂犯の教唆**」という。61 条以下の規定の文理解釈，共犯の処罰根拠および未遂の処罰根拠から考えると，共犯従属性説およびそれから導かれる結論を支持すべきことになろう（なお，「教唆の未遂」と後述する「未遂の教唆」とは，区別されなければならない（→ 280 頁））。

:::【設問23】を考えてみよう:::

　【設問 23】の B については，いまだ殺人の実行の着手にいたっていないので，実行行為が存在せず，不可罰となる。これに関する A の共犯としての罪責については，共犯従属性説によれば，正犯行為が存在しない以上共犯は成立しないことになり，A は不可罰となろう。C については，傷害の故意で殺人を行っていることから異なる構成要件の錯誤が問題となり，判例理論によれば傷害（致死）罪の成立が認められよう。これに関する A の罪責は，多数説によれば，軽い罪の故意しかない者を利用した間接正犯として，殺人罪の間接正犯ということになる。

第28章 VI:共犯論
——共犯の基礎理論:共犯の従属性,
要素従属性, 罪名従属性

Aは, 12歳の子どもに窃盗を行わせた。正犯は, どちらに成立するか。

【設問24】

ⓐ Aは, 是非弁識の能力のある12歳のXを威圧し脅してコンビニのレジから現金を奪わせた。AとXの罪責を論ぜよ。

ⓑ 同じく, Aに唆されたXは, しかし, 脅されたからではなく, 自ら進んで現金を奪おうとしたが, 現場で店員Yに発見されたためYに暴行を加えて現金を強取した。この場合のAの罪責を論ぜよ。

VI-1 共犯の基礎理論

(6) 共犯の基本概念②

1. 共犯の従属性②:要素従属性

つぎに, 要素従属性とは, 共犯が成立するためには, 正犯にいかなる要素が備わっていなければならないかを問うものであり, 従来, 間接正犯の成立の議論とリンクして議論されていた問題である。

要素従属性については, 正犯論・共犯論の理論的深化, また, 処罰根拠論の展開に伴い, 新たな様相を示しつつある。上述のように, 共犯は正犯に従属する以上, 正犯概念の確定が共犯論に先行すべきではないかとされるなか, 間接正犯論は, 今日では, 処罰の間隙を埋める

弥縫策（一時のがれ，間に合わせの方策）として論じられるのではなく，間接正犯の「正犯」性そのものに光があてられるようになってきたのである。

（a）要素従属性とは何か

要素従属性については，以下のような四つの説が唱えられている。すなわち，①共犯が成立するためには，正犯が単に構成要件に該当すればよいとする**最小限従属性説（形式）**によれば，たとえば，正犯行為が正当防衛行為のような違法性のない行為であっても，それが構成要件に該当する以上，共犯は成立することになる，②正犯は，構成要件に該当し，違法であればよいとする**制限従属性説（形式）**によれば，正犯行為が正当防衛のような場合には正犯に違法性が欠けるので共犯は成立しないが，他方，正犯行為が刑事未成年者のような責任無能力者によってなされた責任を阻却される行為であっても，共犯は成立しうることになる，そして，③正犯は，構成要件に該当し，違法・有責でなければならないとする**極端従属性説（形式）**によれば，正犯に責任がない以上共犯は成立せず，責任能力のある「14歳以上の者」の違法行為に対してのみ共犯が成立することになる，さらに，④正犯には，構成要件該当性，違法性，有責性という要素に加えて，一定の加重減軽事由，処罰条件が必要であるとする**誇張従属性説（形式）**によれば，正犯に存する加重・減軽事由が共犯者に連帯することになる，である。

最小限従属性説については，違法ではない行為，たとえば，正当防衛を教唆したような場合にも教唆が認められるというのは，共犯の実質に反する点で妥当ではないという批判が加えられている。極端従属性説は，刑法61条に「犯罪を実行させた」とあるところから，正犯行為の要件を，「犯罪」と認めることができるもの，すなわち構成要件該当性，違法性，有責性の三つの要素がそろっていることに求めている。しかし，この説には，ⓐ正犯に責任がない場合，たとえば，父親Ａが12歳の子どもＢに，近所の「Ｘ店でお金を盗んでこい」といって窃盗

をさせるように，とりわけ 14 歳未満の者を利用して犯罪行為をさせる場合，同説によれば A の可罰性を導くには，「道具理論」を用いて A は間接正犯であると構成することになるが，かりに 12 歳の子どもであっても，規範意識を備えた者であるならば，これを利用する場合には教唆犯というべきである．また，ⓑかりにこの場合に間接正犯であるとすると，立場によっては相手に対する働きかけを行った段階（本事例では，盗みを命じた段階）で実行の着手を認めることにもなりかねず，それでは実行の着手時期があまりに早く認められることになる．さらに，ⓒ責任無能力者の行為を幇助した場合には間接正犯とはいえないので幇助者は不処罰になってしまうことになり，不都合である．ⓓ極端従属性説はそもそも責任の連帯をも要求するもので，個人責任の原則に反する，などの批判がなされてきた．誇張従属性説に対しては，正犯の人的な処罰条件や加重減軽事由は共犯には影響を与えず，不真正身分は連帯しないとする現行法の立場（刑法 65 条 2 項，244 条 3 項，257 条 2 項参照）に矛盾するという批判がある．以上のことから，現在では制限従属性説が多数説となっている．

　(b) 判　例

　かつて，わが国の判例は極端従属性説を採用し，是非の弁識能力を欠く者を利用する場合はもちろんのこと，刑事未成年者を利用する場合でも間接正犯を肯定してきた．たとえば仙台高判昭和 27・9・27 特報 22・178 は，13 歳に満たない少年を利用して窃盗を行わせた事案につき窃盗の間接正犯を認めていた．その後，最決昭和 58・9・21 刑集 37・7・1070（お遍路事件）は，被告人 A が 12 歳の養女 X を連れて四国の礼所を巡礼中，X を利用して巡礼先の寺から金員を窃取しようと企て，逆らうそぶりをみせるつど顔面にたばこの火を押しつけたりする暴行を加えて意のままに従わせていた X に対して窃盗を行うことを命じ，X をして 13 回にわたり窃盗を強要したという事案につき，「被告人が，自己の日頃の言動に畏怖し意思を抑圧されている同女を

利用して右各窃盗を行ったと認められるのであるから，たとえ所論のように同女が是非善悪の判断能力を有する者であったとしても（傍点著者），被告人については本件各窃盗の間接正犯が成立すると認めるべきである」として窃盗の間接正犯を認めている。この判例については，近時の多数説である制限従属性説によったものであるとの評価が一般的である。というのも，かりに判例が極端従属性説を採用するのであれば，同女は責任無能力であることから直ちに間接正犯を導けるはずであって，したがって，格別上記傍点部分のような言及は不要であるからである。同様に，最決平成13・10・25刑集55・6・519は，母親が12歳の長男Xに命じて強盗をさせた事案について，Xには是非弁識の能力があり，その意思も抑圧されたものでなく，Xは自らの意思で実行を決意し，犯行を完遂したのであるから，「被告人につき本件強盗の間接正犯が成立するものとは，認められ（ず）……被告人については本件強盗の教唆犯ではなく共同正犯が成立する」として，母親の罪責につき強盗の間接正犯を否定したうえ，教唆犯ではなく共同正犯とした。ここでは，極端従属性説をとらないことを前提に，刑事未成年者であっても是非弁識能力を有する者を利用する場合には，働きかけが被利用者の意思を抑圧する程度に達していなければ，被利用者は実行行為を行いうる者と認められるとして，（共謀）共同正犯の成立を肯定している。したがって，責任無能力者にも，その者は処罰はされずとも，正犯行為を行うことはできることが示されたのである。

2．共犯の従属性③：罪名従属性

さらに，罪名従属性の問題とは，共犯の罪名は正犯のそれに従属し，共犯者にも正犯者と同様の罪名・罰条を適用するか，すなわち，共犯は正犯と同じ罪名であるべきか否かを問うものである。

罪名従属性については，前述のように，共犯の本質に関わる問題として，犯罪共同説と行為共同説との間で，これを認めるべきか否かにつき争いが存するところである。

　犯罪共同説において，完全犯罪共同説は，共犯の罪名は正犯の罪名と一致して同じでなければならず，罪名従属性が求められるとする。一方，行為共同説は，行為者ごとに独立に犯罪の成否を問題とし，自らの犯罪を他人との協力によって遂行することを共犯と解し，また，犯罪結果につき因果関係を有する以上は共犯であると理解するので，この立場では，共犯の罪名はかならずしも正犯の罪名に従属する必要はないとしている。もっとも，現在では，犯罪共同説においても，構成要件の重なり合いが認められる限度で共犯が成立する（たとえば，窃盗罪と強盗罪では窃盗罪，傷害致死罪と殺人罪では傷害致死罪の共犯が成立する）とする部分的犯罪共同説が犯罪共同説の主流を占めており，他方，行為共同説においても，共同すべき「行為」は自然的な行為ではなく，「構成要件的な行為」ないし「実行行為」を意味するという修正が加えられており（「やわらかい行為共同説」），罪名従属性に関して両者の具体的結論の差異は小さくなりつつある。

　これらを具体的事例にあてはめれば，たとえば，A，Bが傷害を共謀したところ，Aが犯行現場で殺人を行ったという場合，完全犯罪共同説によれば，AとBは「殺人罪」の共同正犯となり，Bは38条2項により傷害致死罪の「刑」で処罰され，行為共同説の立場によれば，Aには「殺人罪」の共同正犯，Bには「傷害（致死）罪」の共同正犯が成立することになる。やわらかい行為共同説においても結論は同様であろう。そして構成要件の重なる範囲で共犯が成立するとする部分的犯罪共同説によれば，A，Bには「傷害致死罪」の共同正犯が成立し，Aには単独犯としてさらに「殺人罪」が成立することになり，この場合，傷害致死罪は殺人罪に吸収されると解することができる。

　上記学説のなかで，完全犯罪共同説に対しては，この説によると，たとえばBについては成立する犯罪（殺人罪）と科される刑罰（傷害致死罪）が一致しない，すなわち，罪名と科刑が分離することになり，これは責任なき犯罪・刑罰を肯定することになって責任主義に反すると

の批判がなされた。さらに，同説によれば，C が殺人，D が傷害の故
意で X に発砲し X を死亡させたが，いずれの弾が命中したかを特定
できなかったという場合に共同正犯は成立せず，C には殺人未遂罪，
D には暴行罪が成立するということになるが，これは，C も傷害の故
意を有していた場合には C，D いずれにも傷害致死罪が成立するのに
比して，D について刑の権衡を失すると批判されている。そこで，現
在では，部分的犯罪共同説が多数説となっているのである。

　この部分的犯罪共同説によれば，狭義の共犯に関しても，たとえば，
窃盗の教唆を行ったところ正犯が強盗を行ったという場合に，教唆者
には，窃盗罪と強盗罪の構成要件が重なる限度で窃盗教唆罪が成立す
ることになる。

　最決昭和 54・4・13 刑集 33・3・179 は，傷害を共謀したところそ
のうちの 1 人が殺意をもって犯罪を行ったという事例につき「殺意のな
かった被告人 X ら 6 名については，殺人罪の共同正犯と傷害致死罪
の共同正犯の構成要件が重なり合う限度で軽い傷害致死罪の共同正犯
が成立するものと解すべきである」として，それまでの完全犯罪共同
説の立場を改めた。そこで，本決定は行為共同説かあるいは部分的犯
罪共同説を採用したものであるとされたが，殺意を有していた者への
罰条が明らかでなかったために，そのいずれかであるかは不明であっ
た。その後，先に取り上げたシャクティ治療事件（前掲最決平成 17・7・
4）では，殺意のある A と殺意のない息子 B とは，保護責任者遺棄致
死罪の限度で共同正犯となり，A にはこれに加えて単独犯として不作
為による殺人罪が成立するとされた。ここでは，軽い罪についてのみ
共同正犯を認め，重い故意を有する者の殺人罪につき共同正犯を肯定
しなかったことから，これは部分的犯罪共同説を採用したものと考え
ざるをえない。行為共同説によれば，A と B には殺人罪と保護責任者
遺棄致死罪との共同正犯が成立することになるからである。

(7)　共犯の処罰根拠

　共犯の処罰根拠論とは，なにゆえに共犯は処罰されるかを問うものであるが，今日ではこれを正犯から可罰性を借用して説明する（**可罰性借用説**）のではなく，あくまでも共犯固有の犯罪性に求める考え方が有力となっている。そのなかで，**責任共犯論**は，正犯者に犯罪の意思決定をさせ，これを堕落させて犯罪者を生み出したことに共犯の処罰根拠を求めるものであり，その意味で堕落説ともよばれている。また，**不法共犯論**は，共犯者が正犯者をして構成要件該当の違法行為を誘発・助長し，これを行わしめ，正犯の行為無価値を惹起した点に共犯の処罰根拠を求めるものである。これに対して，現在有力な**因果的共犯論**は，共犯の処罰根拠を，正犯のそれと同様に法益侵害結果との関係で考え，共犯は正犯と同様に自己の行為と（心理的ないし物理的）因果性のある事実を理由に処罰される，すなわち，共犯の可罰性は結果発生を惹起した点に求められるとする。この説によれば，正犯の法益侵害の態様が直接的なのに対して，共犯は正犯を介していわば間接的に法益侵害を惹起させたとして，その結果無価値（および行為無価値）に処罰根拠が存することになる。したがって，惹起説ともよばれる。たとえば，A は B を唆して X を傷害させた場合，A は，自己の教唆行為によって B に X に対する傷害罪の実行行為をなさしめ，間接的に X に傷害を負わせたことを理由に傷害罪の教唆犯として罰せられるとするのである。

> **【設問24】を考えてみよう**

　【設問 24】において，極端従属性説によれば，X に責任能力がない以上，背後の A については間接正犯の成否のみが問題となる。これに対して，現在の多数説である制限従属性説によれば，X は未成年者で刑事責任が欠けるのでその責任が阻却されるとしても，しかし，是非弁識の能力があり規範意識が備わっている以上，正犯として窃盗罪の

構成要件に該当する違法な行為を行うことができるのであり, したがって, 通常であれば A は教唆犯となる。しかし, X は威圧され脅されていることから, そこには強制の契機が存在し X は意思を抑圧されて窃盗を行ったとみることができるのであり, このような理由から, 設問ⓐにおいて, A は窃盗の間接正犯となる。後半のⓑのように, かりに X が自ら進んで強盗を行ったとするならば, X は強盗罪の構成要件に該当する違法な行為を行ったことになる。とすれば, 制限従属性説によれば, A には X との間で共同正犯の成立が可能となるが, A には強盗の故意がないので, A と X には, 部分的犯罪共同説によれば, 窃盗罪と強盗罪の構成要件の重なる限度, すなわち, 窃盗の限度で窃盗の共同正犯が成立することになる。もっとも, X には責任がないことから, X には犯罪は成立しない。

第29章 VI：共犯論
――共同正犯

> うっかりミスは共同できるか。自宅で吉報を待っただけで強盗が成立するのはなぜか。

【設問 25】 A, B, C は遊ぶ金ほしさに X 宅での強盗を共謀し，A は X 宅の前で見張りをし，B は実行役となり，C はアパートで待機することにした。その計画にもとづき B がナイフをもって X 宅に侵入し，X を脅して現金 100 万円を奪おうとしたところで，A ら 3 人の遊び仲間である D がたまたま B の行動を目にし，直ちに事情を了解して X 宅に侵入すると，B と意思を通じて，すでに反抗抑圧状態に陥っている X から B が現金を奪っている間，D は他の部屋から時計など金目のものを持ち出した。その後，A, B, D の 3 人は C の待つアパートに行って現金や時計などを山分けした。A, B, C, D の罪責を論ぜよ。

VI-2　共同正犯

(1)　共同正犯の意義と要件

1.　共同正犯の意義

　共同正犯とは，2 人以上共同して犯罪を実行した場合をいう（刑法 60 条）。共同正犯は，その成立に「犯罪の実行」が必要とされる点では，狭義の共犯とは異なり正犯であり，他方，犯罪の実行行為の一部を行っ

たにすぎないとしてもその犯罪のすべてに対して刑事責任が問われる
という意味では，単独犯とは異なり共犯であるという，二つの性格を
有している。

　共同正犯の場合，実行行為の一部を分担して実行した場合，それぞ
れの行為者に最終結果が帰属し，因果関係も認められ，すべての加功
者が犯罪の全体につき責任を負うことになる。たとえば，【事例⑦】A
とBが共同して強盗を行う目的で，Aが被害者Vに暴行・脅迫を加
えているあいだに，BがVの財布を盗んだという場合，Aに暴行罪，
脅迫罪，Bに窃盗罪が成立するというのではなく，A，Bともに強盗罪
にあたることになる。また，【事例④】CとDが共同してWを殺害し
ようと企てそれぞれ発砲し，Cの弾だけが命中しWを死亡させたと
いう場合，Cが殺人既遂，Dが殺人未遂というのではなく，共同正犯
としてC，Dともに殺人既遂罪が成立する。このように実行行為の一
部を分担して実行したとしても，犯罪の全体につき責任を負うことを，
一部実行全部責任の原則といい，この原則が認められるところに共同正
犯の特徴がある。そして，この原則が肯定される実質的な根拠は，2
人以上の行為者がそれぞれの行為を「互いに利用・補充」しあい，一
体となって犯罪的結果を発生させたというところにある。このような
理解から，【事例⑦】のごとく，共同者が実行行為を共同して犯罪を実
現させた場合（実行共同正犯）はもちろん，共同者の「共謀」にもとづ
きその一部の者が犯罪事実を実現させた場合も共同正犯として処断さ
れることになる（共謀共同正犯については→273頁）。

　共同正犯は，「すべて正犯」とされる（60条）。ただ，刑の加重減免事
由は行為者ごとに考慮され，具体的な刑の重さも行為者ごとに判断さ
れる。

　2.　共同正犯の成立要件

　共同正犯の主観的要件は，「共同実行の意思」が存することである。
共同実行の意思とは，2人以上の行為者が共同して特定の犯罪を実現

する意思，すなわち，共同者が互いに利用・補充しあい，特定の犯罪事実を実現するために協力する意思をいう。この意思は，明示的な場合のほか黙示的であってもよく，また，事前に打ち合わせがなくても，行為の時点で存すれば足りるとされている。

　共同正犯の客観的要件は，「共同実行の事実」が存在することである。共同実行の事実とは，2人以上の行為者が共同してある犯罪の実行行為を行うことをいう。【事例⑦】，【事例④】のごとく，犯罪行為の一部のみを分担しても，また，単独犯としての因果関係が認められなくても，それぞれ強盗罪，また殺人罪の共同実行の事実が肯定される。

　共同正犯については，その主観的要件をめぐって過失の共同正犯，承継的共同正犯が問題となり，その客観的要件をめぐって共謀共同正犯が問題となる。なお，前者に関しては，片面的共犯が問題となる。現在の多数説・判例によれば，強盗が行われている際に，強盗犯人と意思連絡なく財物を奪取するなど，共同実行の意思が一方にのみ認められる場合である**片面的共同正犯**は否定され，この場合には，同時犯か一方が幇助犯となるとされている。他方，幇助者と被幇助者との間に相互的な意思の連絡がない場合である**片面的従犯**（**幇助**）は肯定されている（→284頁。片面的教唆犯についても同様である）。

(2)　過失の共同正犯

　行為者間に共同実行の意思連絡があることが共同正犯の要件であることから問題となるのは，犯罪事実について認識のない過失犯について共同正犯は認められるかということである。たとえば，【事例⑦】EとFがビルの建築工事現場で共同して作業の後片付けの途中，どちらかが放り投げた資材によって，あるいは，不用意に置かれた資材が落下し，通行人に怪我を負わせたというような場合，どちらの行為に結果との因果関係があるのか立証ができなければ，EもFも過失の未遂となり不可罰とせざるをえない。これに対して，過失の共同正犯を肯

定するとその立証の必要はなくなり，両者とも（業務上）過失致傷罪の
責めを負うこととなる。

　過失の共同正犯が認められるかにつき，従来の犯罪共同説は，共同
正犯にいう共同実行の意思とは特定の犯罪を共同して行う意思であり，
これは故意の共同をいうとの理解から，過失の共同正犯を否定し，一
方，行為共同説は，共同実行の意思とは，行為者の社会的危険性の徴
表である自然的行為（【事例⑦】では，「建築現場での後片付け作業」）を共
同する意思で足りるとして，過失の共同正犯を肯定してきた。

　しかし，近時，犯罪共同説からも，肯定説にたつ見解が力を得つつ
ある。すなわち，「共同の注意義務に共同して違反」した場合には，不
注意な行為を共同して行おうとする意思が認められ，これを「共同実
行の意思」としてよいという考え方である。ただ，これに対しては，
このような主観的側面を称して「共同実行の意思」といえるか，不注
意という無意識を共同することはできないのではないか，過度に広範
囲に過失犯が認められるおそれはないか，この説で共同正犯が肯定さ
れる事例の多くには，（相互に相手方を監督する義務に違反したという）
過失の同時犯が認められるべきではないか，という批判も根強いとこ
ろである。

　判例では，地下トンネルでトーチランプを用いて作業に従事してい
た2人が，トンネル外に退出するにあたり，各自のトーチランプの炎
が確実に消火しているかどうかを何ら相互に確認せずに立ち去り，火
災を発生させた事案（世田谷ケーブル事件。東京地判平成4・1・23判時
1419・133）につき，「各作業員が自己の使用したランプのみならず共同
作業に従事した者が使用した全てのランプにつき，相互に指差し呼称
して確実に消火した点を確認し合わなければならない業務上の注意義
務が，共同作業者全員に課せられていた」として，過失（業務上失火罪）
の共同正犯が肯定されており，また，AとBが不注意から有害な物質
を検査せずに客に販売したという事案についても，過失の共同正犯が

肯定されている（最判昭和28・1・23刑集7・1・30）。さらに，花火大会開催時における被害者多数の死傷事故につき，雑踏警備に関し現場において警察官を指揮する立場にあった警察署地域官および現場で警備員を統括する立場にあった警備会社支社長の両名には，雑踏事故の発生を未然に防止すべき業務上の注意義務を怠った過失があり，それぞれ業務上過失致死傷罪が成立するとされた（明石花火大会歩道橋事件。最決平成22・5・31刑集64・4・447）一方，同事件につき，最決平成28・7・12刑集70・6・411は，共同義務の共同違反という要件から過失犯の共同正犯の成立を認めることができるとしつつも，警察署副署長と同署地域官とに課せられた注意義務は異なる内容であることから，警察署副署長に業務上過失致死傷罪の共同正犯は成立しないとした。

　故意犯と過失犯の統一体である結果的加重犯においても，共同正犯が認められるとするのが判例・通説である。強盗の共同正犯のなかの1人が被害者を死亡させてしまったときに，他の共犯者にも強盗致死罪の成立があるとされているのである（最判昭和26・3・27刑集5・4・686）。

（3）　承継的共同正犯

1.　問題の所在

　承継的共同正犯とは，先行者（先行行為者）がすでにある犯罪の実行行為の一部に着手し，まだその犯罪が終了するにいたらないうちに，後行者（後行行為者）がその事情を了解したうえで，共同実行の意思をもって実行に参加し犯罪を実現する場合をいう。後行者は，いかなる要件で，いかなる範囲の罪責を負うか。これには，たとえば，【事例㊀】Gが強盗の目的でXに対して暴行を加え反抗抑圧状態に陥れたところに，Gの友人Hが現れ，事情を了解したうえ，GとHが共同してXの財物を奪取した場合，【事例㊁】Iが強盗殺人の目的でYを殺害したところに，Iの友人Jが現れ，事情を了解したうえで，IとJが共同し

て Y の財物を奪取した場合，また，【事例⑰】K が孫からの使いを装っ
て高齢の Z をだまし Z 宅の骨董を持ち出しているところに，K の友
人 L が現れ，事情を了解したうえ，K と L が共同で財物の交付を受け
た場合，などが考えられる。

　2．学　説

	否定説	一部肯定説	肯定説
G→暴行→財物奪取 H　　→財物奪取	×	○	○
I→殺人→財物奪取 J　　→財物奪取	×	×	○

【承継的共同正犯をめぐる学説】

　承継的共同正犯を認めるかについては，学説が分かれている。
　肯定説は，後行者は，先行者の意思を了承し，その行った行為を利
用する以上，共同実行の意思と事実が認められ，先行者が行った行為
を含めて全体について共同正犯としての責任を負担すべきであるとす
る。その根拠としては，（かつては，犯罪共同説を厳格に解して）継続犯・
結合犯・結果的加重犯など構成要件上不可分な犯罪については一罪性
が強調され，相互的了解が全体的行為のいずれかの時点で存在し，こ
のように意思を了解し事情を利用する以上行為全体につき共同の意思
があると認められること，などがあげられている。肯定説によれば，
【事例㊤】では強盗罪の共同正犯，【事例㊥】では強盗殺人罪の共同正犯，
【事例⑰】では詐欺罪の共同正犯がそれぞれ成立することになる。同説
に対しては，一罪性を根拠に犯罪全体について後行者の責任を追及す
ることは形式的すぎる，因果関係のないところに刑事責任を追及する
ことは個人責任原則に反する，後行者の利用意思を強調すると被害者
の反抗抑圧状態を利用した第三者による財物奪取も強盗になりかねな

い，などの批判がある。

　否定説は，後行者はその関与以降の行為についてのみ共同正犯としての罪責を負うとするものであり，かつては行為共同説から，近時では因果的共犯論の立場からも主張されている。その論拠とするところは，因果の流れは将来に向かって進行するものであるから，後行者は，その関与以後の先行者との共同行為に対してのみ責任を問われる，というものである。否定説によると，後行者は，【事例㋒】また【事例㋔】では，強盗罪の幇助犯（強盗罪の共犯を認める点については争いがある），または，窃盗罪ないし遺失物横領罪の共同正犯，【事例㋕】では，相手方の任意の交付を受けたのみであるので，犯罪を構成しないことから，不処罰とされることになる（詐欺罪の従犯となるとする説も有力である）。かかる否定説に対して加えられる最も強い批判は，導かれる具体的な帰結が妥当性を欠くことにはならないか，ということである。

　一部肯定説は，先行者の行為によってすでに発生した結果について後行者が責任を問われることはないが，先行者の行った行為やその結果が後行者の関与後にもなお継続し効果を持ち続けている場合（【事例㋒】と【事例㋔】においては反抗抑圧状態が続いていること）に，後行者がこれを自己の犯罪遂行の手段として利用する意思で利用したときには共同正犯が成立するとする見解である。同説によると，【事例㋕】では，途中からKの詐欺行為に介入し財物の交付を受けたときには，その行為はまさに被害者の錯誤に乗じての「詐取」であって，詐欺罪全体に対して後行者Lも責任を負い，【事例㋒】では，先行者Gが引き起こした反抗抑圧状態は継続しており，後行者Hはそれを認識し，その状態を自己の犯罪実現のために利用しているため，強盗罪の範囲で共同正犯が成立するが，【事例㋔】では，IのY殺害という結果に対してJの行為は因果力を与えておらず，Jが利用したのはYの死ではなく反抗抑圧状態であるから，Jには強盗罪は認められても強盗殺人罪の承継的共同正犯は成立しないことになる。一部肯定説に対しては，上述

の「第三者による財物奪取も強盗になってしまう」などの批判がある
ほか，先行者の行為の結果や効果が利用可能だとしてもそれを生み出
した行為については利用できないので，その行為まで後行者に帰責す
ることはできないとの批判がある。なお，傷害致死罪などの結果的加
重犯については，後行者は，先行者による重い結果の惹起につき認識
しつつ介入しても，後行者の行為と死の結果の間の因果関係がなけれ
ば，当該結果につき責任は負わない。

　これまでの裁判例に現れた承継的共犯の事例は，殺人罪，傷害・傷
害致死罪，監禁罪・略取罪，強姦罪（強制性交等罪）・強姦致傷罪（強制
性交等致傷罪），詐欺罪，恐喝罪，強盗致死傷罪などに関するものであっ
たが，そこでは否定説の論理を貫徹したうえで承継的共犯の成立を否
定しているものはほとんど見受けられず，おおむね肯定説，ないし，
近時は一部肯定説の立場がとられているようである。そのようななか，
承継的共同正犯に対するはじめての最高裁の判断が示された。最決平
成 24・11・6 刑集 66・11・1281 は，被告人 A は，B らが共謀して X ら
に暴行を加えて傷害を負わせた後に B らに共謀加担したうえ，X と Y
に，B らの暴行よりも激しい暴行を加え，共謀加担後に暴行を加えた
部位については X らの傷害を相当程度重篤化させたという事案に，
第 1 審が A の共謀加担前の B らの暴行による傷害を含めた全体につ
いて承継的共同正犯を認めたのに対して，以下のような判断を示した。
すなわち，「被告人 A は，共謀加担前に B らがすでに生じさせていた
傷害結果については，A の共謀及びそれにもとづく行為がこれと因果
関係を有することはないから，傷害罪の共同正犯としての責任を負う
ことはなく，共謀加担後の傷害を引き起こすに足りる暴行によって X
らの傷害の発生に寄与したことについてのみ，傷害罪の共同正犯とし
ての責任を負うと解するのが相当である」として，傷害罪に関しては，
加担前の傷害結果の承継を認めないとしたのである。一部肯定説か否
定説の立場にあるものといえよう。最決平成 29・12・11 刑集 71・10・

535 は，Bによる欺罔行為がなされた後に，だまされたふり作戦が開始されているのを認識せずに，Bと共謀の上，受領行為にのみ関与したAに，「本件詐欺を完遂する上で本件欺罔行為と一体のものとして予定されていた本件受領行為に関与している。そうすると，だまされたふり作戦の開始いかんにかかわらず，（不能犯の議論を介することなく…著者注）Aは，その加功前の本件欺罔行為の点も含めた本件詐欺につき，詐欺未遂罪の共同正犯としての責任を負う」としている。これは，一部肯定説の立場にたつものといえよう。

　最決平成 28・3・24 刑集 70・3・1 は，同時傷害の特例を定めた刑法 207 条が適用されるためには，各暴行が当該傷害を生じさせうる危険性を有し，各暴行が同一の機会に行われたものでなければならないと同特例の適用の要件を示し，あわせて，同特例は関与者の中に結果について責任を負う者がいる場合であっても，その他の者への同特例の適用は排除されない，としている。最判令和 2・9・30 刑集 74・6・669 は，他の者が先行して被害者に暴行を加え，これと同一の機会に，後行者が途中から共謀加担したが，被害者の負った傷害が共謀成立前の先行者による暴行と共謀成立後の共同暴行のいずれから生じたか明らかでない場合に刑法 207 条の適用により後行者に対して当該傷害についての責任を問いうるのは，後行者の加えた暴行が当該傷害を生じさせうる危険性を有するものであるときに限られ，その危険性を有しないときには，同特例を適用することはできない，とした。本決定は，後行者に傷害罪の承継的共犯が成立しないことを前提として（前掲最決平成 24・11・6 参照），同特例の適用を肯定しているが，その理由として，およそ共謀が認められない場合にも同特例が適用されることとの均衡が指摘されている。

　また，承継的従犯（→ 284 頁）についても承継的共同正犯について述べたことがあてはまる。判例は，夫が強盗殺人の目的で被害者を殺害したのち，夫の様子を不審に思って被害者宅まであとを追ってきた妻

が，夫からすでに被害者を殺してしまったことを告げられ金員強取につき協力を求められたので，やむを得ず了承し，ローソクの燈火をかざして夫の強取行為を幇助した事案に，承継的従犯を認め，妻を強盗殺人の従犯とした（大判昭和13・11・18刑集17・839）。この判例は肯定説の立場であるが，現在では支持されていない。

(4)　共謀共同正犯

1.　意義と形態

共謀共同正犯とは，2人以上の者が一定の犯罪を行うことを共謀（意思の連絡）し，共謀者のなかの一部の者が犯罪の実行に出た場合には，直接には実行行為に与(あずか)らなかった者をも含めて共謀者の全員に共同正犯の成立が認められる共犯形式をいう。現在ではすべての犯罪についてこれを認めるというように，その成立範囲が拡大されてきたが，共謀共同正犯にいう共謀概念，すなわち「数人相互の間に共同犯行の認識があること」という要件も次第に緩和され，明示的でなくとも，暗黙のもので足りるとされ，今日では，黙示の共謀（＝相互的な意思の連絡が黙示的な共謀），未必の認識による共謀（＝実行者の犯罪行為に対する認識が未必的な共謀）も認められている。また，同一時の共謀でなくても，順次共謀（間接共謀）で足りるとされるにいたっている。なお，共謀共同正犯は，共同者がそれぞれの役割を分担する対等型，共同者の一方が他方を支配する支配型のいずれにおいても肯定されている。

　共同正犯の客観的要件は「共同実行の事実」であるため，「実行」概念を厳格に解釈する立場から共謀共同正犯を否定するのが従来の多数説であったが，今日ではむしろ，学説上でもこれを認める肯定説が圧倒的多数となっている。

2.　理論的基礎づけ

　共謀共同正犯を肯定する理論的根拠づけとして，まず判例に理論的基礎を提供した共同意思主体説がある。**共同意思主体説**は，一定の犯

罪を実現しようとする共同目的のもとに，2人以上の者が一体となっ
て共同意思主体を形成し，その共同意思主体の活動として，共同者の
なかの1人が共同目的のもとに犯罪を実行したときには，それは共同
意思主体の活動として認められ，共同者の全員について共同正犯が成
立すると考えるべきであるとする。かつては，同説による共謀共同正
犯の根拠づけが有力であったが，今日では，以下のように多くの根拠
づけがなされている。

そのうち，**間接正犯類似説**は，単なる共謀者であっても，相互に了解
しあって互いに相手を道具として利用し合うかぎり，実行担当者の行
動を方向づけたといいうる点に着目して，共謀共同正犯の正犯性を肯
定し，**行為支配説**は，共謀者は実行担当者の行為を支配するから共同
実行の事実を認めてよいとし，**包括的正犯説**は，正犯とは実行行為を
行うものであるとの前提をとらず，正犯と共犯の区別における実質的
客観説の立場から，共同正犯規定にいう「共同して実行した」という
のは実行そのものを共同した場合のほか，共同意思にもとづいて誰か
が実行した場合も含むとしている。

これらの肯定論は，共謀共同正犯の成立要件として，①共謀，②正
犯性，③共謀にもとづいた一部の者による実行の三つが必要であると
する。①は，相互に利用・補充し合って犯罪を実現するという「共同
意思」ないし「意思連絡」，あるいは，犯罪を実行に移すことを内容と
する謀議をいい，②の正犯意思とは，「その犯罪を自分のために行う」
という意思をいう。

これに対して，共謀共同正犯を解釈論上認めるべきではないとする
否定説も依然有力である。その根拠は，たとえば形式的客観説から，
共同正犯も正犯である以上実行行為の分担は必要であり，そうである
とすると，実行行為を行わない単なる共謀者は正犯ではないことにな
るという点にある。また，肯定説の説く内容とその帰結は個人責任原
則に反し，人権侵害のおそれがあり，黒幕的存在の背後者については

教唆犯や従犯として処罰することで満足すべきであるとし，共謀共同正犯を認めると教唆や幇助との区別が曖昧となり，本来幇助や教唆として処罰されるべき者が共同正犯として処罰されることになってしまうとして肯定説を批判するのである。

　今日，共謀共同正犯論は判例上確立しており，通説の地位にあるとはいえ，実務において，実行共同正犯と共謀共同正犯をとくに区別することなく共同正犯として認定され，共謀共同正犯とされる事案が共犯の諸形態のなかでそのほとんどを占めているという現状については，安易にその成立範囲が緩められ，本来は教唆・幇助とすべき事例までもが共謀共同正犯とされているのではないか，とする懸念も表明されている。このような認識のもと，肯定説の側からも，とりわけ単なる謀議参加者を共謀共同正犯として処罰するためには，犯罪実現に対する寄与度や他の共犯者への影響力などに鑑みて，正犯に準じる実体が備わっていなければならないとする見解が主張されている。

3. 判　例

　共謀共同正犯の根拠と要件を示した最大判昭和33・5・28刑集12・8・1718（練馬事件）は，被告人Aは，被告人Bほか1名と，警察官Xの襲撃を共謀し，Bが具体的な実行を指導することにし，その後，Bの指示・連絡の下に被告人Cほか数名がXに傷害を加え死亡させたという事案に，「共謀共同正犯が成立するには，2人以上の者が，特定の犯罪を行うため，共同意思の下に一体となつて互に他人の行為を利用し，各自の意思を実行に移すことを内容とする謀議をなし，よつて犯罪を実行した事実が認められなければならない。したがって右のような関係において共謀に参加した事実が認められる以上，直接実行行為に関与しない者でも，他人の行為をいわば自己の手段として犯罪を行つたという意味において，その間刑責の成立に差異を生ずると解すべき理由はない」と判示した。

　なお，現在，共謀概念の拡張の是非が議論されている。その契機を

なしたのが，黙示の意思連絡による共謀共同正犯を認めた，最決平成15・5・1刑集57・5・507（スワット事件）である。同決定は，暴力団組長である被告人が，自己のボディガード（通称「スワット」）らの拳銃などの所持につき，拳銃などを携行して警護するように彼らに対して直接指示を下していなくとも，彼らが自発的に被告人を警護するために本件拳銃などを所持していることを確定的に認識し，認容し，彼らと行動を共にしていたことなどの事情の下では，被告人に対して拳銃などの所持の共謀共同正犯の成立が認められる，とした。上記練馬事件判決は，共謀共同正犯の成立要件として客観的な謀議行為が必要であるとしたが（客観的謀議説），本決定は，具体的な謀議行為を認定することなく黙示の意思連絡を認める（主観的謀議説）とともに，警護を受ける地位などをも加味して共同正犯性を肯定した。客観的謀議行為は，共謀共同正犯の不可欠の要素ではないとされたのである。最決令和3・2・1刑集75・2・123も，インターネット上の動画の投稿サイト・配信サイトの管理と運営者とわいせつ動画の投稿者との間の黙示の意思連絡を認め，わいせつ電磁的記録媒体陳列罪及び公然わいせつ罪の各（共謀）共同正犯を認めている。なお，本事例も，また，ＡとＢが，それぞれ自動車を運転し，赤色信号をことさらに無視して交差点に進入し，Ａ車が被害車両に衝突し，5名に死傷の結果を生じさせたという危険運転致死傷罪の事案において，重大な交通の危険を生じさせる速度で自動車を運転する意思を暗黙に相通じたうえ共同して危険運転を行ったものといえるとして，被告人につき，Ａ運転車両による死傷の結果を含め同罪の共同正犯の成立が認められた最決平成30・10・23刑集72・5・471も，共謀共同正犯と共同正犯のいずれを認定したのか議論のあるところである。

　また，廃棄物処理法に関して，未必の故意による共謀共同正犯を認めた最決平成19・11・14刑集61・8・757は，Ａらが代表取締役などを務める会社の保管する廃棄物につき，Ｂからの執拗な申し入れに応

じてその処理を委託したところ，Bがこの廃棄物を不法投棄したという事案につき，Bが処理を申し入れてきた際，Aらにおいて，Bや実際に処理にあたる者らが「(廃棄物を) 不法投棄することを確定的に認識していたわけではないものの，不法投棄に及ぶ可能性を強く認識しながら，それでもやむを得ないと考えてBに処理を委託した」場合，Aらは，その後Bを介して他の者により行われた前記廃棄物の不法投棄について未必の故意による共謀共同正犯の責任を負う，と判示している。

:【設問25】を考えてみよう:

　【設問 25】において，A，B，Cは，遊ぶ金ほしさに強盗を共謀し，その共謀にもとづきBが強盗を行ったのであるから，Aらには強盗の共謀共同正犯が成立する。Dは現場でBと意思を通じて，反抗を抑圧されているXから腕時計などを奪っており，先行者A，Bの作出した状態を認識しその状態を利用して犯罪を行っているのであるから，承継的共同正犯の肯定説や限定肯定説によれば，DにもAらとの強盗罪の承継的共同正犯が成立することになる。

第30章 VI：共犯論
―― 教唆犯・従犯

> 取引きの相手方が麻薬の密売人を装っている警察官であることの事情
> を知りながら麻薬の売買を教唆すれば罪になるか。犯罪の成立に役立
> たなかったとしても幇助犯になるか。銀行強盗に出刃包丁を販売した
> 金物屋は強盗の幇助犯になるか。

【設問26】

ⓐ　AはBを犯罪者に仕立て上げるため，あらかじめ空にしてお
いたX宅の金庫から現金を奪うようBを唆し，Bにこれを実行さ
せたところ，BはAの通報で待ち構えていた警察官に窃盗未遂で
逮捕された。Aの罪責を論ぜよ。

ⓑ　CはDがY宅に侵入して空き巣を働こうとしているのを知り，
先回りしてY宅の玄関の鍵を開けておいたが，それを知らず，D
はY宅の勝手口から入って，窃盗を成し遂げた。Cの罪責を論ぜ
よ。

VI-3-1　教唆犯

（1）　教唆犯

　教唆犯とは，他人を唆して犯意を生ぜしめて犯罪を行わせることを
いう（刑法61条）。

　教唆犯は，61条にしたがい，「正犯の刑を科」して処罰される。正犯

の刑を科するとは，正犯行為に適用される罰条の法定刑の範囲内で処罰されるという趣旨である。正犯が処罰されることや訴追されることは要件ではない。

　なお，拘留または科料のみに処すべき罪の教唆者（従犯も同様）は，特別の規定がなければ処罰されない（64条）。

(2)　要　件

　教唆犯の成立要件は，他人をそそのかして特定の犯罪を実行する決意を生じさせることと，これにもとづき被教唆者（正犯）が犯罪を実行することである。

　1.　教唆者が人を教唆すること

　人を教唆するというためには，まず，**教唆の故意**と**教唆行為**がなければならない。

　(a)　教唆犯の故意

　教唆犯の故意については，共犯従属性説と共犯独立性説とで理解が異なる。

　共犯従属性説によると，教唆犯の故意には，①自分の行う教唆行為によって被教唆者が犯罪意思をもつこと（正犯意思の惹起）の認識，および，②被教唆者が実際に実行に出ること（正犯行為の実行）の認識が必要であるとされるのに対して，**共犯独立性説**によれば，①②に加えて，③最終的に犯罪的結果が発生することの認識も必要であるとされる。

　共犯従属性説は，正犯行為とはある犯罪を実行することであり，したがって最終結果を含む基本的構成要件の内容にまで故意が及んでいることが必要であるが，教唆行為は修正された教唆犯の構成要件に該当する行為，すなわち，ある犯罪を行わせることであり，したがって，正犯における故意のように最終結果にまで及んでいる必要はなく，犯罪を行わせることの認識で足りるとする。また，後述の「未遂の教唆」

を不処罰にすることは当罰性の要請にもとるとする。もっとも，共犯従属性説にたっても，近時は，共犯の処罰根拠との関係で，とりわけ因果的共犯論（惹起説）の立場から，③の教唆犯の故意には正犯によって実現される法益侵害についての認識が必要と解する説が有力となっている。

　共犯独立性説は，教唆犯は他人を堕落させたことではなく，自己の行為によって結果を発生させたことにもとづき罪責を問われるのであるから，教唆犯の故意も一定の犯罪についての故意でなければならないとする。したがって，教唆者には，被教唆者の行為にもとづいて基本的構成要件が実現することの，すなわち，③の最終的に結果が発生することの認識も必要であるというのである。また，主観主義刑法理論からは，かかる認識を欠いている場合には，行為者の社会的危険性はない，などと説明される。この両者の争いは，未遂の教唆の事例をめぐって展開されている。

❖「未遂の教唆」

　　上述した「教唆の未遂」と「未遂の教唆」とは，区別されなければならない。「未遂の教唆（アジャン・プロヴォカトゥール）」とは，たとえば，店のレジは空（「から」）であることを知っていながら，その事実を知らない者にそのレジから金員を窃取するよう教唆して窃盗を実行させたり，防弾チョッキを着用している者に向けてピストルを発射するように命じて，その事実を知らない者をしてピストルを発射させたりするなど，教唆者が被教唆者の実行行為をはじめから未遂に終わらせる意図で教唆する場合をいい，教唆者の可罰性の判断は，上述の「教唆犯の故意」の理解に依存している（なお，実行行為者については，不能犯とはならず，前者では窃盗未遂罪，後者では殺人未遂罪がそれぞれ成立することになるであろう）。伝統的な共犯従属性説によれば，教唆者は正犯が実行に移ることを認識している以上，教唆犯の故意は認められるのであるからその教唆行為は可罰的であり，この場合，窃盗ないし殺人の未遂犯の教唆が成立する。一方，因果的共犯論（惹起説）の立場にたつ説，また，共犯独立性説の立場にたてば，法益侵害意思が欠けている以上，教唆者には教唆の故意はないことになり，あるいは，不能犯の教唆としてその行為は不処罰となる。

　なお，教唆犯の故意の問題は，過失による教唆や過失犯に対する教唆を認めるかにも関わる。過失による教唆，すなわち，たとえば，血気盛んな暴力団組員の前で「あの組長さえいなけりゃ，うちの組は潰れずに存続できるんだが」と口を滑らせたことでその者に殺人を行わせるように導くなど，犯罪を行うか否か逡巡している者に不用意な言葉を発して犯行を決意させる場合，現在の多数説は，教唆犯の成立を否定している。また，過失犯に対する教唆，すなわち，たとえば，無免許運転を教唆して交通事故を起こさせ他人を負傷させる場合や運転初心者である者にスピードの出るスポーツカーを貸し与えて交通事故を誘発させる場合にも，同様に教唆犯の成立を否定している。そして，この場合には，間接正犯となるとしている。

(b) 教唆行為

　教唆行為は，被教唆者にある犯罪を行おうと決意させるのに適したものであれば足り，その手段・方法を問わない。命令でも，哀願でも，誘い勧めるといった形態でもよい。ただ，威嚇や欺罔の程度が高じると，間接正犯となる。ピストルを突きつけて犯罪を実現させる場合は間接正犯であり，腹いせをしようとしている者に腹痛を生じさせるだけと偽って猛毒を手渡し殺人を行わせる場合には殺人の間接正犯である。また，教唆は，特定の犯罪を実行する決意を生じさせることであるから，単に，漫然と「なにか犯罪をやってこい」と指示するだけでは不十分であり，「金に困っているなら盗んでこい」と入れ知恵しても，通常は，教唆とはならないであろう。とはいえ，もちろん，日時・場所・方法・対象物を逐一具体的に示す必要はない。

2. 被教唆者が犯罪を実行したこと

　教唆犯成立の第二の要件は，被教唆者が犯罪を実行したことである。共犯従属性説にたてば，共犯の成立は正犯の実行に従属するのであるから，正犯が実行にいたらないかぎり，共犯の成立はない。ただ，正犯行為は未遂で足りる。

　また，教唆行為と被教唆者の行った犯罪行為との間には因果関係がなければならない。因果関係がなければ教唆の未遂であり，上述のように不処罰である。

(3)　間接教唆・再間接教唆

　教唆者を教唆した者を**間接教唆**といい，正犯に準じて処罰される（61条2項）。間接教唆には，AがBに対し，Cに犯罪を実行させるように教唆する形態と，AがBに犯罪を教唆したところ，Bは自らは実行せずさらにCを教唆したという形態とがある。

　問題なのは，間接教唆を教唆する再間接教唆を61条2項で処罰できるかであるが，これについては，行為の類型性という観点から消極に解すべきとする説と，再間接教唆の当罰性は間接教唆の場合と相違ないとして肯定する説がある。

VI-3-2　幇助犯（従犯）

(1)　幇助犯

　幇助犯（従犯）とは，正犯を幇助する者をいう（62条）。教唆犯と同様，狭義の共犯であるが，教唆犯と異なり，情状が類型的に軽いことを考慮して，正犯の法定刑に対して法律上の減軽を施したものによって処断される（63条）。

　従犯に対する教唆には，従犯の刑を科するとされている（62条2項）。

(2)　要　件

　幇助犯の成立要件は，教唆犯の要件に対応している。すなわち，幇助者が正犯を幇助することと，被幇助者たる正犯者が犯罪を実行することである。

　1.　幇助者が人を幇助すること

　まず，幇助者が，**正犯を幇助する意思**をもって，**幇助行為**を行うこと

が必要である。

　(a) 幇助犯の故意

　幇助犯（従犯）の故意については，教唆犯の故意のところで示された
ことがそのまま妥当する。すなわち，幇助の故意とは，伝統的な共犯
従属性説によれば，正犯者の実行行為の認識，および，その実行行為
を自己の行為によって容易にさせることの認識であるとされる。これ
に対して，共犯独立性説や近時の有力説は，幇助する者は正犯者によ
る犯罪結果の実現まで認識していなければならないとする。この争い
は，未遂の幇助の当罰性に結びついている。

　過失による幇助は，幇助の故意が正犯行為を容易にすることの認識
を内容とすることから，当然に否定される。しかし，過失犯に対する
幇助は認められる。たとえば，無免許運転を計画している者に，自分
の自動車を貸し与え，これによって，事故を起こし他人を負傷させた
というような場合である。

　(b) 幇助行為

　幇助行為は，正犯の実行行為を容易にするものでなければならない。
その方法は，殺人に使用する凶器などの犯罪手段を交付・付与すると
いう有形的なもの（物質的幇助）であろうと，助言や激励のような無形
的なもの（精神的幇助・無形的従犯）であろうとかまわない。判例では，
殺人の謝礼金について折り合いがつかない状況を前にして，「そのく
らいでやってやれ。礼金は引き受けた」との助言が（最大判昭和 25・
7・19 刑集 4・8・1463）あるいは，殺人を決意している者に検挙後の差
入れを約束することが，正犯の犯行を容易にしたとして殺人罪の従犯
とされた事例がある。また，作為による場合のほか，侵入してきた泥
棒がたまたま知人であったため，ガードマンがこれに気付かないふり
をしていたという例などのように，他人の違法行為を阻止する義務の
ある者が義務に違反するという不作為による幇助行為もある。

　なお，実行行為の一部を終了した正犯者のその後の実行について，

これを容易にする場合を**承継的従犯**という。また，たとえば，知人が賭場を開帳していることを知り，これを幇助するため，本人に告げることなく客の勧誘を行う場合など，正犯者が知らぬうちに幇助者が幇助行為をなす場合，すなわち片面的従犯（東京地判昭和63・7・27判時1300・153）について，これを幇助として処罰すべきかについては争いがあるが，片面的共同正犯と異なり，原則として物質的幇助については肯定するのが一般である（もっとも，物理的因果性を基礎にして他の者と共同して結果を発生させたという関係を肯定することができるかぎり，片面的共同正犯を肯定する見解も主張されている）。また，実行行為を行っても正犯とならない場合もある（実行行為を行う従犯→ 250頁）。

　2．被幇助者が犯罪を実行したこと

　従犯が成立するためには，被幇助者である正犯者が犯罪を実行したことを要する。これは，共犯従属性説からの結論である。正犯者の犯行終了後に幇助すること（事後従犯）は，盗品関与の罪など独立の犯罪をのぞいて犯罪とならない。

(3)　共同正犯・教唆犯との区別

1．共同正犯と従犯の区別

　共同実行の意思と共同実行の事実があれば共同正犯であり，幇助の意思をもって幇助行為を行えば従犯である。実行行為を分担していない共謀者と精神的幇助を行う者との区別については困難な場合があるが，学説では，犯罪の完成にとって重要な行為をしたかどうかで両者を区別する実質的客観説が，実務上では，複数の関与者の主観面，客観面を総合的に観察して，「自己の犯罪を行ったとみられる者が正犯であり，他人の犯罪に加担したとみられる者が狭義の共犯である」とする説が，有力である。

　また，見張り行為についても区別が困難な場合が多いが，判例は，賭博の見張りについては従犯を認めるものの，それ以外の，たとえば

殺人，窃盗・強盗などの見張りについては共同正犯と解する傾向にある。これについては（共謀）共同正犯の成立範囲を広げすぎてはいないか，疑問視する見解も少なくない。

　2.　教唆犯と従犯との区別

　教唆犯と従犯との区別は，とりわけ，ここでも精神的幇助の場合に問題となる。一般には，それまでになかった犯罪的決意を生ぜしめる場合には教唆であり，すでに存在した犯罪的決意を強化させた場合が従犯であるとされている。

(4)　幇助犯の教唆，間接幇助

　従犯を幇助する場合を**間接幇助**という（最決昭和44・7・17刑集23・8・1061）。間接教唆と異なり，間接幇助を定める規定がないこと，および，従犯の幇助行為は実行行為でないことを理由に間接幇助を否定する見解と，間接幇助も正犯行為を容易にするものであること，および幇助行為も修正された構成要件に該当する実行行為であることを理由にこれを認める見解とがある。ただし，否定説も，間接幇助とはいえ，その実質は正犯の実行行為それ自体を幇助したとみられる場合には従犯とするので，両説の実質的な相違は大きくはない。

(5)　幇助の因果性

　共犯の処罰根拠については，すでに述べたように，因果的共犯論が多数説である。すなわち，共犯は正犯が実現した結果をともに惹起したために処罰されるというものである（→262頁）。そこで，幇助犯においても因果関係が存することを必要とするか，必要とするのであれば，どのような事柄との間において因果関係が必要であるのかが問われている。これが**幇助の因果性**の問題である。

　かつては，堕落説にたち，幇助の因果性は不要であるとするという立場も有力であったが，現在有力な因果的共犯論にたち，幇助と正犯

結果との間に因果性は必要であると解する立場が有力である。しかし，たとえば，正犯が住居侵入強盗を行っているあいだ屋外で見張り役をしていたが誰も通りがからなかったという場合や，犯罪に用いる道具を貸し与えたが正犯はそれを使用しなかったという場合など，幇助行為と発生結果との間に通常の条件関係が認められないような事例でも従犯が成立することは疑いない。このような事情を考慮して，現在の多数説は，幇助の因果性は，幇助行為と正犯の実行行為の間の関係と捉え，幇助行為が「正犯行為を物質的に，あるいは心理的に促進し（促進効），容易にしたという関係」が認められるかぎり因果関係はあるとしてよいとして，因果関係の内容を単独犯のそれを修正・緩和するものとする見解が一般的となっている。もっとも，この説でも，正犯にその旨を告げることなく見張りをしたが誰も通らなかったような場合などは，幇助の未遂として不可罰となる。

　東京高判平成2・2・21判タ733・232は，Aが地下室で債権者のXを射殺する計画を立てていることを知ったBは，拳銃の発射音が外部に漏れないよう当該地下室の扉に目張りなどを行ったが，その後計画が変更され，結局Aは別の場所でXを射殺したという事案について，第1審が幇助の因果関係を肯定し幇助犯の成立を認めたのに対して，「Bの地下室での目張り等の行為がAの現実の強盗殺人の実行行為を幇助したといい得るためには，Bの目張り等の行為が，それ自体，Aを精神的に力づけ，その強盗殺人の意図を維持ないし強化することに役立ったことを要する」とし，しかし本件ではこのような事情は認められないとして因果関係を否定し，幇助犯の成立を否定した。これは，先に示した今日の一般的な理解によるものであるといえよう。

(6)　中立的（日常的）行為と幇助

　幇助犯（従犯）の上記の性質から，その成立範囲の限界は不明確であり，時には日常的，中立的な行為（活動，営業，業務）を行う者も幇助

犯に該当するとみることができる場合もなくはない。事件に関わりをもったタクシー運転手や金物屋や電車の車掌は，極論すれば，「犯行を行う現場まで送り届けたことで強盗の犯行を手助けしたタクシー運転手」，「凶器となる包丁を販売し殺人を手助けした金物屋」，「ドアを閉めて電車を発車させ痴漢を手助けした電車の車掌」として，それぞれの犯罪の幇助とみなされうるのである。

　わが国では，中立的行為が幇助犯として可罰的となる基準に関して，関与者の主観に注目し，原則として確定的故意がある場合に限ってこれを認めるべきであるとする見解，社会的に有用な行為については犯罪に利用される危険を含んでいたとしても，「許された危険」として従犯の成立を否定すべきで，通常の業務行為の範囲を逸脱した場合に限ってこれを認めるべきとする見解，当該行為によって危険を有意に高めた行為のみを従犯とすべきとする見解，などが唱えられている。

　近時の判例では，適法な用途にも著作権侵害用途にも利用できるファイル共有ソフト Winny（ウィニー）をインターネットを通じて不特定多数の者に公開，提供して，正犯者がこれを利用して著作物の公衆送信権を侵害することを幇助したとして著作権法違反幇助に問われた事案について，最高裁は，「例外的とはいえない範囲の者が Winny を著作権侵害に利用する蓋然性が高いことを認識，認容していたとは認めがた」く，幇助犯の故意が欠けるとして，一審の有罪判決を否定した高裁判断を支持した（ウィニー事件。最決平成 23・12・19 刑集 65・9・1380）。ここでは，故意を認定する伝統的な公式が採用されているが，その前提として，一般的可能性を超える具体的な侵害利用状況があったこと，すなわち，幇助行為が存在しなければならない旨示していることに注意すべきである。

┊【設問26】を考えてみよう┊

　【設問26】ⓐの A の罪責については，未遂の教唆の問題で，教唆犯の成立に必要な故意の内容が問題となる。教唆犯の故意に，①正犯意思

を惹起させる認識と②正犯に実行行為を行わせる認識のほかに，③最終的に犯罪的結果が発生することの認識が必要であるとすれば，それが欠けるＡには，窃盗の未遂犯の教唆は成立しない。もし，③の認識が不要であると解するならば，当該犯罪の教唆が成立することになる。ⓑにおけるＣの罪責については，幇助の因果関係に関するもので，幇助行為が正犯行為を物質的に，あるいは心理的に促進したといいうるかぎりは幇助犯を認めてよいという立場にたてば，本件は，何らの意味でも正犯行為を促進していない以上，Ｃには窃盗幇助は成立しない。

第31章 Ⅵ：共犯論
——共犯の諸問題：身分犯の共犯, 共犯の錯誤,
共犯と中止犯

> 公務員である夫と一緒に食事の接待を受けた場合, 公務員でない妻も
> 収賄罪に問われるか。

【設問27】

ⓐ 公務員Ｂの妻Ａは, 夫ＢにＸ社社長のＹから賄賂を受ける
ことを促し, Ｂと共にＹからゴルフ接待や高級レストランでの食
事のもてなしを受けた。Ａの罪責を論ぜよ。

ⓑ ＣがＤにＸを射殺するように命じたところ, Ｄの発射した弾
はＸからそれて, ＸではなくＹに命中し, Ｙを死亡させた。Ｃ, Ｄ
の罪責を論ぜよ。

Ⅵ-4 共犯の諸問題

(1) 身分犯の共犯

犯罪は, 通常, 何人によっても行いうるものであるが, なかには,
一定の身分がなければ行うことのできないものや, 一定の身分がある
ことにより刑が加重・減軽されるものがある。たとえば, 収賄罪（刑
法197条）は公務員でなければ行うことができないものであり, 前者
の場合にあたり, また, 保護責任者遺棄罪（218条）は, 行為者に保護
責任者という身分があるため単純遺棄罪（217条）の刑が加重されるも
のであり, これは後者の場合にあたる。

　刑法はその65条1項で,「犯人の身分によって構成すべき犯罪行為に加功したときは,身分のない者であっても,共犯とする」と規定し,その2項で,「身分によって特に刑の軽重があるときは,身分のない者には通常の刑を科する」と規定している。

1. 身分概念と65条

(a) 真正身分犯と不真正身分犯

　65条にいう身分とは,判例によれば,男女の性別,内外国人の別,親族の関係,公務員たるの資格などに限らず,一定の犯罪行為に関する人的関係である特殊の地位または状態をいう,とされている。

　身分犯は,**真正身分犯**(構成的身分犯)と**不真正身分犯**(加減的身分犯)に分かれる。真正身分犯とは,身分がなければ成立しない犯罪をいい,その主体は,偽証罪(169条)における「宣誓した証人」,収賄罪(197条)における「公務員」,横領罪(252条1項)における「他人の物を占有する者」などである。

　これに対して,不真正身分犯とは,身分があることによって法定刑が加重または減軽される犯罪をいい,常習賭博罪(186条)における常習者,削除前の尊属殺人罪(200条)における「卑属」,業務上堕胎罪(214条)における「医師」などが当該身分にあたる。なお,保護責任者遺棄罪(218条)における保護責任者の身分は,同罪の不保護に関しては真正身分であり,同罪の遺棄罪に関しては不真正身分となる。

(b) 65条1項にいう「共犯」の意味

　共犯と身分に関して,学説では,真正身分犯については身分のない者(非身分者)による行為に実行行為性を認めることができないから,65条1項の「共犯」には共同正犯は含まれず,教唆犯,幇助犯のみが含まれると解する説もあるが,判例・通説は,65条1項にいう「共犯」は広義の共犯すべてを含む,すなわち教唆犯・幇助犯のみならず共同正犯をも指すと解している。真正身分犯と不真正身分犯とで共同正犯を含むか否かを区別する根拠はないこと,また,共同正犯にあっては

実行の分担を必要としないとするのが一般的理解であることから，判例・通説には十分な根拠があると解される。

2．65条の趣旨

65条1項は真正身分犯につき身分の連帯的作用を規定し，同2項は不真正身分犯につき身分の個別的作用を規定していることから，従来，1項と2項が矛盾した関係にあるのではないかとされ，合理的な説明が求められてきた。というのも，身分が欠けている場合には真正身分犯として重く処罰されるのに対して，いわば身分が半分備わっている場合には不真正身分犯として軽く処罰されるというのは不合理であるというのである。

この点について，①説は，65条1項は真正身分犯について，また，2項は不真正身分犯について，それぞれ共犯（広義の共犯）の成立と科刑を規定していると理解し，この立場が通説である。しかし，これに対しては，この見解は1項と2項は矛盾しているのではないかとの先の疑問を解明していない，また，AがBに，Bの幼児の遺棄（不真正身分犯）を教唆した場合，Bには保護責任者遺棄罪が成立し，Aは単純遺棄罪の教唆となるが，不保護（真正身分犯）を教唆した場合には，保護責任者遺棄罪（不保護罪。218条後段）の教唆となってしまうとの批判がなされている。②説は，1項は違法身分（身分が行為の違法性に関わること）の場合の違法の連帯性を，2項は責任身分（身分が行為の責任に関わること）の場合の責任の個別性を定めた規定であると理解する。しかし，この説には，違法身分と責任身分の区別が不明確である（たとえば，202条，212条について）などの批判がある。そして，③説は，1項は真正身分，不真正身分を問わず共犯の成立に関する規定，2項は，とくに不真正身分犯について科刑の個別的作用に関する規定であると解する。しかし，この説によると成立する罪名と科刑が分離することになる，すなわち，非身分者が業務上堕胎罪（214条。不真正身分犯）に加功した場合，成立する犯罪は業務上堕胎罪で，科される刑罰は同意堕胎罪

（213 条）の罪の限度でということになるなどの批判が加えられている。

　65 条 1 項は，「犯人の身分によって構成すべき犯罪行為に加功した者」となっており，同項は真正身分犯のみに関する規定とみるのが法文に素直な解釈であること，罪名と科刑とを区別すべきではないので，同 2 項は不真正身分犯の共犯の成立と科刑に関する規定であると解すべきであることから，①説が通説となっている。この立場によった場合，刑の権衡を失することになる場合もありえようが，それは一種の法の欠缺であるとして，軽い罪（先の不保護教唆の例では 217 条）の限度で処罰することで対処すべきであろうとされている。

　判例は，基本的に①説によっているが（最判昭和 31・5・24 刑集 10・5・734），後述のように，③説に親和的な判例（最判昭和 32・11・19 刑集 11・12・3073）もある。

　3.　真正身分犯と共犯

　判例・通説の立場にたって，真正身分犯と共犯の例を考えてみよう。

　【事例㋐】［身＋非身］型　身分者たる公務員の夫と非身分者たる非公務員の妻が共同して 197 条の収賄罪を実現すれば，妻にも収賄罪の共同正犯が成立する。

　【事例㋑】［非身→身］型　非公務員である妻が教唆・幇助して，公務員である夫が収賄罪を実現するのに加担すれば，妻には収賄罪の教唆犯・幇助犯が成立する。

　【事例㋒】［身→非身］型　公務員である夫が非公務員である妻を利用して賄賂を収受した場合，すなわち，身分者が非身分者を利用した場合，夫については，共同正犯を認める説，間接正犯を認める説，教唆犯とする説に分かれているが，多くの場合には両者に共同実行の意思が認められるであろうから共同正犯が成立することになろう。しかし，共同実行の意思が欠けており，妻が単なる道具にすぎないときには，「身分のない故意ある道具」を利用したとして夫は間接正犯となり，妻は，せいぜい幇助犯ということになろう。

4. 不真正身分犯と共犯

【事例㊦】[身+非身]型　A（身分者）とB（非身分者）が共同して,Aの重い病の親を遺棄した場合,Aは218条の保護責任者遺棄罪の,Bは217条の単純遺棄罪の共同正犯となる（判例）。

【事例㊧】[非身→身]型　BがAを教唆して,AがAの親を遺棄した場合,Aには218条の罪が成立するが,教唆者Bには217条の罪の教唆犯が成立し,217条の刑で処断される。しかし,上記③説によれば,Bにも218条の罪の教唆罪が成立し,しかし,その刑は217条ということになる。

【事例㊨】[身→非身]型　AがBを教唆して,BがAの親を遺棄した場合,Bには217条の罪が成立するが,教唆者Aには218条の罪の教唆罪が成立するとするのが判例・多数説である。学説では,Aについては218条の罪の教唆罪が成立するが,その刑は217条の限度であるとするもののほか,217条の罪の教唆犯が成立するとするものもある。判例・通説の主張に対する,共犯は正犯の違法性を超えられないとの批判に対しては,共犯の責任は正犯の責任を超えることが可能であるとの反論がなされており,「身分のない者には通常の刑を科する」としている65条2項に照らせば,「身分のある者にはそれに応じた軽い・あるいは重い刑を科す」ことが求められていると判例・通説の立場は主張するのである。

5. 特殊な事例

(a) 業務上横領と共犯

刑法253条の業務上横領罪は,「業務上」「占有」しているという二重の意味の身分犯であることから,特別な問題が生じる。以下,典型的な事例である共同正犯を例に検討してみよう。

【事例㋐】同一の他人の物について,業務上の占有者と業務によらない占有者とが共同して横領した場合,たとえば,単なる占有者である村長が,公金を業務上占有する会計管理者と共謀して村の財産を横領

した場合には，上記③説に従って，65条1項により，両者に253条の業務上横領罪の共同正犯が成立し，非身分者である村長は252条の単純横領罪の刑で処断されるとする説（判例）と，上記①説に従って，65条1項により，両者には単純横領罪の共同正犯が成立し，65条2項により業務者は業務上横領罪となるとする説に分かれている。

【事例⑦】同一の他人の物について，業務上の占有者である会計管理者と業務者でも占有者でもない会計管理者の妻との共犯関係にあっては，上記③説に近い考え方にたち，65条1項を適用して，非身分者である妻と身分者である会計管理者の両者に業務上横領罪の共犯が成立し，身分のない妻は同2項にもとづき単純横領罪の刑によって処断されるとする説（前掲最判昭和32・11・19）と，上記①説にたち，単純横領罪は真正身分犯なので，65条1項により身分のない妻は単純横領罪の共犯となり，同2項により会計管理者は業務上横領罪となるとする説に分かれる。

（b）営利の目的と共犯

目的犯における「目的」という主観的要素が，65条にいう身分といえるかについては，見解の相違がある。判例では，これを否定したもの（大判大正14・1・28刑集4・14）と肯定したもの（最判昭和42・3・7刑集21・2・417）とがある。前者は，営利目的誘拐罪（225条）に関するもので，後者は，営利目的による麻薬密輸入事件に65条2項を適用したものである。学説では，肯定説が多数説である。

（c）事後強盗と共犯

窃盗犯人が財物を取得したのち，財物を取り返されまいとして相手に暴行をふるう事後強盗にあって，その暴行のみに関与した者の罪責については，事後強盗罪を真正身分犯と解するか不真正身分犯と解するかによって争いがある（そのほか，本罪を財物奪取と暴行・脅迫の結合犯として理解する立場もある）。「窃盗犯人」を身分であるとしつつ，かつ，その身分を不真正身分と理解した判例もあるが，事後強盗の本質

は財産罪であり, 窃盗犯人でなければ犯すことができない犯罪である
と理解する以上は, 本罪を真正身分犯と解し, 暴行のみに関与した者
は事後強盗の共同正犯とすべきとの見解が多数説となっている (大阪
高判昭和 62・7・17 判時 1253・141)。

(2)　共犯と錯誤

　共犯者の認識した犯罪事実と正犯者が実行した犯罪事実との間に相
違があった場合にどのように処理するか。これが共犯と錯誤の問題で
ある。

1. 教唆・帮助と錯誤

　【事例⑦】　A が B に X を射殺するように命じたところ, B が X
　だと思って発砲した相手は実は Y であり, Y はそれによって死
　亡した (正犯における客体の錯誤の事例)。
　【事例④：設問 27 ⑤】　A が B に X を射殺するように命じたとこ
　ろ, B の発射した弾はそれて, X ではなく Y に命中し, Y を死亡
　させた (正犯における方法の錯誤の事例)。

　被教唆者 (正犯) が実現した犯罪事実と共犯の認識した犯罪事実と
が異なる場合にも, 同一構成要件内の錯誤と, 異なる構成要件にまた
がる錯誤とがあるが, いずれの場合にも, 基本的には, 単独犯と同様
の解決策がとられることになる。もっとも, とりわけ具体的符合説に
あっては, 正犯の錯誤が客体の錯誤ないし方法の錯誤であった場合,
共犯にとっては方法の錯誤かそれとも客体の錯誤と解するかについて
は見解は対立している。

　これに対して, 法定的符合説によれば, 共犯にとって方法の錯誤,
客体の錯誤のいずれであっても, 共犯の錯誤が同一構成要件の範囲内
で重なるかぎり, 発生結果について共犯の故意が阻却されることはな
いので, 【事例⑦】にあってはもとより, 【事例④】の場合でも, 発生結
果について教唆犯 A の故意は阻却されず, A は殺人既遂罪の教唆犯

となる。また，判例・通説の数故意犯説によれば，故意が抽象化されることから，【事例⑦】では，Aには，Yに対する殺人既遂罪の教唆犯のほか，Xに対して殺人未遂罪の教唆犯が認められ，両者は観念的競合とされることとなる。法定的符合説にたった場合，このほかに，AがBにX方への住居侵入窃盗を教唆したところ，BがY方への住居侵入窃盗を行った場合には，Aにおいて発生結果に対する教唆犯の故意は阻却されず，住居侵入窃盗罪の教唆犯が，Bが（X方あるいはY方の）住居侵入窃盗の未遂に終わった場合には住居侵入窃盗の未遂罪の教唆犯が，Bが（X方あるいはY方の）住居侵入強盗を行ったならば住居侵入窃盗罪の限度で教唆犯がそれぞれ成立し（この例のように，共犯と錯誤のなかで，とくに共犯の意識した内容以上の犯罪が正犯において実行された場合を「**共犯の過剰**」という），Bが（X方あるいはY方に）放火を行った場合には教唆犯は成立しないことになる。

　結果的加重犯についていえば，AがBを教唆してXに暴行を行わせたところ，Bの行為が傷害，傷害致死にいたった場合，Bと同様にAも結果的加重犯の責めを負い，傷害罪，傷害致死罪の教唆犯となる（なお，判例は，暴行・傷害を共謀した共犯者のうち1人が殺人を犯したときに，他の共犯者は「殺人罪の共同正犯と傷害致死罪の共同正犯の構成要件が重なり合う限度で軽い傷害致死罪の共同正犯が成立する」としている（前掲最決昭和54・4・13））。

　なお，共犯と錯誤を論じる前提として，教唆行為と被教唆者の犯意形成との間には，因果関係がなければならない。たとえば，Bらは，AからX宅への窃盗を唆され，他の者と実行しようとしたが果たせず，あきらめて帰ろうとしたが，他の者が「吾々（われわれ）はゴットン師（＝悪事をする集団）だ。だから，ただでは帰れない」といい出したので，Y商会に入って強盗を行った，という事案に，原審が，Aの教唆行為とBらの強盗行為との重なる範囲で，Aを住居侵入窃盗の教唆犯（住居侵入教唆と窃盗教唆）としたのに対して，最判昭和25・7・11刑集4・7・1261

は，Aの教唆行為とBの強盗行為との間に，因果関係があるとの認定がなければならない，として原判決を破棄し原審に差戻している。

　2．共犯と間接正犯との間の錯誤

　共犯と間接正犯との間の錯誤にあっても，単独犯における錯誤論の諸原則が適用されることになる。すなわち，共犯と間接正犯との錯誤を異なる構成要件間の錯誤の事例と把握し，また，共犯よりも間接正犯の方が罪が重いと解して，38条2項が適用されるということである。

　【事例㋐】[間接正犯→共犯]型　Aが，Bを責任無能力者であると誤信してXの殺人を指示したところ，Bは責任無能力者でなく，その行為の意味を十分理解しながらXを殺害した，あるいは，Aは，情を知らないBをXの殺人に誘致したところ，Bは犯罪実現の途中で事情を了解したが，そのまま自己の意思で犯行を継続しXを殺したという場合，間接正犯の故意で結果として教唆犯を行ったのであり，また，教唆犯の故意は間接正犯の故意に包摂されていると解して，Aには殺人の教唆犯が認められる，とする説が多数説である（なお，Aには殺人の教唆犯の既遂と間接正犯の未遂が認められるとする説も有力である）。

　【事例㋑】[共犯→間接正犯]型　AはBにXを殺すよう唆して毒を渡したつもりであったが，Bは毒であることに気がつかなかったという場合，同様の思考に従って，38条2項を適用ないし準用し，Aは軽い殺人教唆犯の責任を負うことになる。

(3)　共犯と中止犯

　共同正犯の未遂は，共同者の実行行為が開始され，しかも，そのすべての者の行為が結果を生じさせるにいたらなかった場合に認められる。また，教唆犯および幇助犯の未遂の範囲は，共犯従属性説によれば，正犯者が実行に着手し，しかし犯罪が既遂に達しない場合に限られる（未遂犯処罰規定がなければならない）。

　では，AがBにX殺害を教唆し，Bが実行行為にいたるや，Aはそ

の非を悟りXを助けたという事例において，Aに中止犯は認められるであろうか。

　共犯にあっても，単独犯の場合に準じてその中止犯の成立範囲を考えることができる。すなわち，共同正犯の中止犯は，共犯者の全員が任意にその犯罪を中止した場合，または共犯者の一部が，任意に，他の共犯者の実行を阻止するか，結果の発生を阻止した場合に成立する。意を翻した誰かに中止犯が成立しても，これを本意としない他の共犯者については，障害未遂罪が成立することになる。また，ある者が任意に中止したとしても，他の者によって結果が発生すれば，上述のように中止犯は未遂犯の一種なので，やはり中止犯を認めることはできない。

　判例も同様の理解であり，強盗に入ったCとDに被害女性がわずかな額の金員を差し出したところ，その困窮ぶりを察したCは「その様な金はとらん」といってDに「帰ろう」と声をかけ家の表に出たが，Dがその金員を奪っていたという事案に，金員強取を阻止せず放置した以上,Cを強盗の中止犯として論じることはできないとしている（最判昭和24・12・17刑集3・16・2028）。

　なお，共犯従属性説では，上述のAの教唆・幇助行為は実行行為自体ではないと考えられているので，Aの行為に実行の着手を観念することができず，Aの行為に中止犯の適用は理論上困難となる。しかし，通説は，この場合にも，中止犯を規定する43条ただし書の規定を被告人に有利に準用して，中止犯の成立を肯定している。

【設問27】を考えてみよう

　【設問27】ⓐにおいては，65条は広義の共犯を含むことから，65条1項に従って，AはBとともに，収賄の共同正犯となる。ⓑの場合，Dにおける錯誤は方法の錯誤であって，判例理論によれば故意は阻却されず，DにはYに対する殺人既遂罪とXに対する殺人未遂罪が成立する。そして，法定的符合説によれば，正犯における錯誤が同一の構

成要件内にあるかぎり共犯の故意の成立に影響を与えないので，C に
はその教唆犯が成立する。

第32章 VI：共犯論
——共犯の諸問題：不作為と共犯，共犯関係からの離脱

子どもが殺人をした場合，それを止めない親の罪責はどうか。

【設問28】

ⓐ　A は内縁の夫 B が A の子ども X に暴行を加えているのを傍観していたところ，X は死亡するにいたった。A の罪責を論ぜよ。

ⓑ　C と D は Y に激しい暴行を加えていたところ，鬱憤がはれた C は，D に「ほどほどにしとけよ」などといい残しその場をあとにしたが，その後 D はさらに暴行を加え Y を死亡させた。C の罪責を論ぜよ。

VI-4　　共犯の諸問題

(4)　不作為と共犯

不作為と共犯については，「不作為犯に対する共犯」と「不作為による共犯」という二つの形態を区別すべきある。

1．不作為犯に対する共犯

「不作為犯に対する共犯」とは，正犯である（真正・不真正）不作為犯の存在を前提として，それに共犯として関与することをいう。不作為犯を真正身分と解したうえで 65 条1項を適用して，あるいは，作為義務を有していなくても共同正犯たりうるとして，不作為犯に対して広義の共犯の成立は可能とするのが多数説である。たとえば，A が，交

際相手であるＢに不作為を教唆して,あるいは幇助して,Ｂの子ども
に食事を与えずにこれを餓死させた場合（Ｂの保護責任者不保護罪の共
犯）などがこれにあたる。

　なお,生命維持のためにインスリンの投与が必要な１型糖尿病にり
患した幼年の被害者の治療をその両親から依頼されたＡが,母親に
対しては脅しめいた文言を交えた執拗かつ強度の働きかけを行うなど
し,両親に指示してインスリンの投与をさせず,その結果被害者が死
亡した事案において,Ａに母親を道具として利用した殺人罪の間接正
犯および父親との不保護罪の共謀共同正犯が成立するとした最決令和
２・８・24 刑集 74・5・517 がある。

　2.　不作為による共犯

　他方,「不作為による共犯」には,作為犯に不作為で関与する場合と,
不作為犯に不作為で関与する場合がある。いずれも不作為で関与する
のであるから,関与者には作為義務があることが必要である。後者の
例としては,たとえば,幼児Ｘの父親Ａは,母親ＢがＸに食事を与
えていないにもかかわらず何らの措置も施さずＸを餓死させたとい
う場合であり,両者に意思の連絡があれば不作為の殺人の（共謀）共同
正犯（通常,「不作為による共同正犯」といわれる）,なければ同時犯とい
うことになる。

　争いがあるのは前者の作為犯に不作為で関与する場合である。なお,
これについて,不作為による教唆は通常考えられないので,上記の不
作為による共同正犯をのぞくと,正犯と幇助犯という関係のみが考え
られることになる。

　この場合の正犯と共犯（幇助犯）の区別については,因果的共犯論を
基礎にして,結果原因の支配や因果的寄与の重要性,あるいは行為支
配を基準とする考え方が有力である。そして,これらの説によれば,
作為によって犯罪を行う者が存在し,それに不作為で関与する場合に
は,その不作為は支配力という点でも因果的寄与という点でも作為犯

に劣後し（「二次的な存在」），原則として幇助犯が成立することになる（原則幇助犯説）。したがって，Aは，わが子Xが第三者Bによって川に突き落とされ溺れそうになっているのを救わない，あるいはBがXを銃殺しようとしているのを止めない場合，Aには殺人罪の幇助が成立する（なお，これに対して，Xが，Aが目を離したために野良犬に襲われたり，車の中に放置したことで熱中症や低体温症を発したことによって死に瀕していたにもかかわらず，これを放置し死亡させた場合には，結果発生に対する第一次的な支配者・因果的寄与者として結果の回避は容易であったのであるから，Xを救助しなかったAは正犯となろう）。他方，Aが，自分が監護している子どもXが幼児Yを殺害するのを止めない場合にも，同様の理由から，通常，Aには幇助犯が成立することになろう。

　判例（せっかん死事件。札幌高判平成12・3・16判時1711・170【百選No. 83】）は，Aの内縁の夫BがAの子Xに激しい暴行を加えているのに無関心を装って制止せず放置していたところ，XはBの暴行により意識を失い，その後死亡するにいたったという事案につき，AにはBの暴行を阻止すべき作為義務があり，またその義務の履行は可能であるのに，Bの暴行を阻止しないことによってBの犯罪の実行を容易にしたとして，Aの行為は，「作為による幇助犯の場合と同視できる」として，傷害致死罪の幇助犯の成立を認めている。

(5)　共犯関係からの離脱

1.　はじめに

　【事例㋐】　AからEの5人は，X殺害を共謀しX宅に向かっていたが，途中，Eが「自分は帰る」といいだし，他の者が「それは認めない」というのを聞かず帰宅し，その後，Dも心細くなり，犯意を放棄し，すぐに合流するかのように装ってその場を離れ帰宅した。

　【事例㋑】　上記において，その後，X宅に到着後，A，B，Cの3

人は，Xに対して殺人の故意でそれぞれナイフで切りつけたところ，AのナイフによってＸ生じた傷から大量に出血するなか，Aらに命乞いをするするＸの姿を目にして憐憫の情を抱いたＣは，ＡとＢに犯行の中止を呼びかけ，それが聞き入れられないと，身を挺してＡ，ＢのＸ殺害行為を妨げようとしたが，逆にＡらによる暴行を受けて怯んでいるうちに，ＡとＢはＸを殺害した。

　上述のように（→298頁），たとえある者によって任意かつ真摯な中止行為がなされても，他の共犯者によって犯罪的結果が発生せしめられたときには，直ちには中止犯の成立は認められない。しかし，そうであったとしても，発生結果は離脱者の行為とは因果関係を有しないとし，共犯関係からの離脱を認めて，結果を離脱者に帰責させず，共犯の既遂ではなく障害未遂に罪責をとどめるということはできないであろうか。これが共犯関係からの離脱の問題である。

2. 共犯関係からの離脱

(a) 着手前の離脱と着手後の離脱

　共犯関係からの離脱とは，いったん成立した共犯関係から一部の者がその犯意を放棄して離れ去ることをいい，共犯の処罰根拠論に関する因果的共犯論によれば，離脱は自己の加功によって創出した行為寄与を払拭し，結果に対する物理的・心理的因果性を断ち切ることによって認められるとされる（因果性遮断説）。たとえば，共同正犯の実行の着手後，既遂にいたらない段階で，共同正犯者のなかの一部の者が他の共同者との相互的利用・補充の関係を断ち切ってその共同正犯関係から離れ去り，その結果，当初の共謀にもとづく実行行為が行われることがなりれば，その後たとえ他の共犯者によって犯罪が実行され，結果が発生しても，当初の共謀との因果関係は遮断され，それは新たな共同意思にもとづくものとされ，離脱者は（その行為の効果が残存していない以上）結果に対して責任を負わないことになる。

　共犯関係からの離脱は，実行の着手前の離脱（いわゆる共謀からの離

脱）と，実行の着手後の離脱に分けられる。実行の着手前，着手後を問わず，共犯の離脱が認められるためには，自己のなした行為の影響・効果が残存しない形での離脱でなければならない。着手前の離脱にあっては，他の者に離脱の意思を表明するか，表明してはおらずとも他の者がこれを認識していれば，その了承がなくとも，これが明示的ないし黙示的に承認されたとみなされるときには心理的因果性が絶たれ，離脱後に他の共犯者によってなされた行為や結果については責任を負うことはないとされている（しかし，予備の共同正犯の可能性は残る）。判例においても比較的容易に離脱が認められる類型である。もっとも，離脱しようとする者が犯罪意思の形成に関し指導的な役割を果たした者である場合には，判例では，成立した共謀を解消させて共謀関係（共犯関係）がなかった状態に復元させるなどの相当な措置をとることが必要であるとされており，この場合には，離脱の意思の表明の他，積極的な犯罪中止への説得活動が必要となろう。したがって，【事例⑦】では，Eには離脱が認められるのに対して，Dの逃走を認識すらしていないA，B，CにはいまだDの加担を頼みとしているという心理的な因果性が残っていることから，Dには離脱が認められないことになる。

　着手後の離脱については，物理的な因果性があり，すでに互いに激励し，他を頼みにして実行行為を行っている以上，心理的な因果性も存在することから，結果発生の危険を防止する措置を講じることがなければ「離脱」は認められないとして，判例・学説はこれを厳格に解してきている。この点，【事例④】では，Cが身を挺して，自己にできる最大限の努力をしてXを救助しようとした段階で，当初の共犯関係は解消し，その後の行為はAとBのその場での新たな共謀にもとづくものと考えることができ，Cには離脱を認めることができよう。政策的にも，影響・効果を完全に払拭することまでを要求すべきではないと思われる（なお，共犯関係が解消され，せいぜい未遂の責任を負う

にすぎないとしても，発生した既遂結果につき，Ｃには教唆犯・幇助犯の成立の可能性は残る）。

(b) 判　例

　判例では，Ｂと共同してＸをＢ方に連行しこれに長時間暴行を加えていたＡが，「おれ，帰る」といっただけでＢ方を立ち去ったという事案に，Ｂにおいてなお制裁を加えるおそれが消滅しておらず，Ａにおいて格別これを防止する措置を講ずることはなかったことから，Ｂとの間の当初の共犯関係が解消したということはできないとして，Ａにも傷害致死罪の共同正犯の成立を認めた事例があり（最決平成元・6・26刑集43・6・567），一方，自らも関与したものの，自身も主犯のＢに殴られて気を失って放置された状態にあったＡについて，Ｂらがその後さらに被害者Ｘに加えた第二暴行に関しては，当初の共犯関係がＢ自身の行動によって一方的に解消され，第二暴行はＡの意思・関与を排除してＢらのみによってなされたと解されるから，共同正犯としてのＡの刑事責任は否定されるとされた事例（名古屋高判平成14・8・29判時1831・158。なお，207条の適用が認められている）も存する。いずれも，先に示した離脱の一般的な理解に沿ったものである。なお，近時の判例として，Ａは，他の共犯者らと住居侵入強盗の共謀をなしたが，共犯者Ｂらが住居に侵入したのち強盗に着手する前に住宅の周囲に人が集まってきたので，見張り役ＣがＢらに電話で「犯行をやめた方がよい，先に帰る」などと一方的に伝えてきたことから，「Ａにおいて格別それ以後の犯行を防止する措置を講ずることがなく，待機していた現場から前記見張り役らと共に離脱した」などの本件事実関係の下では，Ａの離脱が，Ｂらが強盗行為に着手する前であり，離脱をＢらが認識していたとしても，「当初の共謀関係が解消したということはできない」とした事例（最決平成21・6・30刑集63・5・475）がある。

(c) 教唆犯・幇助犯からの離脱（解消）

　教唆犯関係からの離脱も，従犯関係からの離脱も，共犯関係からの

離脱と同様に理解しうる。もっとも，幇助犯にあっては，提供した犯罪用具を取り返すとか，精神的援助を撤回し中止を勧告するなどの措置により，比較的容易に解消が認められうるのに対して，教唆犯からの離脱にあっては，犯罪意思を生じさせたという自らの教唆の影響・効果を払拭するということが相対的に困難な場合が多いことから，共犯関係の解消は限定的に認められるにすぎないといえよう。教唆者の説得などによって正犯者がいったんは犯罪意思を放棄したものの，その後意を翻し再度実行に移ったという場合に，当初の教唆行為の影響がみてとれるということであれば，なお，離脱が肯定されることはないように思われる。離脱・解消が認められれば，教唆者は教唆犯の傷害未遂か中止犯として扱われる。

【設問28】を考えてみよう

【設問 28】ⓐにおいては，原則幇助犯説によれば，判例にあるように，AにはBによる傷害致死罪への不作為による幇助が成立することになろう。ⓑにおいては，Cは，判例とは異なり「ほどほどにしとけよ」と申し向け，Dのさらなる暴行をやめるように諫めたようにも思えるが，その程度では，Dのさらなる暴行を防止する措置としては不十分であるとすれば，自己が与えた因果性を解消しているとはいえず，共犯関係が解消しているとは認められないということになろう。その場合には，Cにも共同正犯として傷害致死罪が成立することになる。

VII 罪数論・刑罰論

第33章 VII：罪数論・競合論
―― 科刑上一罪・併合罪

> なぜ，他人の家のなかで犯罪を行うと，家のそとで犯罪を行った場合より刑が軽くなりうるのか？

【設問29】 AはX宅に押し入り，Xとその妻Yをナイフで脅し，それぞれの財布を奪って逃走した。Aの罪責を論ぜよ。

VII-1-1 罪数論の意義

(1) 罪数の意義と罪数の形態

罪数とは，犯罪の個数のことをいう。刑法では一罪を基本としてその成立要件を論じるが，現実には，犯罪行為が行われる場面においては複数の構成要件に該当する行為（数個の罪名）が問題となることが多く，その場合，それらが全体として1個の犯罪なのか数個の犯罪なのかが問われる。というのも，一罪か数罪かは犯罪地の確定，犯罪時の確定のほか，実体法上は処断刑の範囲などを決する際に，また，訴訟法上は公訴不可分の原則や一事不再理効の範囲を論じるにあたって重要となるからである。

　1個の犯罪が成立する場合を**本来的一罪**といい，科刑上も訴訟法上も一罪として扱われる。これに属するのが，**単純一罪**，**法条競合**，そして包括一罪であるが，包括一罪，とりわけ，強盗罪と傷害罪の包括一罪など，異なる構成要件にまたがる**混合的包括一罪**は，本来的一罪よりも数罪的性質を有する科刑上一罪に近い性質を有している。その科刑上一罪に属するのが**観念的競合**と**牽連犯**であり，訴訟法上は一罪として扱われることになる。一方，数罪とされるものとしては**併合罪**と**単純数罪**があり，前者は，確定判決を経ていない数罪のことを指し，後者は，併合罪の関係にたたない数罪をいう。

(2)　罪数の決定基準

　罪数を決定する基準について，学説は分かれているが，構成要件標準説が支配的である。すなわち，構成要件が1回充足されることで一罪を認めるというものであり，それによれば，2回の窃盗行為であっても，それが引き続き行われたような場合には（包括）一罪とされることになる。しかし，同説に対しては，どのような場合に「構成要件の1回の充足」となるのかが問題とされている。したがって，現在では，構成要件標準説を基礎としつつも，行為の違法性や行為者の責任をも考慮して構成要件の1回の充足と評価できるかを考える立場が一般的となっている。

VII-1-2　本来的一罪

(1)　単純一罪

　単純一罪とは，1個の構成要件に該当する1個の犯罪事実が認められる場合をいう。1個の犯意にもとづく1個の行為で1個の結果を発

生させ，1 個の罰条が問題となるにすぎず，複数の構成要件的評価を必要としない場合である。たとえば，1 回の殴打を 1 人に対して加えて暴行を行う，1 個の投石で 1 枚の窓ガラスを割り器物損壊を行うなどが本来的一罪の典型である。

(2)　法条競合

法条競合とは，形式的には数個の罰条が適用可能のようにみえても，構成要件相互の論理的関係から結局 1 個の罰条しか適用可能でない場合をいう。そのなかには，横領罪に対する業務上横領罪のような特別関係，傷害罪に対する暴行罪のような補充関係，殺人未遂罪に対する殺人既遂罪のような吸収関係などがある。

(3)　結合犯

結合犯とは，それぞれ独立した構成要件が結合して別の新たな構成要件となっている犯罪をいう。その典型例は強盗罪であり，本罪は暴行罪と窃盗罪の結合犯となっている。

VII-1-3　包括一罪

(1)　包括一罪

包括一罪とは，外見上は複数の構成要件に，あるいは 1 個の構成要件に複数回該当する行為であっても，その違法内容，責任内容の単一性を理由として，1 個の罰条によって包括的に評価できる場合をいう。本来的一罪の一形態と解されるが，性質的には単純一罪と科刑上一罪の中間に位置すると考えられている。そのなかには，まず，構成要件の性質上はじめから同種の数個の行為が行われることを予定している

集合犯とよばれる犯罪があり，ここには，無免許医業の罪（医師法 17 条）の職業犯，刑法 175 条 2 項の営業犯，刑法 186 条 1 項の常習犯がある。つぎに，狭義の包括一罪，すなわち，逮捕監禁罪など，相互に手段・目的，ないし原因・結果の関係にある数種の行為態様が並列して規定されている構成要件を数個の行為で実現する場合があり（261 条 2 項の盗品等関与罪など），さらに，接続犯などの類型がある。

(2) 接続犯

接続犯とは，数個の同種の行為が同一の法益侵害に向けられ，時間的・場所的に近接して行われるため，全体を包括して観察して一罪と認められるものをいう。同一人を引き続き数回殴打するとか，同一の家屋内でつぎつぎと財物を窃取するなどがその例であるが（最判昭和 24・7・23 刑集 3・8・1373），この場合には，単一の不法，すなわち 1 個の不法が単に量的に増加したにすぎないとみられることと，単一の責任，すなわち意思の存在が 1 個であることが一罪性の実質的根拠であるとみることができる。

(3) その他の包括一罪

そのほか，1 発の弾丸で人を殺害したという場合に，殺害にかかって必然的に随伴して発生する衣服の損傷に成立する器物損壊罪については，これが殺人罪に吸収されて，通常，殺人罪のみが成立するが，このような**吸収一罪**も包括一罪に加えられることがあり，また，1 個の管理下にある所有者を異にする数個の物の窃取は 1 個の窃盗罪に包括され，1 個の殺人が既遂にいたるまでになされた数回の未遂行為は 1 個の殺人既遂罪に包括される。さらに，窃盗犯人が盗品を壊すなどの**不可罰的**（共罰的）**事後行為**も包括一罪に数えられることがある（この場合，器物損壊は成立しない）。近時，最高裁は，約 2 か月にわたり数か所で街頭募金の名のもとになされた街頭募金詐欺について，募金者ごと

の犯罪の成立を認めるのではなく，全体を一体のものと評価して，包括一罪を認めている（街頭募金詐欺事件。最決平成22・3・17刑集64・2・111）。ただし，複数の被害者と複数の行為があることから，本件は包括一罪の限界事例に位置づけられよう。

VII-1-4　科刑上一罪

(1)　観念的競合

1. 意　義

観念的競合とは，1個の行為が同時に2個以上の罪名（構成要件）に触れる場合をいう。観念的競合は，そのなかで最も重い刑によって処断される点で（刑法54条1項前段），併合罪と異なる。たとえば，拳銃の弾を発射させ，窓ガラスを損壊し室内にいる人を殺害したならば，器物損壊罪と殺人罪との観念的競合となり，殺人罪の刑によって処断されることになる。観念的競合については，本来は数罪であるが科刑上一罪として取り扱われるとするのが多数説である。

2. 併合罪との差異および一罪性の根拠

観念的競合であるか併合罪であるかは，実体法では処断刑に影響する。観念的競合であれば，吸収主義により最も重い刑の限度で処断されるのに対して，併合罪であれば，有期の自由刑につき加重主義により処断される。併合罪に比して観念的競合が軽く処断される根拠は，観念的競合においては，違法や責任が併合罪の事例に比して減少しているためと解するのが有力であるが，一個の行為によることを理由とした「処罰の一回性」にこれを求める見解もある。

3. 要　件

「1個の行為」の判断基準については，自然的観察・社会的見解によ

るとする説と，これを前提としつつもさらに法的・規範的な制約を加えるとする立場とがある。判例（最大判昭和49・5・29刑集28・4・114）は前者の立場にたつが，それでは基準として不明確であるとして，学説では，観念的競合における「1個の行為」を論じるにあたっては，構成要件に該当する行為の「重なり合い」を手がかりとするとの見解が一般的である。

54条にいう「2個以上の罪名に触れ」るとは，1個の行為が実質的に数個の構成要件に該当することであり，この点で外見上のみ数個の構成要件に該当する法条競合とは異なる。

なお，観念的競合には，1回の発砲で2人を殺害する行為のように，1個の行為が同一構成要件に複数回該当する場合と，1回の発砲で人を殺害し物を損壊するように，異なる構成要件に該当する場合とがあり，前者を同種類の観念的競合，後者を異種類の観念的競合という。

4. 問題となる場合

判例・通説によると，無免許運転や酒酔い運転などの継続犯といういわば「線」（のように継続して延びている犯罪）と業務上過失致死傷罪などの即成犯といういわば「点」（のように一点で生じ直ちに終了する犯罪）との重なり合いは併合罪とされ，継続犯，即成犯がそれぞれ「線」と「線」，「点」と「点」として重なるときには観念的競合であるとされているとみることができる。これによれば，銃砲刀剣類の不法所持（線）とこれを用いて行った強盗（点）とは併合罪となり，酒酔い運転（線）と業務上過失致死傷罪（現在の自動車運転過失致死傷罪）（点）（前掲最大判昭和49・5・29）は併合罪となり，無免許運転（線）と酒酔い運転（線）（最大判昭和49・5・29刑集28・4・151），無免許運転（線）と車検切れ車両運転（線）（最大判昭和49・5・29刑集28・4・168）はそれぞれ観念的競合となり，不作為犯の罪数に関して，道交法の救護義務違反罪（線）と報告義務違反罪（線）（最大判昭和51・9・22刑集30・8・1640）とは観念的競合となる。

　なお，AがBの2回にわたる密輸を1回の資金的援助によって助けた場合，Aには2個の密輸幇助罪が成立し，この成立した2個の幇助罪については，幇助行為，すなわち資金援助は1個であるから，観念的競合となるとするのが判例の理解である（最決昭和57・2・17刑集36・2・206）。

(2)　牽連犯

1．意　義

　牽連犯とは，犯罪を構成する数個の行為が，それぞれ互いに手段・目的または原因・結果の関係にある場合をいう。そのなかで最も重い刑によって処断される（刑法54条1項後段）。たとえば，住居に侵入して窃盗をなす場合，両者は犯罪の手段と目的の関係にあり，住居侵入罪と窃盗罪の牽連犯となる。文書偽造罪と同行使罪とは，犯罪の原因と結果の関係にあり，同様に牽連犯となる。偽造文書行使罪と詐欺罪などの財産罪も牽連犯となる。牽連犯については，本来は数罪であるが観念的競合と同じく科刑上一罪として取り扱われ，併合罪とは実体法上も手続法上も取り扱いを異にする。

2．要　件

　どのような場合に数個の行為間に手段・目的，原因・結果の関係を肯定するかについて，判例は，犯罪の手段とは，ある犯罪の性質上その手段として普通に用いられる行為をいい，犯罪の結果とは，ある犯罪から生ずる当然の結果を指すとしている。

　判例に現れた牽連犯の類型として，住居侵入罪と窃盗罪，殺人罪，放火罪，強姦（強制性交等）罪，強盗罪，また，不法監禁罪と恐喝罪などがあり，これに対して，放火罪と保険金の詐欺罪，監禁罪と傷害罪，強姦致死傷（強制性交等致死傷）罪などでは，牽連関係が否定されている。

3. かすがい理論

かすがい理論とは，本来であれば併合罪となる数罪が，それぞれがある罪と科刑上一罪の関係にあることで，そのある罪が（鎹（かすがい）：つなぎとめるもの）の役割を果たし，それによって全体として科刑上一罪となることをいう。このかすがい理論を認めると，3 個の殺人が戸外で行われたときとこれが住居内で行われたとき（最決昭和 29・5・27 刑集 8・5・741）とでは，前者が殺人罪の併合罪となるのに対して，後者では，住居侵入というさらなる一罪がかすがいとして加わることで，全体が牽連犯となり，前者に比して刑が軽くなるという不都合が生じる。そこで，学説では 1 個の殺人罪と住居侵入罪とを牽連犯として，他の二つの殺人罪と併合罪とするなどの説が唱えられている。

VII-1-5 併合罪

(1) 意 義

併合罪とは，確定判決を経ていない，すなわち同時審判の可能である数罪のことを指す（45 条前段）。もっとも，「ある罪について拘禁刑以上の刑に処する確定判決があったときは，その罪とその裁判が確定する前に犯した罪」だけが併合罪となる（同条後段）。併合罪とは，複数の構成要件に該当する行為が，上記の種々の一罪に該当しない場合ということになる。

(2) 処 断

併合罪の処断には，三つの方法がある。**吸収主義**とは，併合罪にあたる各罪のうち最も重い罪について規定した刑によって処断する原則をいい（46 条 1 項参照），**加重主義**とは，併合罪にあたる各罪のうち最

も重い罪について規定した刑に一定の加重を施して処断する原則をいい（47条参照），**併科主義**とは，併合罪にあたる各罪についてそれぞれ刑を定め，それぞれの刑を併科する原則をいう（48条1項，53条参照）。わが国では，加重主義を原則とし，刑の種類に応じて，吸収主義，併科主義を補充的に採用している。

【設問29】を考えてみよう

【設問29】において，Aは1個のナイフによる脅迫によって2人から財物を強取しているから，Aには2個の強盗罪が成立し，それらは観念的競合となる。これらの罪と住居侵入とは牽連犯の関係にたつ。

第34章 VII：刑罰論

死刑や鞭打ちは刑罰として許されるか？　犯行に使用した凶器は没収
されるか？　刑の一部執行猶予の目的は？　被害感情も量刑で考慮でき
るか？　国外の犯罪者にも日本刑法の適用はあるか？

【設問30】　　アメリカに住むイギリス人のAは，日本を旅行中の
ドイツ人Xに毒入りのチョコレートを送り，Xは日本国内でこれ
を食べて，その後旅行先であるフランスで腹痛を訴えた。Aに日
本刑法の適用はあるか。

VII-2-1　刑罰の種類

　刑罰は，その剥奪される法益に従って，生命刑，身体刑，自由刑，名
誉刑，財産刑に分類される。また，独立に科すことができるか否かで
主刑か附加刑かに分けられる。わが国の現行法はその9条において，
死刑，拘禁刑，罰金，拘留，および科料を主刑とし，没収を附加刑とし
て定めている。わが国では，手の切断や鞭打ちといった身体刑は，残
虐な刑罰（憲法36条）にあたるとして，認められていない。また，官
吏となるような一定の能力・資格を奪う刑罰である名誉刑も，現行法
の規定には存在しない。

(1)　主　刑

　死刑とは，生命刑，すなわち，受刑者の生命を剥奪する刑罰である

（刑法 11 条）。死刑については，判例上，その執行の手段である絞首という方法をも含めて憲法に違反しないとされている（最大判昭和 23・3・12 刑集 2・3・191，最大判昭和 30・4・6 刑集 9・4・663 など）。死刑には，それが正当化されるだけの犯罪抑止力がない，個人の生命を手段化して犯罪予防を図るべきではない，誤判の場合には取り返しがつかない，などを根拠として死刑廃止論も有力となりつつあるが，国民の処罰感情を基礎にして，存置論もいまだ根強い。

　拘禁刑は，刑事施設に拘置し，拘禁刑に処せられた者には，改善更生を図るため，必要な作業を行わせ，または必要な指導を行うことができるとされている（12 条）。2022（令和 4）年の改正前には，所定の作業に服せしめる懲役と所定の作業を課さない禁錮とが区別されていたが，このような区別には合理性がなく，受刑者の改善更生には役立たないとして，拘禁刑に一本化された。拘留とは受刑者を刑事施設に拘置する短期の自由刑であり，拘禁刑に比べて軽く，軽犯罪法違反の罪など軽微な犯罪に対する刑として定められている（16 条）。

　なお，拘禁刑には**無期**および**有期**の別があり，有期の拘禁刑は 1 月以上 20 年以下とされている（12 条 1 項）。そして，有期の拘禁刑を加重する場合には，30 年まで上げることができ，減軽する場合には，1 月未満に下げることができる（14 条）。

　拘禁刑については，受刑者に「改悛の情」があるとき，有期刑については 3 分の 1，無期刑については 10 年を経過したのち，行政官庁（地方更生保護委員会）の処分によって仮に釈放すること（仮釈放）が認められている（28 条。実情は極めて厳格な運用がなされている）。

　財産刑には**罰金刑**と科料があり，そのうち，罰金とは，1 万円以上の金額を受刑者から剝奪する刑罰をいい（減軽する場合には 1 万円未満に下げることができる。15 条），科料とは，拘留と同様に軽微な犯罪に対する刑で，千円以上 1 万円未満の金額を受刑者から剝奪する刑罰をいう（17 条）。罰金・科料を完納することができない場合には労役場に留

置される（労役場留置。18条）。

(2)　附加刑（19条, 19条の2）

　主刑を言い渡す際に同時に言い渡すことのできる附加刑である**没収**（19条）とは, 物について, その所有権を剥奪して国庫に帰属せしめる処分をいい, 消滅などにより没収が不可能な場合には, **追徴**（19条の2）として, それに代わるべき一定の金額を国庫に納入すべきことを命ずる処分が下される。

　没収は, 刑罰としての性質と犯罪原因を取りのぞく保安処分としての性質の両面を有している。没収の対象は, ①贈賄罪において供与した賄賂, わいせつ物の頒布罪におけるわいせつ物などの, 犯罪構成要件上不可欠な行為を組成した（犯罪）組成物件, ②殺人に用いた凶器, 放火に際し点火の手段として用いたライターなどの, 犯罪行為の遂行に使用した, または使用しようとした（犯罪）供用物件, ③文書偽造罪における偽造文書などの, 犯罪行為によって存在するにいたった（犯罪）生成物件, 恐喝行為によって得た証書などの, 犯罪行為によって得た（犯罪）取得物件, 殺人の報酬として支払われた殺し料などの, 犯罪行為の報酬として犯人が取得した（犯罪）報酬物件, ④盗品などを売却して得た代金のように, ③に掲げた没収対象物の対価・報酬として取得した対価物件である。なお, ここにいう「犯罪行為」には, それが可罰的であるかぎり, 狭義の共犯行為, 未遂行為や予備行為が含まれる。また, 犯人以外に属する物であっても, 犯罪後にその者が情を知って取得したものであるときは, なお没収の対象となる。

　犯罪生成物件, 犯罪取得物件などを費消したために, その全部または一部を没収することができなくなったときには, 犯人に不正な利益を残さないため, その価額を追徴することができる。

（3）　執行猶予

　刑の**執行猶予**とは，有罪判決にもとづいて自由刑が実際に執行される「実刑」に対して，刑の言渡しに際して，その執行を一定期間猶予するものであり，刑を言い渡された者が，執行猶予期間を無事経過したときは，その刑の言渡しは効力を失う（刑は科されない）という制度である。執行猶予には，刑の全部の執行猶予と一部の執行猶予とがある。

　1.　刑の全部の執行猶予

　刑の全部の執行猶予の要件として，まず①対象となるのは，ⓐ以前に拘禁刑以上の刑に処せられたことがない者，あるいは，ⓑ拘禁刑以上の刑に処せられたことがあってもその執行を終えた日またはその執行の免除を得た日から 5 年以内に拘禁刑以上の刑に処せられていない者であり，②その者に，3 年以下の拘禁刑または 50 万円以下の罰金の言渡しをするとき，③「情状により」，④裁判確定日から 1 年以上 5 年以下の期間，その刑の全部の執行を猶予することができると定められている（25 条 1 項）。

　また，①以前に拘禁刑以上の刑に処せられたがその執行を猶予されている者について，②1 年以下の拘禁刑の言渡しをする場合，③「情状特に酌量すべきものがある」ときも，上記④と同様である。ただし，保護観察に付されていた者がその期間内にさらに罪を犯した場合には，執行猶予はできないこととなっている（25 条 2 項）。

　刑の全部の執行猶予の言渡しを取り消されることなく執行猶予期間を経過したときは，刑の言渡しは効力を失う（27 条）。

　2.　刑の一部の執行猶予

　①以前に拘禁刑以上の実刑に処せられたことがない者，②前に拘禁刑以上の刑に処されたことがあっても，その執行終了などの日から 5 年以内に拘禁刑以上の刑に処せられたことがない者に対し 3 年以下の拘禁刑の言渡しする場合，「犯情の軽重及び犯人の境遇その他の情状

を考慮して，再び犯罪をすることを防ぐために必要であり，かつ，相当であると認められるとき」にかぎり，1年以上5年以下の期間，その刑の一部の執行を猶予（刑の一部の執行猶予）することができる（27条の2）。これは，受刑者の社会復帰の促進や，保護観察による再犯防止などを目的とするものである。

VII-2-2　刑の適用

　裁判では，刑罰法規に定められている刑（**法定刑**）から，刑法総則の規定に従い，当該事案に適用される刑の加重・減軽を施して得られた刑（**処断刑**）を確定し，その処断刑の範囲内で，具体的状況を考慮し特定した量の刑（**宣告刑**）が被告人に言い渡されることになる。この作業を**量刑ないし刑の量定**という。このように，最終的に言い渡される宣告刑を導くにあたり，量刑は裁判官による最も重要な実践的作業ということになる。量刑に際しては，刑事訴訟法の起訴便宜主義に関する「犯人の性格，年齢及び境遇，犯罪の軽重及び情状並びに犯罪後の情況により訴追を必要としないときは，公訴を提起しないことができる」とする規定（刑訴248条）や，1974（昭和49）年の改正刑法草案48条の「1. 刑は，犯人の責任に応じて量定しなければならない。2. 刑の適用にあたっては，犯人の年齢，性格，経歴及び環境，犯罪の動機，方法，結果及び社会的影響，犯罪後における犯人の態度その他の事情を考慮し，犯人の改善更生に役立つことを目的としなければならない」との量刑に関する規定が参照されるべきである。

　量刑に際し考慮される事情，すなわち情状には，犯罪行為自体に関する事情（**犯情**）とそれ以外の事情（**一般情状**）がある。前者には，犯行の手段・方法・結果の程度，態様，共犯関係，犯行の動機，犯行後の被告人の行動などが属し，後者には，被告人の年齢，前科・前歴，

生活史，健康状態，家庭環境，生活状況などのほか，被害弁償や示談の有無，犯人に対する被害者の処罰感情などが属する。

　刑法総則における刑の**加重事由**としては，**併合罪加重，累犯加重**などがあり，刑の**減軽事由**としては，**必要的減軽事由**（心神耗弱，従犯，中止犯）と**任意的減軽事由**（未遂犯，過剰防衛・過剰避難，違法性の錯誤，自首）などがある。

　法定刑から処断刑を形成するにあたっては，①再犯加重，②法律上の減軽，③併合罪の加重，④酌量減軽の順序に従って加重・減軽を行う（72条）とされている。

　再犯とは，拘禁刑に処せられた者が，その執行を終わった日またはその執行の免除を得た日から5年以内にさらに罪を犯した場合において，その者を有期拘禁刑に処するときをいう（56条）。再犯の刑は，その罪について定めた拘禁刑の長期の2倍以下とされている（3犯以上の累犯も同様）。

　併合罪加重については，有期の拘禁刑に処するときは，そのもっとも重い罪の刑にその2分の1を加えたものを長期とするが，各罪の長期を合算したものを超えることはできないとされている（45条，47条）。たとえば，2個の窃盗罪（法定刑の上限は10年）が併合罪とされると，処断刑の長期は15年となり，また，窃盗罪と器物損壊罪（法定刑の上限は3年）が併合罪とされると，処断刑の長期は15年ではなく，13年ということになる。

VII-2-3　刑罰の執行

　刑罰の執行とは，裁判の確定（確定判決）後，言い渡された判決の内容（言い渡された刑）を国家の強制力，すなわち検察官の指揮によって実現することをいう。執行の手続については刑事訴訟法に規定されて

いるが，刑の執行は，さらに，刑事収容施設および被収容者等の処遇に関する法律などの行刑規定の定めに従ってなされる。

VII-2-4　刑法の適用範囲

　罪を犯した者に対して刑罰を科しこれを執行する前提として，刑法の適用範囲が問題となる。これについては，**時間的適用範囲**と**場所的適用範囲**が区別される。

(1)　時間的適用範囲

　刑法の時間的適用範囲とは，刑法はいつの時点での行為に適用されるかというものである。刑法はそれが施行されたときから効力を有するが，罪刑法定主義の派生原則の一つである遡及処罰の禁止原則に従って，ある行為が行われた時点においてすでに効力を有していなければならない。

　なお，刑罰法規の適用は不遡及を原則とするが，（反対説も有力ながら）判例には遡及効が認められており，行為時には処罰しないとされていた判例に従って行為した者を判例を変更して処罰することもできるとされている。また，（反対説も有力ながら）「刑の変更」の「刑」とは主刑をいい付加刑や刑の執行猶予の要件は含まないとされている。

　罪刑法定主義の要請から，ある行為の可罰性は，その存否と程度ともに，行為が行われる前に定められていなければならないが，例外は**限時法**である。限時法とは，一定の理由から，一定期間に限って制定された法をいうが，限時法にあっては，その制定時に，または廃止に際して，その法律が廃止された後にも，有効期間中の違反行為は引き続き処罰しうる旨を規定している。これを**限時法の追及効**という。これは，法律の有効期限間近に行為を行うことで，遡及処罰禁止をたて

に処罰を免れるということをさせないという効果を意図したものである。

(2)　場所的適用範囲

　刑法の場所的適用範囲とは，刑法がどの場所で犯された犯罪に対して適用されるかというものである。国際刑法の問題でもある。

　いかなる範囲で自国の刑罰法規を適用するかについては，以下の諸原則がある。①**属地主義**は，自国の領域内で犯された犯罪に対しては，犯人の国籍いかんを問わず自国の刑罰法規を適用するとし，②**属人主義**は，自国の国民によって犯された（一定の重い）犯罪については，国外などの犯罪地のいかんを問わず自国の刑罰法規を適用するとし，③**保護主義**は，犯人の国籍および犯罪地のいかんにかかわらず，（通貨偽造など）自国または自国民の利益を保護するのに必要なかぎりにおいて，犯された犯罪に対して自国の刑罰法規を適用するとするものであり，また，④**消極的属人主義**は，自国民に対して一定の重大な犯罪が行われた場合には，犯罪地のいかんを問わず自国の刑罰法規が適用され，⑤**世界主義**は，世界各国に共通する一定の利益を侵害する犯罪であれば，犯罪地および犯人の国籍いかんを問わず自国の刑罰法規が適用される，とするものである。

　わが国の刑法の立場は，属地主義を原則とし属人主義と保護主義を補充的に併用している。すなわち，その1条1項では属地主義を規定している（1条2項は旗国主義（船舶や航空機が所属先として登録している国を旗国という）を定めている）ことから，日本国民であれ外国人であれ，日本国内で犯罪を行った場合には，わが国の刑法の適用がある。同項にいう「日本国内」とは，領土・領空・領海内をいい，実行行為，結果，因果関係など，犯罪構成要件事実の一部分が日本国内にあれば足りるとされている（遍在説）。

　3条は属人主義を規定しているが，犯罪地である外国においてもそ

の行為が犯罪とされていることは必要ではない。2条は保護主義を，3条の2は殺人，傷害致死，強制性交，強盗などの罪について，消極的属人主義を規定している。4条は属人主義と保護主義を，4条の2は世界主義をそれぞれ規定している。なお，場所的適用範囲の問題と一国の統治権の及ぶ範囲内に限られる**裁判権**の問題は区別される。たとえその行為に刑法を適用することができるとしても，裁判権がなければ刑事裁判を行うことはできない。この場合には，犯罪人引渡しや国際司法共助の問題が生じる。

　たとえば，他国であるX国で日本人AがYに対して犯罪を行った場合，X国の属地主義にもとづき，X国でAは処罰されることになるが，このように他国で処罰されたとしても，Aの行った犯罪については，日本で再度処罰することが可能である。ただ，同一犯罪につき複数回処罰することは行為者に過度な刑罰を科すことになりかねないことから，5条本文，5条ただし書において，犯人がすでに外国で言渡された刑の全部または一部の執行を受けたときは，刑の執行を減軽または免除するとされている。

　┈┈┈┈┈┈┈┈┈┈┈┈┈┈┈
　【設問30】を考えてみよう
　┈┈┈┈┈┈┈┈┈┈┈┈┈┈┈

　【設問30】は，刑法の場所的適用範囲の問題である。刑法1条によれば，日本国内で犯罪を行った者には，その者の国籍を問わず，また，属地主義に関する遍在説によれば，犯罪構成要件事実の一部が国内で行われていれば，わが国の刑法の適用が認められる。Xはわが国で毒を体内に摂取したのであるから，Aの傷害罪の実行の着手は国内で行われていることになり，したがってAの犯罪行為には日本刑法の適用がある。

■ 事項索引

■ 判例索引

著者紹介

只木　誠 (ただき　まこと)

1956 年　生まれ
1981 年　中央大学法学部卒業
現　在　中央大学法学部教授　博士 (法学)

主要編著書

『罪数論の研究〔補訂版〕』(単著, 成文堂, 2009 年)
『刑事法学における現代的課題』(単著, 中央大学出版部, 2009 年)
『刑法演習ノート──刑法を楽しむ 21 問〔第 3 版〕』(編著, 弘文堂, 2022 年)
『コンパクト刑法各論』(単著, 新世社, 2022 年)

コンパクト 法学ライブラリ＝10

コンパクト 刑法総論　第2版

| 2018年 6 月10日© | 初 版 発 行 |
| 2022年10月10日© | 第 2 版 発 行 |

著 者　只木　誠	発行者　森平敏孝
	印刷者　山岡影光
	製本者　小西惠介

【発行】　　　　　株式会社　新世社
〒151-0051　　東京都渋谷区千駄ヶ谷1丁目3番25号
編集 ☎(03)5474-8818(代)　　　サイエンスビル

【発売】　　　　株式会社　サイエンス社
〒151-0051　　東京都渋谷区千駄ヶ谷1丁目3番25号
営業 ☎(03)5474-8500(代)　　　振替 00170-7-2387
FAX ☎(03)5474-8900

印刷　三美印刷㈱　　製本　㈱ブックアート
《検印省略》

サイエンス社・新世社のホームページ
のご案内
https://www.saiensu.co.jp
ご意見・ご要望は
shin@saiensu.co.jp　まで.

ISBN978-4-88384-358-9
PRINTED IN JAPAN

コンパクト **刑法各論**

只木 誠 著

四六判／384頁／本体2,450円（税抜き）

刑法各論上の主要なテーマ・問題点について必須かつ基本となる判例・通説の考え方を示し，それを基礎として，学修者各々が自身で考察，検討して，問題解決的思考を組み上げていけるよう導く。好評既刊『コンパクト刑法総論』同様，設問を挿入して一層の理解を配慮。2色刷。

【主要目次】
生命に対する罪／身体に対する罪／自由に対する罪／秘密・名誉に対する罪／信用・業務に対する罪／財産犯総論／窃盗の罪／強盗の罪／詐欺・恐喝の罪／横領の罪／背任の罪／盗品等に関する罪／毀棄・隠匿の罪／放火・失火の罪／文書偽造の罪／有価証券偽造の罪／支払用カード電磁的記録に関する罪／公務の執行を妨害する罪／司法に対する罪／賄賂の罪

発行 新世社 発売 サイエンス社

コンパクト 法学ライブラリ 12

コンパクト 刑事訴訟法
第2版

廣瀬健二 著
四六判／368頁／本体2,480円（税抜き）

平成28年の大幅な法改正に対応した改訂版。取調べの可視化，証拠収集等への協力及び訴追に関する合意制度，刑事免責制度や，国選弁護，犯罪被害者及び証人を保護するための措置の導入などについて述べ，その重要性・法制全般に及ぼす影響を理解できるよう解説。最新の裁判例の追加や統計データの更新も行った。読みやすい2色刷。

【主要目次】
序説／手続の流れ・関係者／捜査総説／証拠の収集／身体の拘束／取調べ／被疑者の防御・捜査の終結等／公訴／審判の対象／公判手続／証拠法総論／証拠法則／公判の裁判／救済手続／裁判の執行

発行　新世社　　発売　サイエンス社

法学叢書 12

法学叢書 刑法総論

橋本正博 著
A5判／392頁／本体2,800円(税抜き)

著者の長年の講義経験を踏まえ，刑法総論において基盤となる知識を整理し，必要項目を体系的に解説した基本書。たんに結論をまとめていくのではなく，それぞれの考え方の長所/短所を丁寧に述べ，結論にいたる思考過程や判断根拠を説き明かして斯学の諸問題を考える道筋を示した。「教場での語り」の雰囲気も残し，読者の日常的な感覚等から理解のヒントが得られるよう配慮している。刑法分野において精密な議論を行うための素養を身に付けたい法学部生・法科大学院生の必携書。

【主要目次】
第1編 基礎理論（刑法の基本原理・基本原則）
第2編 犯罪論（構成要件／違法性／責任／未遂犯／正犯と共犯／犯罪の個数および競合）
第3編 刑罰とその量定・執行（刑罰論）

発行 新世社 発売 サイエンス社